Cornwall und Devon

Zeit für das Beste

Highlights – Geheimtipps – Wohlfühladressen

»Wer Cornwall, seine Bewohner und ihr Land verstehen will, muss auf seine Vorstellungskraft zurückgreifen und in die Vergangenheit reisen.«

Daphne du Maurier, Zauberhaftes Cornwall

BRUCKMANN

Cornwall und Devon

Zeit für das Beste

Michael Pohl
Franz Marc Frei

BRUCKMANN

Vorangehende Doppelseite: Das schönste Mauseloch Cornwalls liegt bei Penzance.
Oben: Himmelstrebend: die Kathedrale von Truro
Unten: Blumen wohin das Auge reicht – das gehört zu Devon und Cornwall dazu.

INHALTSVERZEICHNIS

DARTMOOR UND DAS HERZ DEVONS

NORD-DEVON UND LUNDY ISLAND

REISEINFOS

Oben: Bankgeheimnisse über der Mullion Cove
Mitte: Ankerplatz im Atlantik: auf der Scilly-Insel St. Mary's
Unten: Besucher des Trebah Garten bei Falmouth genießen von dieser Brücke einen Blick ins grüne Paradies.

DIE TOP TEN

ST. MICHAEL'S MOUNT (S. 46)

Der Klosterberg vor der Südküste Cornwalls ist so etwas wie der kleine Bruder des großen Mont Saint Michel in Frankreich. Er sieht ähnlich aus und wurde tatsächlich vom selben Orden bebaut. Bei Ebbe ist St. Michael's Mount zu Fuß zu erreichen und so inzwischen ein ungewöhnliches Ausflugsziel.

ST. AGNES (S. 60)

Der kleine Ort im Norden Cornwalls war einst ein wichtiges Zentrum der Bergbauindustrie. In der ganzen Gegend wurden vor allem Kupfer und Zinn abgebaut, die Bergarbeiter lebten hier in St. Agnes. Die verlassenen Betriebsgebäude an der Küste sind heute idyllische Wanderziele und tolle Fotomotive, aber auch der Ort selbst ist ein schöner Abstecher.

ISLES OF SCILLY (S. 84)

Sie sind so etwas wie Englands Juwel: Nur per Flugzeug oder mit einer mehr als zweistündigen Schiffsfahrt zu erreichen, haben die Isles of Scilly ein Eigenleben bewahrt, wie man es in England kaum noch findet. Das warme Klima führt zu einer Blumenpracht sondergleichen, das klare Meer lädt zum Tauchen ein. Hektik gibt es hier nicht, dafür ein ausgefeiltes Zusammenleben der Einwohner, die sich über Gäste immer freuen.

EDEN PROJECT (S. 100)

In einer stillgelegten Kaolingrube wurde 2001 eines der größten Renaturierungsprojekte Englands abgeschlossen: Das Eden Project besteht aus mehreren Kunstoffdomen, unter denen die Klimazonen der Erde nachempfunden werden. Seltene Pflanzen wachsen hier, auch im Außenbereich.

BURGH ISLAND (S. 148)

Die Insel ist vergleichsweise klein und außerhalb Englands weitestgehend unbekannt. Doch Burgh Island mit seinem gleichnamigen Hotel zieht seit jeher jene an, die in der Abgeschiedenheit Erholung suchen. Berühmtheiten aus aller Welt waren bereits hier, doch die Insel steht jedermann offen. Ein Seetraktor verbindet sie mit dem Festland.

GREENWAY (S. 166)
Agatha Christies Sommerhaus ist eines der schönsten Anwesen Englands. Mit Blick auf die grün bewachsene Schlucht des Dart River verbrachte die Krimiautorin hier lange Phasen ihres Lebens, auch wenn sie angeblich keinen einzigen Roman an diesem Ort geschrieben haben soll. Das Haus kann nicht nur besichtigt werden – es verfügt auch über Ferienwohnungen.

DARTMOOR (S. 190)
Es ist eine Moorlandschaft, wie sie selbst für britische Verhältnisse einzigartig sein dürfte. Das Dartmoor ist bis heute von großen Durchgangsstraßen verschont geblieben, stattdessen schlängeln sich enge Wege durch die Natur. Ideal zum Wandern – und zur Erkundung so mancher prähistorischer Stätte.

EXETER (S. 220)
Einst ein beliebtes Domizil von Kelten und Römern hat sich die Hauptstadt Devons zu einem lebendigen Zentrum entwickelt. Rund um die mittelalterliche Innenstadt sind moderne Forschungseinheiten entstanden, mehrere Hochschulen und ein pulsierendes Stadtleben mit vielen Pubs.

EXMOOR (S. 236)
Devons nördlicher Nationalpark ist ein Paradies für Wanderer und Pferdefreunde. Denn in den Weiten der Landschaft weiden immer noch die einzigartigen Exmoor-Ponys. Unbedingt erleben sollte man auch die Küstenabschnitte des Exmoors mit versteckten Häfen und teils dramatischen Klippen.

LUNDY ISLAND (S. 266)
Kein Flughafen, keine Hotel, keine Einkaufszentren – wer nach Lundy Island kommt, kann vor allem das erwarten: Ruhe und Erholung. Die ganze Insel wird von der Stiftung Landmark Trust bewirtschaftet, die einzelne der historischen Gebäude zu Ferienwohnungen hergerichtet hat. Treffpunkt für Bewohner wie Gäste ist die »Marisco Tavern«, der einzige Pub der Insel.

Oben: Viele der Küstenabschnitte sind wunderschön – aber nicht zum Schwimmen geeignet.
Mitte: Altstadt von Launceston
Unten: Unbeständig: Wolken über der Heckenlandschaft bei Looe
Rechte Seite: Am Trebarwith Strand bei Tintagel

Kennen Sie Cornwall und Devon?

Raue Küsten, idyllische Strände, grasgrüne Wiesen und zwischendurch immer wieder jahrhundertealte Schlösser und Herrenhäuser – das ist Südwestengland mit den beiden Grafschaften Devon und Cornwall. Doch auch hippe Surfgegenden sind hier zu finden, kreative Studentenviertel und mit dem Eden Project eines der größten Klimaeinrichtungen der Welt. Die Mischung aus traditioneller britischer Lebensart mit dem Hier und Jetzt ist es, die auch die Briten selbst immer wieder hierher lockt.

Schon Kelten und Römer genossen den Aufenthalt in Devon und Cornwall. Weit vor Beginn der heutigen Zeitrechnung zog es sie hierher, teils auf der Suche nach wertvollen Mineralien, teils mit dem Drang, das eigene Machtzentrum zu vergrößern. Prähistorische Steinkreise, Hügelgräber und alte Knochenfunde beweisen die Attraktivität dieser Region seit zig Tausenden von Jahren. Die Römer verlängerten nicht nur ihr Straßennetz kontinuierlich bis nach Cornwall, sie bauten auch Exeter, die heutige Hauptstadt Devons, zu einer Stadt aus. Die fast vollständig erhaltene Mauer um das Zentrum zeugt bis heute davon.

Weit ab der Hauptstadt London hat sich über die Jahrtausende so etwas wie ein Eigenleben entwickelt. Die Menschen in Devon und Cornwall interessiert es nicht groß, was ein paar Hundert Kilometer in Richtung Osten entschieden wird, sie haben seit jeher genug damit zu tun, ihren eigenen Lebensunterhalt zu bestreiten. Landwirtschaft, Fischerei und vor allem Bergbau waren

Steckbrief Cornwall und Devon

Lage: Cornwall und Devon sind die beiden südwestlichsten Grafschaften Englands. Sie liegen zwischen dem Bristol Channel und dem Ärmelkanal. Im Osten grenzt Devon an die Grafschaften Somerset und Dorset.

Fläche: 3560 km^2 (Cornwall), 6707 km^2 (Devon)

Hauptstädte: Truro (17 000 Einwohner) ist die Hauptstadt Cornwalls (540 000 Einwohner). Exeter (120 000 Einwohner) bildet den Verwaltungssitz Devons (1,14 Millionen Einwohner).

Flaggen:

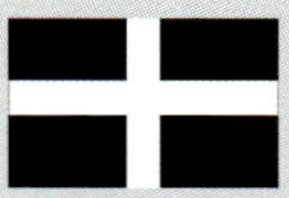

Cornwall

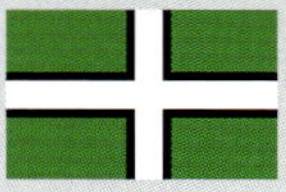

Devon

Sprache: Die Amtssprache ist Englisch, es wird jedoch von einzelnen Einwohnern wieder Kornisch gesprochen. Dabei handelt es sich um eine keltische Sprache, ähnlich dem Walisischen. Anders als dieses starb Kornisch jedoch im Laufe der Jahrhunderte mehr oder weniger aus. Einzelne Politiker bemühten sich um die Wiederbelebung.

Währung: Pfund Sterling

Geografie: Cornwall und Devon sind geprägt von eindrucksvollen Steilküsten, idyllischen Stränden und hügeliger, grasbewachsener Landschaft wie im Dartmoor. In Cornwall liegen der westlichste (Land's End) und südlichste (Lizard Point) Punkt Englands.

Klima: In Devon und Cornwall gibt es die höchsten Durchschnittstemperaturen der Britischen Inseln und die meisten Sonnenstunden. Die Sommer sind durchschnittlich 20 Grad warm, aber selten heiß. Selbst im Winter bewegen sich die Temperaturen meist deutlich über null Grad. Schnee gibt es fast nie. Durch die Küstennähe ändert sich das Wetter jedoch schnell, oft mehrfach am Tag. Jährlich fallen statistisch gesehen 750 mm Niederschlag – etwa so viel wie in Hamburg.

Tourismus: Das milde Wetter zieht die Briten seit jeher in diese Ecke der Insel. Zum Ferienbeginn und fast an jedem Feiertag bilden sich lange Autoschlangen auf der Autobahn M 5, die vom Norden nach Devon führt. Der tägliche Nachtzug zwischen London und Penzance in Cornwall erfreut sich nach wie vor größter Beliebtheit. Rund fünf Millionen Besucher kommen Jahr für Jahr hierher in den Südwesten Englands.

Oben: Eine runde Sache: Turbinen in der Geevor Tin Mine
Unten: Sucht man im Hafen von Mousehole bei Ebbe das Gespräch, muss man nicht über Wasser gehen können.

über lange Perioden die zentralen Einnahmequellen der beiden Grafschaften. Heute hat sich längst der Tourismus zum wichtigsten Industriezweig entwickelt.

Arm, aber schön

Der Südwesten mag landschaftlich einzigartig sein. Doch wirtschaftlich gesehen zählen Cornwall und Devon zu den ärmsten Gegenden Englands. Nach dem Niedergang von Bergbau und Fischerei als Haupteinnahmequellen der Grafschaft bewahrte sie letztlich nur der Tourismus vor dem Niedergang. Knapp 75 Prozent der Arbeitsplätze sind heute in Cornwall vom Dienstleistungssektor anhängig, der eng mit dem Tourismus verwoben ist. In der Fischerei spielt die Region auf dem international umkämpften Markt quasi keine Rolle mehr. Und der Bergbau ist längst vollständig eingestellt.

Devon hat es seit jeher besser verstanden, sich mit seinen beiden großen Städten Plymouth und Exeter stärker auf andere Industriezweige einzustellen. Doch ohne massive Förderung Großbritanniens und der Europäischen Union wären auch hier längst die Lichter ausgegangen. Was freilich für beide Grafschaften auch große Chancen barg: Die Sanierung alter Hafenviertel, der Ausbau und die Modernisierung der Infrastruktur sowie die Ansiedlung manch innovativer Projekte wären ohne solche Zuschüsse nie möglich gewesen.

Literatur und Film

Man mag zu den Büchern Rosamunde Pilchers stehen, wie man will – in Cornwall sind sie seit Langem das entscheidende Zugpferd für den Tourismus vor allem aus Deutschland. Die Autorin wurde in Lelant, Cornwall, geboren. Busladungen ziehen die Erzählungen an, vor allem auf der Suche nach den Schauplätzen der Verfilmungen. Mehr als 100 Geschichten wurden in den vergangenen Jahren vom ZDF als Film realisiert, fast alle erzielten konkurrenzlos hohe Einschaltquoten von etlichen Millionen Fernsehzuschauern.

Dass die Filme mitunter gar nicht im Südwesten Englands entstanden sind, sondern in ganz anderen Gegenden der Insel, stört viele nicht. Sie finden in Cornwall eine Landschaft vor, die wie gemacht scheint für Liebesromane und Familiensagen. Und das genügt allemal.

Ein Leid, dass Cornwall und Devon übrigens auch bei anderen Filmen und Serien beklagen können: Weder für die Edgar-Wallace-Reihe noch für viele Sherlock-Holmes-Verfilmungen zog es Filmteams in großem Rahmen in die Grafschaften. Meist entstanden die Aufnahmen in Studios oder in anderen landschaftlich geprägten Gegenden Englands und Wales, obwohl sie eigentlich im Dartmoor oder der Umgebung spielen.

Was Rosamunde Pilcher für Cornwall, das ist Agatha Christie für Devon: Die international bekannte

Oben: Gelungene Veränderung zum Besseren: das Eden Projekt
Mitte: Fowey feiert Daphne de Maurier.
Unten: Versteckt hinter Hecken: Wachhaus in Agatha Christies »Greenway«

Oben: Viele Fischer von Polperro angeln sich heute Touristen für Ausflüge.
Mitte: Blumige Hauseingänge, wie hier in Kingsbridge, sind typisch für Cornwall.
Unten: Liebhaberei findet in Südengland vielfach Ausdruck …

Krimiautorin wurde 1890 in Torquay geboren und verfasste viele ihrer Bücher in Devon. In ihrem Ferienhaus Greenway soll sie etliche Werke überarbeitet haben. Der malerisch gelegene Landsitz diente für mehrere Bücher als Schauplatz, ebenso Hotels und andere bekannte Orte Devons. Insgesamt schrieb Christie 66 Romane und kehrte trotz zahlreicher Reisen immer wieder in den Südwesten Englands zurück.

Verkehr

Längst haben Reisende die einzigartige Umgebung Devon und Cornwalls entdeckt, was in weiten Teilen für eine ausgezeichnete Infrastruktur aus Schnellstraßen und der Autobahn M 5 gesorgt hat. Die M 5 führt aus dem Norden Englands bis nach Exeter – überwiegend sechsspurig. Spätestens seitdem Miss Marple um 16.50 Uhr ab Paddington in Richung Südwesten gestartet ist, kennt jedermann auch die legendäre Great Western Railway: Das britische Ingenieursgenie Sir Isambard Kingdom Brunel (1806–1859) konstruierte sie zwischen 1833 und 1838 und ließ die Gleise an einigen der spektakulärsten Küsten entlang und durch malerische Landschaften im Landesinneren legen. Die Strecke verbindet London-Paddington heute mit Plymouth und Penzance. Sie gilt nach wie vor als eine der attraktivsten Verbindungen der britischen Eisenbahn.

Doch auch zahlreiche Museumsbahnen existieren heute im Südwesten. Vereine haben sich mehrerer stillgelegter Strecken angenommen und betreiben sie meist mit alten Dampfloks. An den Küstenorten haben andere Verkehrsmittel Karriere gemacht: Boote verkehren nicht nur zu Touristenzwecken, sie sind auch im Linienverkehr eingesetzt, um die Verbindung zu den Isles of Scilly und Lundy Island zu sichern.

Wirtschaftsfaktor Fischerei

Lange Zeit war die Fischerei neben dem Bergbau ein wichtiger Wirtschaftsfaktor im Südwesten Englands. Sardinen gehörten zum größten Exportschlager der großen Schiffsflotte. Doch dann übertrieb man es. Durch Überfischung schrumpften die Bestände vor den Küsten Devons und Cornwalls merklich, sodass heute kaum noch ein privater Fischer von seinem Beruf leben kann.

Doch es gibt diese Branche immer noch, und überall finden sich in den Häfen Boote, die gerade mit ihrem Fang eingetroffen sind. Unter anderem in Newlyn, Padstow und Brixham wird ständig frischer Fisch angeliefert. Seeteufel, Austern, Muscheln oder Krebse gehören zum Beliebtesten, das in den Gewässern vor der südwestenglischen Küste gefangen wird. Insgesamt rund 40 Sorten Fisch kommen von hier laufend in den Handel.

Eine eigene Sprache

Diese Art der Verständigung galt bereits als ausgestorben, als man sie im 20. Jahrhundert wiederbelebte: Cornish ist eine der letzten regional be-

Oben: ... auch um den historischen Zug von Bodmin kümmert sich ein Verein und viele Freiwillige.
Unten: Der Hafen von Brixham ist ein Paradies für Fischer.

Oben: Maßvoll genießen: Crevetten in der Oyster Shack bei Bigbury
Unten: Sonnentage sind Terrassentage, hier im Royal Williams Yard in Plymouth.

grenzten Sprachen Europas. Sie ist dem Walisischen und Bretonischen verwandt und war noch im 18. Jahrhundert Alltagssprache in dieser Region des Vereinigten Königreichs. Bis Cornish vom Englischen zunehmend verdrängt wurde. Irgendwann waren die letzten Muttersprachler ausgestorben, und die Regionalregierung besann sich darauf, etwas gegen die völlige Aufgabe zu tun: Heute sprechen wieder ein paar Hundert Menschen diese Sprache. 2002 wurde sie sie zudem unter den besonderen Schutz der europäischen Charta für regionale und Minderheitensprachen gestellt.

Die Küche Südwestenglands

Vor allem ein Gericht hat die Küche Südwestenglands im ganzen Land bekannt gemacht: Cornish Pasty. Die überwiegend mit Rindfleisch gefüllten Teigtaschen sind eine traditionelle Mahlzeit, die über die Fastfoodkette West Cornwall Pasty in vielen Fußgängerzonen verkauft wird. Eine deftige Stärkung, gehaltvoll wie eine gefüllte Pizza!

Bekannt ist die Region aber natürlich auch für seinen Fisch. Auch wenn die Fischerei an wirtschaftlicher Bedeutung verloren haben mag, stehen Meeresgerichte in vielen Pubs und Restaurants auf der Karte – übrigens längst nicht mehr nur in Form von Fish and Chips, frittiertem Fischfilet mit Pommes, nur echt mit viel Salz und Malzessig. Und es gibt immer mehr hervorragende Restaurants, die sich an eine Art Crossover der internationalen Küchen halten: Sie bieten erstklassige Menüs mit viel kreativen Ideen. Dabei beschränkt sich die Gemüsebeilage nicht mehr nur auf Kartoffeln (die hier unten auch erstklassig sind) – Gemüse jeglicher Art steht heute auf der Speisekarte, angebaut oftmals direkt vor Ort auf einem Bauernhof.

Nachmittags gehört der Cream Tea zum Alltag, bei dem es zum Tee (traditionell Earl Grey) auch Scones gibt, süße, feste Brötchen, die mit Marmelade und Clotted Cream gegessen werden – eine Art dicker Rahm. Das traditionelle Frühstück ist ein warmes mit Eiern (Rührei, Spiegelei oder pochierte Eier), gebratenem Speck, Würstchen, gebackenen Bohnen, Champignons und Tomaten. Engländer essen auch gern Porridge, Haferbrei. Allein: Dieses deftige Frühstück wird meist nur in Hotels oder am Sonntag zu Hause gegessen. Sonst hält man sich eher an Toast und Kaffee.

Bier, Cider und Wein

Das lockere Leben am Strand spiegelt sich auch in der Getränkekarte wieder: In Cornwall und Devon mag man keine schwermütigen Drinks wie den schottischen Whisky, auch hat man keine so reichhaltige Auswahl an Ginbrennereien wie etwa in London (obwohl aus Plymouth eine im Land sehr bekannte Sorte stammt). Dafür hält man sich an Bier und vor allem an Cider, eine Art Apfelschaumwein. Der gleicht auf den ersten Blick dem skandinavischen oder französischen Cidre – er enthält jedoch etwas mehr Alkohol, nämlich mit rund fünf Prozent etwa so viel wie ein Bier.

In den Pubs dominieren die Sorten der großen internationalen Getränkekonzerne. Wer sucht, findet aber auch überall einzelne Biere von regionalen Brauereien, etwa St. Austell oder St. Ives. Ausgeschenkt werden sie in Pintgläsern (0,568 Liter), stets bis zum Rand vollgeschenkt. Das hat den Hintergrund, dass es früher keine Eichstriche in England gab, sondern das Glas selbst die Eichmarke war: Nur bis oben gefüllt wies es auch wirklich ein Pint Inhalt auf. Wer nicht so viel trinken möchte, kann auch ein halbes Pint bestellen (»half a beer« oder ein »glass«).

AUTORENTIPP!

DIE FÜNF BESTEN PUBS
England ohne Pubs, das wäre wie Wien ohne Kaffeehäuser. Das gesellschaftliche Leben findet hier statt – und nirgends sonst. Die originellsten Kneipen im Südwesten:

First and last Inn. Englands erster und letzter Pub ist eine urige Pinte. Tgl. 11.30–23 Uhr, Land's End (Cornwall). Tel. 017 36/87 16 80, www.firstandlastinn.co.uk

George's Meeting House. Dieser Pub aus dem 18. Jahrhundert war früher eine Kapelle. Tgl. 8–23 Uhr, 38 South Street, Exeter (Devon), Tel. 013 92/45 42 50, www.jdwetherspoon.co.uk/home/pubs/georges-meeting-house

Jamaica Inn. Das Gasthaus im Bodmin Moor soll Daphne du Maurier zu ihrem gleichnamigen Roman inspiriert haben. Tgl. 7.30–0 Uhr (So bis 22.30 Uhr), Bolventor, Launceston (Cornwall), Tel. 015 66/862 50, www.jamaicainn.co.uk

Pilchard Inn. Eine alte Seefahrerkneipe auf Burgh Island. Tgl. 11–23 Uhr, Bugrh Island (Devon), Tel. 015 48/81 05 14, www.burghisland.com

The Engine Inn. Pub in einem Betriebsgebäude einer früheren Bergmine. Mo–Do 16–0 Uhr, Fr–So 12–0 Uhr, Mi/Do auch 12–14.30 Uhr, Cripplesease Nancledra, Penzance (Cornwall), Tel. 017 36/74 02 04, www.theengineinn.co.uk

Oben: Lunch im Cafe der Overbeck Gardens in Salcombe
Unten: In der Housel Bay auf der Halbinsel Lizard
Rechte Seite oben: Fackellilien auf der Scilly-Insel Bryher
Rechte Seite unten: Rhododendren im House Garden in Yelverton

Man unterscheidet in England zwischen Lager (hellem Exportbier, worunter auch das in Deutschland übliche Pils fällt), Ale (einem roten obergärigen Bier, das gern bei Kellertemperatur ohne Kohlensäure gezapft wird und deswegen nicht jedermanns Sache ist) sowie Stout, einem dunklen, fast schwarzen Bier. Bekanntester Vertreter ist das auch in England überall erhältliche irische Guinness.

Noch etwas ist besonders im Südwesten: Es gibt tatsächlich Weingüter, eigentlich untypisch für die Britischen Inseln. Vor allem der Weißwein ist gut trinkbar, erhält er doch durch das Klima die nötigen Sonnenstunden. Viele Weingüter experimentieren mittlerweile mit Rotweinen oder Rosé – und erzielen dabei teils beachtliche Ergebnisse. In den Restaurants sind nach wie vor eher Weine aus den früheren Kolonien angesagt, aus Australien, Neuseeland und Südafrika.

Das Herzogtum Cornwall

Große Teile Devons und Cornwalls gehören dem Herzog von Cornwall – dahinter verbirgt sich traditionell der älteste Sohn des britischen Königs, also derzeit Prinz Charles. Neben Lancaster ist das Herzogtum eines von zweien in Großbritannien. Die Fläche im Südwesten umfasst insgesamt 540 Quadratkilometer, darunter die Scilly-Inseln und zahlreiche Anwesen, Herrenhäuser und landwirtschaftliche Betriebe. Der Gewinn des Herzogtums betrug zuletzt knapp 17 Millionen Pfund jährlich, umgerechnet 20 Millionen Euro.

Umstritten war über viele Jahre die Tatsache, dass der Herzog aus Tradition nicht steuerpflichtig ist. Prinz Charles entschied deswegen in den Neunzigerjahren, freiwillig Einkommen- und Kapitalertragsteuer zu zahlen. Er hat sein geerbtes Unter-

nehmen unter einen guten Zweck gestellt: Unter dem Namen »Duchy originals« produziert das Herzogtum biologische Produkte, deren Gewinn größtenteils für wohltätige Zwecke gespendet wird. Zudem setzt sich Charles sehr für die ökologische Landwirtschaft ein.

Im Zeichen des Golfstroms

Was wäre Südengland ohne seine Gärten? Nicht nur die zahlreichen Schlösser und Herrenhäuser sind umgeben von aufwendig angelegten Grünflächen – auch viele Vorgärten von ganz normalen Wohnhäusern gleichen preisverdächtigen Anlagen. Am typischsten sind wohl die Palmen: Wegen des milden Klimas in Devon und vor allem Cornwall wachsen hier Pflanzen, die üblicherweise in Südeuropa anzutreffen sind. Viele Gärtner haben gezielt von den Kanarischen Inseln oder anderen Regionen Spaniens und Südamerikas Blumen nach Cornwall geholt und ihre Region in ein kleines Paradies verwandelt. Wegen des Golfstroms dauert die Blütezeit deutlich länger als im

Oben: Im Gonnerawald von Trebah Garden kann man Lilliputaner spielen.
Mitte: Zum Coasteering gehört der Sprung ins kalte Wasser.
Unten: »Windsurfers heaven«: Die Isles of Scilly

Rest des Landes: Bereits im zeitigen Frühjahr erstrahlen viele Gärten in kunterbunten Farben. Und auch im Spätherbst gibt es noch einiges zu sehen.

Die grünen Gärten und rauen Küsten sind aber nur ein Teil der einzigartigen Natur in diesem Teil Großbritanniens: Mit dem Dartmoor und dem Exmoor verfügt Devon über zwei bedeutende Moorgebiete. Von wenigen schmalen Straßen durchsetzt scheint hier die Zeit stehen geblieben zu sein. Ein Stück Natur zu konservieren hat sich hingegen das Eden Project zum Ziel gesetzt. Es startete ein riesiges Klimaschutzprogramm in Cornwall, in dem unter riesigen Kuppeln die Klimazonen der Welt nachempfunden werden.

Surfen und Coasteering

Gerade die Küste vor Cornwall gilt als ausgezeichnet für Wassersportler. Surfer finden durch die hohen Wellen perfekte Bedingungen vor. Das verlieh der ansonsten beschaulichen Grafschaft in den vergangenen Jahrzehnten an einzelnen Stellen ein beinahe schon hippes Image: Newquay ist unter Rucksacktouristen so beliebt wie Tarifa in Spanien oder Cairns in Australien. Entsprechend hat sich eine Surf-Community angesiedelt, die mit

Strandbars und Partys frischen Wind in den Tourismus bringt. Weitere beliebte Surfspots sind Polzeath, Croyde und Bude.

Segeln gehört eher an der Südküste zum Alltag, während an vielen Stellen inzwischen auch Trends wie Coasteering nachgegangen wird – das nicht ganz ungefährliche Klippenklettern am Meer. Schwimmen im Meer kann zumindest im Süden durchaus ein Vergnügen sein: Wegen des Golfstroms heizt sich das Wasser im Sommer an einigen Stellen bis zu 25 Grad auf.

Wandern und Radfahren

Der South West Coast Path ist so etwas wie das ultimative Erlebnis für Wanderer in Devon und Cornwall. Der gut 1000 Kilometer lange Weg führt einmal die Küste der beiden Grafschaften entlang und reicht jeweils noch ein Stückchen in die Nachbargrafschaften Somerset und Dorset hinein. Er gilt als längster zusammenhängender Fernwanderweg Großbritanniens und ist mit einem Eichel-Symbol gekennzeichnet. Ursprünglich nutzte ihn die britische Küstenwache im Kampf gegen Schmuggler. Längst haben aber Hobbywanderer die Strecke für sich entdeckt. Weil die Höhenunterschiede teilweise erheblich sind, gilt der South West Coast Path allerdings nicht auf jedem Abschnitt als einfach.

Dartmoor und Exmoor bieten sich ebenfalls für Wanderungen an – wobei die Höhenunterschiede auch hier beachtlich sein können. Für Anfänger lohnt sich in fast jeder Stadt ein Blick auf die Landkarte: Meist gibt es außerhalb des Zentrums gut ausgeschilderte Wege, die in die Natur führen.

Radfahrer haben es noch einfacher: Wie im ganzen Land durchzieht das Fernwegeradnetz Natio-

Oben: Über diese Treppe muss, wer King Arthurs Castle in Tintagel besuchen will.
Unten: Segeln auf dem Kingsbridge Estatuary in Devon

Oben: Das Minack Theatre
Unten: Blick in das Fenster einer Galerie in Newquay
Rechte Seite oben: Fensterplatz mit Blick auf die Felsen von St. Mary auf den Scilly Inseln
Rechte Seite unten: Kapitän eines Passagierboots auf den Scillyinseln

nal Cycle Network auch Devon und Cornwall. Allerorten sieht man die blauen Schilder mit dem weißen Radsymbol und der weißen Ziffer auf rotem Grund – alle nationalen Strecken sind wie Autobahnen durchnummeriert und so angelegt, dass sie über weite Abschnitte frei von Autoverkehr sind. Ein Radverleih findet sich in fast jedem touristisch relevanten Ort.

Kunst und Kultur

Die Naturlandschaft des Südwestens inspirierte schon im 19. Jahrhundert Künstler aus weiten Teilen Europas. Anhänger des Impressionismus zogen zuhauf hierher, um die wie für ihre Motive geschaffene Landschaft auf die Leinwand zu bannen. In den Achtzigerjahren des 19. Jahrhunderts verschlug es eine Künstlergruppe in den kleinen Ort Newlyn im Südwesten Cornwalls, um Alltagsszenen naturalistisch einzufangen. Daraus entstand die Newlyn School of Arts, eine Künstlerbewegung, die vor allem von Stanhope Forbes (1857–1947) und Frank Bramley (1857–1915) geprägt wurde. Um sie herum entstanden weitere Gruppen, sodass sich der äußerste Südwesten Englands zunehmend als Kontrapunkt zur französischen Malerei jener Zeit entwickelte.

Heute gilt vor allem St. Ives als Zentrum der Malerei in Cornwall. Das hat im Wesentlichen einen Grund: Die renommierte Londoner Tate Gallery eröffnete in der Stadt eine Außenstelle. Was wiederum im 20. Jahrhundert die Bedeutung der ganzen Region für die Kunst stärkte.

Die Theaterszene hatte es hingegen in diesem Teil Englands schwer. Gegen die Bühnen Londons und anderer großer Städte kamen die Ensembles kaum an. Dafür konnten sie auf die Kulisse setzen – wie das Minack Theatre am äußersten südwestlichen

Ende Großbritanniens: An der Porthcumo Bay nahe Land's End werden im Sommer vielleicht nicht die innovativsten Inszenierungen des Landes gegeben, dafür aber die wohl eindrucksvollsten. Denn das Open-Air-Theater ist in die Klippen direkt an der Küste gebaut.

Die Menschen im Südwesten

Zurückhaltend, höflich, bodenständig – und manchmal auch ein bisschen skurril? So sind viele Menschen im überwiegend ländlich geprägten Südwesten Englands. Aber andere sind mitunter auch hyperaktiv, zukunftsgewandt und trendig. Weder Devon noch Cornwall lassen sich so einfach als provinzielles Hinterland abhaken. Die Industrialisierung hat die Region schon vor weit mehr als 100 Jahren eng mit anderen Städten des Landes verknüpft. Universitäten haben die Forschung hergebracht. Ganz England, so scheint es zumindest im Sommer, reist in den Südwesten, um sich zu erholen. Und nicht wenige bleiben, wenn

AUTORENTIPP!

DIE FÜNF SCHÖNSTEN SCHLÖSSER

Castle Drogo. Englands jüngstes Schloss steht im Dartmoor an exponierter Berglage. Garten Apr.–Okt. tgl. 9.30–17.30 Uhr, Nov.–März tgl. 11–16.30 Uhr; Schloss März–Nov. tgl. 11–17 Uhr, Eintritt 8,70 £ (nur Garten 5,50 £), Drewsteignton (Devon), Tel. 016 47/43 33 06, www.nationaltrust.org.uk/castle-drogo

Dartmouth Castle. Mittelalterliches Schloss an der Mündung des Dart-Flusses. Apr.–Okt. tgl. 10–16 Uhr, Nov.–März Sa/So 10–16 Uhr, Eintritt 5 £, Castle Road, Dartmouth (Devon), www.english-heritage.org.uk

Haldon Belvedere. Das dreieckige Gebäude ist Englands ungewöhnlichstes Schloss. Apr.–Sept. So 14–17 Uhr (von außen immer zugänglich), Eintritt 2 £, Higher Ashton, Exeter (Devon), Tel. 013 92/83 38 46, www.haldonbelvedere.co.uk

Launceston Castle. Ruine einer normannischen Festung. Apr.–Sept. tgl. 10–18 Uhr, Okt. 10–17 Uhr, Eintritt 3,70 £, Castle Lodge, Launceston (Cornwall), Tel. 08 70/333 11 81, www.english-heritage.org.uk

Tintagel Castle. Der Überlieferung nach ist König Arthur hier gezeugt worden. Apr.–Sept. tgl. 10–18 Uhr, Okt. 10–17 Uhr, Eintritt 6,10 £, Castle Road, Tintagel (Cornwall), Tel. 018 40/77 03 28, www.english-heritage.org.uk

sie das Rentenalter erreicht haben, gleich vollends da.

Dies alles hat die Bevölkerungszusammensetzung verändert. Den typischen Menschen in Devon und Cornwall gibt es heute genauso wenig wie in anderen Gegenden und Regionen. Was geblieben ist, mag vielleicht eine gewisse Gelassenheit sein, die einem allerorten begegnet. Je weiter man nach Südwesten kommt, desto weniger Bedeutung scheint die Zeit zu haben. Heute, morgen – oder erst nächste Woche? Die Menschen setzen auf andere Werte als auf Schnelligkeit und Pünktlichkeit. Es ist meist die Menschlichkeit, der auch Besucher hier begegnen. Und der weit verbreitete Neid unter Nachbarn? Der scheint zwischen Devon und Cornwall nicht allzu sehr ausgeprägt zu sein. Eine zeitlang versuchten die beiden Grafschaften sogar, sich gemeinsam zu vermarkten. Wer es schon in diese abgelegene Gegend geschafft hat, der wird sich nicht um Grafschaftsgrenzen kümmern, so die weitläufige Ansicht.

Geschichte

Nein, ganz leicht war es sicher nicht immer, in dieser Gegend Englands zu leben. Schon weit vor Christus besiedelten die ersten Menschen Devon, was durch zahlreiche archäologische Funde belegt ist.

Auch die Kelten zog es in den Südwesten Englands. Schon früh kamen die Bewohner darauf, dass in den Bergen Edelmetalle lagern müssen, und sie begannen sie abzubauen. Devon und Cornwall wurde bereits rund 2000 Jahre v. Chr. zu einer beliebten Bergbauregion. Ein Trend, der mehrere Tausend Jahre überdauerte – erst im vergangenen Jahrhundert schlossen die letzten Mienen.

Im ersten Jahrhundert n. Chr. kamen die Römer nach England und besiedelten es bis zur Grenze nach Schottland; auch Devon und Cornwall nahmen sie ein und bauten unter anderem Exeter zu einer befestigten Stadt aus.

Die Seefahrt hatte seit jeher eine große Bedeutung für die beiden Grafschaften. Entdecker wie Sir Francis Drake (1540–1596) und James Cook (1728–1779) stachen von hier aus in See, um die Welt zu erkunden. Unterschiedliche Armeen zogen auf See in den Krieg – vor allem gegen Spanier und Franzosen. Bei der D-Day-Landung in der Normandie hatten auch Devon und Cornwall eine Rolle zugedacht bekommen. Und bis heute pflegt die britische Marine ihre Stützpunkte an der Südküste.

Wirtschaftlich war der Fischfang zwar seit jeher ein wichtiger Zweig, doch genoss vor allem Devon im Mittelalter und später einen exzellenten Ruf in der Herstellung von Wolle, Stoffen und Lederwaren. Häfen auch an vergleichsweise kleinen Orten zeugen bis heute vom regen Handel der Region auch mit Zielen in Übersee. Und als die Eisenbahn im 19. Jahrhundert auch den Südwesten erreichte, wuchs mit dem Tourismus schließlich eine weitere Branche heran. Eine nachhaltige, wie sich schnell herausstellte.

Oben: Beste (Wetter)aussichten: Terrasse am St. Michaels Mount
Unten: Gefährlich nur auf den ersten Blick: Schiff im Hafen von Coverack

Geschichte im Überblick

35 000 v. Chr. Die ersten Menschen müssen zu dieser Zeit bereits in Devon gelebt haben, wie ein Fund von 1927 beweist: In Kent's Cavern, Torquay, entdecken Archäologen einen Kieferknochen, der dieser Zeit zugerechnet wird.

6000 v. Chr. Die ersten Menschen besiedeln das Dartmoor. Durch das Abholzen von Eichen entstehen die Moorgebiete.

2900 v. Chr. Die Kelten erreichen Cornwall und Südengland.

2150 v. Chr. Die ersten Menschen beginnen mit dem Abbau von Zinn.

1600 v. Chr. Durch den Export von Zinn und anderen Edelmetallen Europas gelangt der Südwesten Englands zu Reichtum.

1300 v.Chr. Grimspound im Dartmoor wird besiedelt.

43 Die Römer erreichen Großbritannien und erobern im Laufe der nächsten Jahre große Teile der Insel – ihre Armee schafft es bis nach Cornwall. In den nächsten Jahrzehnten entsteht das römische Straßennetz, das ebenfalls bis nach Cornwall ausgebaut wird. In Devon besiedeln die Römer vor allem Exeter.

4. Jahrhundert In Devon, Cornwall und Teilen von Somerset und Dorset entsteht das Königreich Dumnonia. Es existiert bis zum späten 8. Jahrhundert und weitet sich nach Westen aus.

400 Erstmals wird Kernow erwähnt, ursprünglicher Name Cornwalls.

410 Die Sachsen besiedeln erste Teile der Insel.

9. Jahrhundert Bis zu dieser Zeit lässt sich Cornish, die Sprache Südwestenglands, zurückverfolgen.

13. Jahrhundert Die Pest erreicht den Südwesten Englands und dezimiert die Bevölkerungszahl um ein Drittel.

1534 Heinrich VIII. (1491–1547) lässt die Church of England gründen und spaltet sich damit von der Römisch-Katholischen Kirche ab. Grund ist die Weigerung Roms, der Scheidung des Königs von Catherine of Aragon (1485–1536) zuzustimmen. Es ist die Geburt der Anglikanischen Kirche.

1588 Sir Francis Drake (1540–1596) besiegt von Plymouth aus die herannahende Flotte der Spanier.

1620 Das legendäre Auswandererschiff »Mayflower« sticht in Plymouth in See. An Bord sind Pilger, die in den heutigen USA eine Kolonie gründen.

1642–1649 Cornwall bleibt während des Englischen Bürgerkriegs eine Bastion der Royalisten im mehrheitlich parlamentarischen Süden Englands.

1720 Thomas Newcomen (1663–1729) baut eine für den Bergbau konzipierte Dampfmaschine, die fortan Wasser aus den Stollen pumpt und den Bergbau in eine neue Dimension führt.

1755 Nach einem Erdbeben vor Lissabon erreicht am 1. November ein Tsunami die Küste vor Cornwall. Es wird von großen Schäden und Toten berichtet.

1768 James Cook (1728–1779) startet in Plymouth, um den Pazifik zu erkunden. Er entdeckt Australien, Neuseeland und Tahiti.

1833 Baubeginn der Great Western Railway, die zunächst von London nach Bristol führt, später bis Cornwall verlängert wird. Der britische Ingenieur Isambard Kingdom Brunel (1806–1859) konstruiert die Strecke.

1834 Auf den Scilly-Inseln wird die Schulpflicht eingeführt – zum ersten Mal in Großbritannien.

1859 Die von Brunel konstruierte Royal Albert Bridge wird eröffnet. Sie verbindet Devon mit Cornwall.

1910 In Truro wird die Kathedrale vollendet.

1920 Mit »Das fehlende Glied in der Kette« erscheint der erste Kriminalroman von Agatha Christie (1890–1976). Die in Torquay geborene Autorin wird weltweit erfolgreich.

1940–42 Die deutsche Wehrmacht bombardiert ausgesuchte Ziele in England aus der Luft – darunter Exeter und Plymouth. Große Teile der beiden Städte werden zerstört.

1951 Das Dartmoor wird offiziell Nationalpark. Es ist der erste seiner Art im Südwesten Englands. Das Exmoor folgt drei Jahre später.

1964 Der Helikopterservice zwischen Penzance und den Scilly-Inseln beginnt. Es ist der erste Hubschrauberlinienflug Europas und er besteht bis 2012 fort.

1992 Prinz Charles eröffnet die Tate Gallery in St. Ives.

1998 Die Schließung der South Crofty Mine markiert das Ende der 4000-jährigen Bergbautradition Cornwalls.

2001 Das Eden Project wird in einer Bergbauhalde eröffnet. Es ist das erste Klimaprojekt seiner Art und läutet den Wandel Cornwalls vom Bergbau zu einem zukunftsorientierten Tourismus ein.

2002 Cornish wird zusammen mit Walisisch, schottischem Gälisch, Irisch, Scots und Ulster Scots als schützenswerte Sprache in die europäische Charta für regionale Sprachen aufgenommen.

2006 Die UNESCO nimmt die Bergbauregion Cornwall und Devon in das Welterbe auf.

2014 Schwere Unwetter wüten über dem Südwesten Englands. Sturmfluten dringen in Städte ein, die Eisenbahnverbindung wird beschädigt.

DER WESTEN CORNWALLS

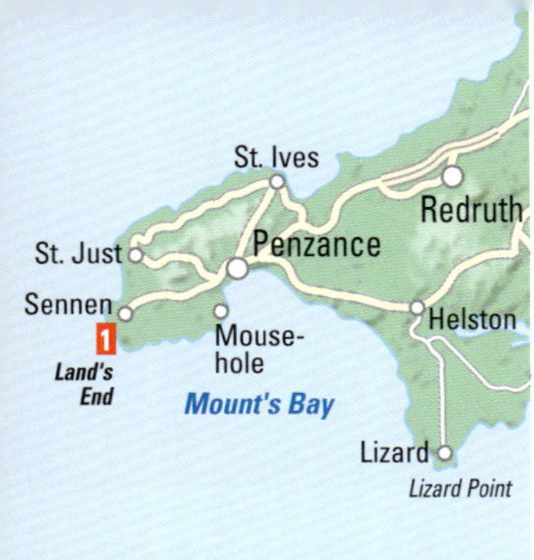

Vorangehende Doppelseite: Heute ein sicherer Hafen: Hugh Town auf der Scilly-Insel St. Mary's
Mitte und unten: Grandioses Schauspiel vor spektakulärer Kulisse: Unten im Minack Theatre, oben im Land's End Park, wo England im Meer verschwindet.

1 Land's End
Wo England beginnt

Die Küste mag kaum spektakulärer sein als im Rest von Cornwall – dennoch zieht Land's End fast jeden Cornwall-Besucher an. Denn hier liegt der westlichste Punkt Englands, zumindest wenn man die vorgelagerten Inseln nicht berücksichtigt. Dem Touristenansturm im Sommer kann man leicht entgehen: mit einer Wanderung entlang des Küstenwegs.

Am besten, man lässt an Land's End Angebote wie 4-D-Show und Erlebnisausstellung links liegen und widmet sich gleich dem eigentlichen Anziehungspunkt dieser Gegend: den Klippen und dem Meer. Der South West Coast Path, der Küstenwanderweg rund um Cornwall und Teile Devons, führt direkt hier vorbei. Welche Richtung man auch einschlägt – beide lohnen sich.

Land's End selbst, jenes Gelände, an dem über Jahrhunderte bestenfalls Schmuggler an Land gingen, ist heute im Privatbesitz und entsprechend kommerziell. Was sich auch darin zeigt, dass der berühmte Wegweiser, nördlichster Punkt Europas, von einem Fotografen aus der Umgebung für Besucheraufnahmen genutzt wird. Der Wegweiser wurde 1950 aufgestellt und zeigt die Entfernung und Richtung nach New York und John O'Groats im Norden Schottlands an.

Greeb Farm

Sie ist Teil des Erlebnisgeländes Land's End und bietet eine nette Abwechslung vor allem für Kinder: Auf der Greeb Farm können sie die Tiere der traditionellen Bauernhöfe sehen, sie füttern und einiges über ihre Nutzung erfahren. Die Gebäude der alten Farm sind wieder hergerichtet und stehen zur Besichtigung offen.

Minack Theatre

Dieses einzigartige Freilufttheater wurde in die Felsen der Küste südlich von Land's End gehauen, nahe dem Ort Portcourno. Zwischen Mai und September werden hier Stücke unter freiem Himmel aufgeführt. Das »Minack«, wie die Menschen in Cornwall das Theater kurz nennen, ist jünger als man denkt, macht es doch den Eindruck, als hätten bereits die Römer hier Tragödien aufgeführt.

Die Engländerin Dowena Cade plante, baute und finanzierte das Projekt von 1931 an bis zu ihrem Tod 1983. Als erstes Stück wurde 1932 in dem erst rudimentär vorhandenen Theater Shakespeares »Der Sturm« aufgeführt.

Das Gelände lässt sich aber nicht nur an Spieltagen besuchen, es ist täglich auch ohne Aufführungen geöffnet. Sehenswert sind die Spieltitel, die in die einzelnen steinernen Sitze gemeißelt sind. Jeder Sitz steht für ein Stück, das hier im Laufe der Jahre aufgeführt wurde. Traumhaft ist der Garten, der erst Ende des vergangenen Jahrtausends rund um das Theater angelegt wurde.

Land's End Airport

Der kleine Flughafen nördlich von Land's End wird im Wesentlichen für einen Liniendienst zu den Scilly-Inseln genutzt. Von hier aus starten aber auch regelmäßig spektakuläre Flüge entlang der Küste, vor allem in Richtung Süden bis zum Minack Theatre und weiter zum St. Michael's Mount. Bei schönem Wetter ist dies ein unvergessliches Erlebnis!

Infos und Adressen

SEHENSWÜRDIGKEITEN

Minack Theatre. Englands einzigartige Open-Air-Bühne an den Klippen von Cornwall. Besichtigung tgl. 10–15.30 Uhr (an Spieltagen kürzer), Portcurno, Tel. 017 36/81 01 81, www.minack.com

ESSEN UND TRINKEN

First and Last Inn. Englands geografisch gesehen erster und letzter Pub ist eine alte Seefahrerpinte aus dem 17. Jahrhundert. Rustikal und herrlich einsam. Tgl. 11.30–23 Uhr, Land's End, Tel. 017 36/87 16 80, www.firstandlastinn.co.uk

ÜBERNACHTEN

Land's End Hostel. Urige Unterkunft in einer alten Scheune, unterschiedlicher Komfort zu unterschiedlichen Preisen. Mill Barn, Trevescan, Sennen, Tel. 075 19/30 99 08, www.landsendhostelaccommodation.co.uk

Land's End Hotel. Dieses modernisierte Hotel überzeugt vor allem durch eines: den Ausblick. Land's End, Tel. 017 36/87 18 44, www.landsendhotel.co.uk

AKTIVITÄTEN

Scenic Flights. 20-minütige Rundflüge entlang der Küste für 50 £, Land's End Airport, St. Just, Tel. 017 36/78 52 31, www.landsendairport.co.uk

2 Geevor Tin Mine

Cornwall unter Tage

Über Jahrtausende war Cornwall ein wichtiges Zentrum des Bergbaus. Zinn und Kupfer gehörten zu den wichtigsten Rohstoffen, die hier gefördert wurden. Doch irgendwann rechnete es sich nicht mehr: Seit den Neunzigerjahren sind auch die letzten Minen geschlossen – wegen ihrer historischen Bedeutung wurden sie jedoch zum UNESCO-Welterbe ernannt. Die größte und bekannteste ist die Geevor Tin Mine im äußersten Süden Cornwalls.

Blick zurück ins Industriezeitalter …
Mitte: der Förderturm des Victory-Schachtes ...
Unten: ... und das technische Innenleben der Mine.

Irgendwann vor 4000 Jahren müssen die ersten Menschen in Cornwall auf die Suche nach begehrten Rohstoffen wie Kupfer und Zinn gegangen sein. Professionalisiert wurde der Bergbau im 18. Jahrhundert, im 19. Jahrhundert war Cornwall zeitweise der weltweit größte Exporteur von Kupfer. Die Geevor Tin Mine knapp 20 Kilometer nördlich von Land's End nahm 1911 ihren Betrieb auf. Fast 80 Jahre lang wurde hier gefördert, am Ende zeigte die Bilanz 50 000 Tonnen Zinn. Wie überall im Land verlor der Bergbau Ende des 20. Jahrhunderts an Unterstützung – 1990 musste die Geevor Tin Mine geschlossen werden. Zu teuer war der britische Bergbau zuletzt, um sich auf dem Weltmarkt behaupten zu können.

Das Besucherbergwerk

Bis zu 650 Meter unter der Erde dieses Küstenabschnitts ziehen sich lange Stollen in jede Richtung. Teilweise reichen sie fast anderthalb Kilometer weit unter den Meeresboden. Besucher können einen kleinen Teil davon besichtigen. Frühere Mitarbeiter führen den ganzen Tag über Gruppen

Rund um den Bergbau

A St. Just Mining District – Das westlichste Bergbaugebiet Englands war zugleich eines, das am längsten genutzt wurde: Die Geevor Tin Mine schloss erst 1990 ihre Pforten.

B Port of Hayle – Im frühen 19. Jahrhundert war Port of Hayle der wichtigste Bergbauhafen im Land sowie weltweit bedeutendster Standort der Dampfmaschinenproduktion.

C Tregonning and Gwinear Mining District – In diesem von Herrenhäusern geprägten Gebiet wurde früher nach Kupfer und Zinn gegraben.

D Wendron Mining District – Zinnschürfer waren hier viele Jahrhunderte lang unterwegs. Inzwischen ist dieses Gebiet wieder von nahezu unberührter Natur geprägt.

E Camborne and Redruth Mining District – In dem einstigen Zentrum des Bergbaus in Cornwall wurden viele wegweisende Erfindungen gemacht wie die Sicherheitszündschnur, die das Leben unzähliger Bergleute rettete.

F Gwennap Mining District – Gwennap galt früher als das reichste Bergbaurevier Cornwalls und wurde gern als »Kupferkönigreich« bezeichnet. Die Trasse der alten Erzbahn ist inzwischen eine sehr beliebte Fahrradstrecke von Devoran nach Portreath.

G St. Agnes Mining District – Hier an der rauen Küste Nordcornwalls wurde vor allem Zinn verarbeitet. St. Agnes selbst war einst ein Zentrum des Bergbaus.

H Luxulyan Valley – Das Tal nördlich von Charlestown ist ein bekanntes Abbaugebiet für Porzellanerde und Kupfererz gewesen. Imposant ist das Treffry-Viadukt.

I Caradon Mining District – Der Kupferbergbau in diesem Teil des Bodmin Moors war nicht von langer Dauer. Er endete bereits um das Jahr 1890.

J Tavistock – An der Grenze zu Devon wurden einst um die 100 Minen betrieben. Heute ist die Gegend ein Naturschutzgebiet.

AUTORENTIPP!

MIT DAMPF UNTER TAGE
Unweit der Geevor Tin Mine befindet sich direkt an den Klippen ein kleines Wunderwerk der Technik. Die Beam Engine ist das einzige noch erhaltene Exemplar einer Dampfmaschine ihrer Art: Diese spezielle Version, bei der eine Art Wippe genutzt wird, um Wasser aus dem Bergwerk zu pumpen, war im 18. Jahrhundert sehr populär in Cornwall. Die Beam Engine ist nach wie vor funktionstüchtig und steht an ihrem alten Einsatzort – der Levant Mine, heute betrieben vom Denkmalschutzfonds National Trust. Sehenswert ist auch ein Tunnel, in dem sich die Bergarbeiter für ihre Arbeit umgezogen haben. Besonders schön: ein Spaziergang an den Klippen.

Levant Mine and Beam Engine.
März–Okt. So–Fr 11–17 Uhr, Nov.–Febr. Fr 11–16 Uhr, Eintritt 7,30 £, Trewellard, Pendeen, in der Nähe von St. Just, Tel. 017 36/78 61 56, www.nationaltrust.org.uk/levant-mine

»unter Tage« – was zweifelsfrei das größte Erlebnis der Mine ist. Oben zeugen interessante Ausstellungen und Gerätschaften von der Geschichte des Bergbaus in dieser Gegend. Für Kinder gibt es mit dem Hard Rock Museum Geschichte zum Anfassen, außerdem können sie sich im Goldschürfen üben.

Zu touristisch wie in manch anderen Bergwerken wird es dennoch nicht: Alle Gebäude und Einrichtungen, die man hier sieht, sind original erhalten und waren noch vor rund 30 Jahren in Betrieb. Ein Erlebnis ist übrigens das »Count House Café« auf dem Gelände, dessen große Glasfront den Blick auf den Atlantik freigibt.

Cornish Mining

Die Geevor Tin Mine ist nur ein Teil des UNESCO-Welterbes von Cornwall: Bergbaustätten in insgesamt zehn Regionen der Grafschaft sowie im Westen des benachbarten Devons wurden 2006 unter den besonderen Schutz gestellt. Das bescherte der Gegend Fördergeld aus unterschiedlichen Fonds, sodass die Bergbauhinterlassenschaften inzwischen zu einem ernstzunehmenden Tourismusfaktor geworden sind.

Wer gut zu Fuß ist oder das Fahrrad dabei hat, kann eine der acht ausgebauten Bergbaurouten erkunden. Besonders schön ist der Coast to Coast Trail, der fast 18 Kilometer von Portreath im Norden nach Devoran an der Südküste führt. Er folgt zwei alten Handelswegen: der Portreath Pferdebahn von 1812 und der Redruth-und-Chasewater-Bahn, die von 1825 an gebaut wurde. Beide Strecken dienten dem Transport von Mineralien in die Häfen. Und alle acht Bergbaurouten führen an historisch bedeutsamen Orten vorbei, die mit dem früheren Tagebau zu tun haben.

Infos und Adressen

SEHENSWÜRDIGKEITEN

Cornish Mining. Alle Welterbeminen Cornwalls auf einen Blick. Insgesamt verteilt sich der Status auf zehn Gebiete. Hier gibt es auch Informationen zu den Bergbaurouten. Tel. 018 72/32 27 67, www.cornish-mining.org.uk

Geevor Tin Mine. Großbritanniens größtes Besucherbergwerk. So–Fr 9–17 Uhr (Nov.–März 9–16 Uhr), Eintritt 11 Euro (nur Museum 8,50 Euro), Pendeen, Penzance, Tel. 017 36/78 86 62, www.geevor.com

ESSEN UND TRINKEN

The North Inn. Rustikaler Pub, in dem einst die Bergarbeiter ein- und ausgingen, mit deftigem Essen und guten Bieren. Es gibt auch einige B&B-Zimmer. Tgl. 11.30–23 Uhr, The Square, Pendeen, Tel. 017 36/78 84 17, www.thenorthinnpendeen.co.uk

Radjel Inn. Idyllischer alter Pub im kleinen Ort Pendeen mit großer Auswahl an Bieren, deftigem Essen und wenigen, einfachen Zimmern. Schöner Außenbereich! Tgl. 11–0 Uhr (So ab 12 Uhr), Boscaswell Road, Pendeen, Tel. 017 36/78 84 46, www.staustellbrewery.co.uk

Gaststube des North Inn

The North Inn

The Queen's Arms. Einfacher, gemütlicher Pub mit Kaminfeuer und gutem Essen unweit des South West Coast Path. Tgl. 12–23 Uhr, Botallack, St. Just, Tel. 017 36/78 83 18, www.queensarms-botallack.co.uk

ÜBERNACHTEN

Chy Lowena Holiday Cottage. Kleines idyllisches Bauernhaus unweit der Geevor Tin Mine, das man mieten kann. Hell und freundlich ausgebaut. 25 Boscaswell Road, Pendeen, Tel. 01 13/266 18 12, www.chylowenacornwall.com

The Old Manse. Schön hergerichtetes kleines Bed & Breakfast am Rande von Pendeen. Trewellard, Pendeen, Tel. 017 36/78 77 90, www.oldmanse-pendeen.co.uk

EINKAUFEN

Pendeen Pottery. Hausgemachte Töpferwaren. Sommer Mo–Sa 10–17.30 Uhr, Winter Mo–Fr 10.30–17 Uhr, The Square, Pendeen, Tel. 017 36/78 80 70, www.pendeenpottery.co.uk

Mitte: Das Hafenviertel von St. Ives ist vom Atlantik umspült und ...
Unten: ... im Sommer Sehnsuchtsort vieler Touristen.

3 St. Ives
Die Stadt der Künstler

Cornwalls Stadt der Strände zieht schon seit dem 19. Jahrhundert Künstler aus aller Welt an – wohl primär wegen ihrer wunderschönen Lage. Heute hat sich St. Ives zu einem gemütlichen Nebeneinander von Galeristen, Künstlern und Badegästen entwickelt. Alle haben eines gemein: Sie schätzen die hervorragenden Fischgerichte, die es in den zahlreichen Restaurants der Stadt gibt.

St. Ives (11 000 Einwohner) verzaubert seine Besucher mit einem geradezu idyllischen Gesamtbild. Von der Bucht aus ziehen sich schmale Gassen mit alten Reihenhäusern ins Landesinnere hinauf. Steinmauern begrenzen die kleinen Grundstücke, Blumen schmücken die Hauseingänge, in den Vorgärten wachsen Palmen, als befinde man sich irgendwo im Süden. Für Sorgen scheint es hier keinen Platz zu geben. Im Hafen von St. Ives liegen kleine Boote vor Anker, die in den Weiten des Meeres keine Chance haben dürften. Doch der Hafen dient ohnehin längst ganz anderen Zwe-

MAL EHRLICH

TATE ST. IVES

Sie ist eines jener Ausflugsziele, mit denen Cornwall gern wirbt – doch die Tate Gallery in St. Ives ist am Ende nur ein müder Abklatsch der beiden gleichnamigen großen Kunstmuseen in London. Wer einen Regentag erwischt oder wirklich sehr an zeitgenössischer Kunst interessiert ist, kann hier vorbeischauen – alle anderen verpassen eigentlich nichts. Die Zeit sollte man lieber in die Open-Air-Sehenswürdigkeiten des Ortes investieren.

cken als der großen Seefahrt: Touristen machen es sich auf den Sandbänken bequem – denn es sind die vier Strände des Orts, die viele Besucher anlocken.

Eigentlich war St. Ives mal ein kleiner Fischerort, bis 1877 eine Eisenbahnstrecke dorthin gebaut wurde. Zunehmend kamen nun die Bewohner aus dem Landesinneren an die Küste, und aus dem Fischerdorf entwickelte sich ein veritabler Badeort. Das zog irgendwann auch die ersten Künstler an, die an dem traumhaften Küstenstreifen Inspiration für ihre Werke fanden. In den Zwanziger- und Dreißigerjahren des 20. Jahrhunderts eröffneten sie ihre Ateliers in St. Ives. Und noch heute kommen zahlreiche Künstler und Liebhaber der Kunst, um in den Galerien zu stöbern oder sich am Strand zu erholen. Das führt zu einem netten Miteinander von Kunstinteressierten und Badegästen. Und es hat einen angenehmen Nebeneffekt: Wer auf der Suche nach originellen Mitbringseln ist, wird in St. Ives fündig.

Bernard Leach (1887–1979) und Shoji Hamada (1894–1978) wagten 1920 den Schritt zu einer ungewohnten Kombination aus westlicher und fernöstlicher Töpferkunst. Ihr Atelier Leach Pottery ist noch heute in Betrieb und inzwischen um ein kleines Museum ergänzt. Auch Schriftsteller schätzen den Ort seit jeher: Rosamunde Pilcher (geb. 1924) etwa, die unweit in Lelant geboren wurde. Virginia Woolf (1882–1941) verewigte St. Ives in ihren Büchern.

Der Ort

Die Fore Street ist so etwas wie die Haupteinkaufsstraße von St. Ives – wobei dies relativ ist: Die schmale Straße ist weit davon entfernt, eine jener High Streets darzustellen, die überall in Eng-

AUTORENTIPP!

SONNE, WIND, MEER

Viele Leute zieht es nach Newquay zum Baden – doch die schönsten Strände Cornwalls sind in St. Ives zu finden. Ganze vier sind es direkt in der Stadt: Porthmeor Beach, Porthgwidden Beach, Harbour und Porthminster Beach. Dazu kommen einige Strände in unmittelbarer Nähe, etwa die malerische Carbis Bay, die jedoch im Privatbesitz des dortigen Hotels ist. Der Sand ist hell und fein wie sonst eher in südlichen Gefilden, das Wasser so klar wie nur hier im Südwesten Englands. Ein Besuch von St. Ives wäre kaum vollständig ohne einen erholsamen Tag am Meer. Die meisten der Strände sind übrigens problemlos für die ganze Familie nutzbar – wer zwischen den blauen Flaggen bleibt, dem kann eigentlich nichts passieren.

AUTORENTIPP!

FISCH UND MEHR

Von wegen Fish & Chips: In Südwestengland gibt es hervorragende Fischgerichte abseits von Bierteig und Fritteuse – zum Beispiel im »Seafood Café« in St. Ives (in dem übrigens auch Fleisch aus der Umgebung auf der Karte steht). Frische Garnelen und etliche Fischsorten sind dauerhaft im Angebot, außerdem wird eine hervorragende Fischsuppe serviert. Das alles zu fairen Preisen, wenn man die Frische der Produkte bedenkt. Unbedingt probieren, sofern gerade im Angebot: Muscheln und Hummer aus dem nahen Meer. Das »Seafood Café« eignet sich vielleicht nicht für einen romantischen Abend zu zweit – dafür ist es eher schlicht eingerichtet und sehr wuselig –, aber für ein Essen unter Fischkennern in jedem Fall.

Seafood Café. Tgl. 12–23 Uhr, 45 Fore Street, Tel. 017 36/79 40 04, www.seafoodcafe.co.uk

land mit den ewig selben Filialen großer Ketten aufwarten. St. Ives hält sich an kleine inhabergeführte Läden, nur teilweise stößt man auf (ebenfalls kleine) Filialbetriebe. Die Fore Street führt mehr oder weniger direkt zur Wharf Road, einer hübschen Promenade an einem der Strände. Wichtig: Die Straßen sind allesamt derart schmal, dass man gut daran tut, sein Auto möglichst am Stadtrand zu parken.

Der Hafen ist begrenzt durch den Smeatons Pier, einer Mauer aus dem 18. Jahrhundert. Ursprünglich war diese nur etwa halb so lang – wie der Leuchtturm zeigt, der an ihrem Ende steht. Ende des 18. Jahrhunderts verlängerte der Ort die Hafenmauer, um den Schutz vor dem heranrollenden Meer zu vergrößern und noch mehr Schiffen das Anlegen zu ermöglichen. Bei Ebbe sieht man die Überreste eines weiteren Piers. 1860 war es aus Holz gebaut worden, wurde im Laufe der Jahre dementsprechend instabil und stürzte schließlich sogar ein.

The Island

Wer weiter Richtung Landspitze geht, kommt an eine grüne Anhöhe: »The Island« wird sie treffend genannt, ist sie doch so etwas wie die grüne Insel von St. Ives. Vor Jahrhunderten diente dieser Teil als Festung zum Meer – deswegen auch der ursprüngliche Name: Pendinas, befestigte Landzunge. Vom Aussichtspunkt der Küstenwache hat man einen grandiosen Ausblick. Erhalten geblieben sind auch die Mauern eines alten Munitionsdepots aus der Zeit der Napoleonischen Kriege. Heute sind sie in ein privates Wohnhaus integriert. Seit dem 15. Jahrhundert steht auf der Insel die St. Nicholas Chapel. Der jetzige Bau stammt allerdings von 1911. Die kleine Kirche wurde vorrangig von Fischern genutzt.

Barbara Hepworth Museum

Die britische Bildhauerin Barbara Hepworth (1903–1975) zog im Zweiten Weltkrieg mit ihrer Familie nach St. Ives. In den Trewyn Studios arbeitete sie von 1949 an bis zu ihrem Tod an ihren Werken. Heute ist aus diesen Studios ein Museum für die Künstlerin geworden – ganz so, wie sie es sich noch zu Lebzeiten gewünscht hatte. Die Tate Gallery unterhält es und zeigt darin zahlreiche Exponate Hepworths, erklärt außerdem einiges über das Leben der Künstlerin. Besonders schön ist der Skulpturengarten des Hauses, in dem abstrakte Werke aus Stein, Holz und Bronze zu sehen sind. Die Künstlerin selbst hatte den Garten so anlegen lassen, wie er heute noch zu sehen ist.

St. Ives Museum

Das Museum in einer Seemannsunterkunft widmet sich der Geschichte Cornwalls und St. Ives. Es wird ausschließlich von Freiwilligen betreut und ist entsprechend einfach gestaltet. Seefahrt und Bergbau sind seine zentralen Themen, war beides doch eng mit der Historie der Stadt verbunden. Ein eigener Bereich ist Edward Hain (1851–1917) gewidmet, dem Gründer einer örtlichen Dampfschiffreederei (1878).

Oben: Meerblick ist Doping für die Immobilienpreise wie hier im Treloyhan-Viertel.
Unten: Im Skulpturengarten sind viele von Barbara Hepworths Arbeiten entstanden.

Oben: Als grauer Städte Mauern würde die Altstadt von St. Ives niemand bezeichnen.
Unten: Am Stadtstrand von St. Ives kann gebadet werden.

Barnoon Cemetery

Eigentlich nur ein Friedhof – aber ein besonders spektakulärer: Der Barnoon Cemetery ist der älteste von St. Ives (1855) und liegt an der Küste oberhalb des Porthmeor Beach unweit der Tate Gallery. Der Blick aufs Meer ist von hier aus überaus beeindruckend, mit der im Hintergrund liegenden St. Nicholas Chapel ergeben sich schöne Fotomotive. Die Grabsteine stammen aus dem 19. und frühen 20. Jahrhundert, deswegen war der Friedhof auch bereits mehrfach Drehort für Filme, unter anderem der Rosamunde-Pilcher-Reihe.

Trewyn Gardens

Der kleine Park in der St. Andrews Street inmitten von St. Ives ist eine Oase der Ruhe. Subtropische Pflanzen und eine Reihe von Bänken laden zum Entspannen ein. Und auch hier findet sich eine Skulptur in Erinnerung an Barbara Hepworth – die allerdings nur in ihrem Stil erschaffen wurde und nicht aus ihrer Hand stammt.

Paradise Park

Der familiengeführte Tierpark im Nachbarort Hayle hat sich zu einem beliebten Ausflugsziel gemausert: 1973 gegründet, zeigt er allein 650 Vögel, darunter zahlreiche Papageienarten, Otter, Rote Pandas und Pinguine. Rund um das Wohnhaus Glanmor House (1861) erstreckt sich ein fast sechs Hektar großer Park, in dem man wunderbar spazieren gehen kann. Für Kinder gibt es zahlreiche Spieleangebote – und eine kurze Eisenbahnstrecke, außerdem erfahren sie jede Menge über Vögel und andere Tiere. Schön ist auch der Walled Garden, in dem überwiegend die Flora Australiens zu bewundern ist. Und wer sich zu Hause im Pflanzen von Exoten üben will: Der parkeigene Plant Shop verfügt über eine reiche Auswahl.

Infos und Adressen

SEHENSWÜRDIGKEITEN

Barbara Hepworth Museum. Febr. tgl. 10–16 Uhr, März–Okt. tgl. 10–17 Uhr, Eintritt 5,50 £, Barnoon Hill, Tel. 017 36/79 62 26, www.tate.org.uk/visit/tate-st-ives/barbara-hepworth-museum

Leach Pottery. Früheres Atelier der Künstler Bernard Leach und Shoji Hamada, heute ein Museum. Mo–Sa 10–17 Uhr, März–Okt. auch So 11–16 Uhr, Eintritt 4,50 £, Higher Stennack, Tel. 017 36/79 97 03, www.leachpottery.com

Paradise Park. Beliebter Tierpark im Nachbarort Hayle. Apr.–Okt. tgl. 10–17 Uhr, Nov.–März tgl. 10–15 Uhr, Eintritt 9,50 £, 16 Trelissick Road, Hayle, Tel. 017 36/75 33 65, www.paradisepark.org.uk

Tate St. Ives. Cornwall-Dependance der Londoner Tate Gallery. März–Okt. tgl. 10–17 Uhr, Nov.–Febr. Di–So 10–16 Uhr, Eintritt 6,50 £, Porthmeor Beach, Tel. 017 36/79 62 26, www.tate.org.uk/visit/tate-st-ives

Eingangsbereich und …

… Treppenhaus der Tate Gallery

ESSEN UND TRINKEN

Portminster Beach Café. Ausgezeichnetes Fischrestaurant am Strand. Sommer tgl. 9.30–21.30 Uhr, Winter So/Di/Mi 9.30–16 Uhr, Do–Sa 9.30–21.30 Uhr, Porthminster Beach, Tel. 017 36/79 53 52, www.porthminstercafe.co.uk

ÜBERNACHTEN

Carbis Bay Hotel. Saniertes Traditionshotel am Meer mit eigenem Strand. Schicke, helle und freundliche Zimmer. Carbis Bay, Tel. 017 36/79 53 11, www.carbisbayhotel.co.uk

St. Ives Harbour Hotel. Modern und aufwendig saniertes Hotel am Hang mit Blick aufs Meer. Komfortabler, wenngleich kleiner Spa-Bereich. The Terrace, Tel. 084 48/58 91 85, www.stives-harbour-hotel.co.uk

Tregenna Castle Hotel. Wunderschönes Schloss mit großem Anwesen oberhalb von St. Ives. Das Richtige für alle, die Ruhe benötigen. Trelyon Avenue, Tel. 017 36/79 52 54, www.tregenna-castle.co.uk

INFORMATION

St. Ives Visitor & Information Centre. Tgl. 10–16 Uhr, The Guildhall, Street An Pol, Tel. 09 05/252 22 50, www.stives-cornwall.co.uk

4 Penzance

Die Stadt an der Mounts Bay

Die alte Markt- und Hafenstadt Penzance ist so etwas wie das Zentrum des westlichen Cornwall. Eigentlich traumhaft gelegen in der Mounts Bay versprüht der Ort bis heute den eher derben Charme des Maritimen. Durch die Eisenbahnanbindung an London erlebte Penzance von 1866 an einen regen Zulauf von Touristen – schließlich ist hier das Wetter Dank der Nähe zum Golfstrom meist einen Tick besser als im Rest des Landes.

»Pen Sans« bedeutet im alten Cornish so viel wie »heilige Landzunge«, was viel über die Bedeutung der Stadt an der Mounts Bay aussagt. Bereits im 10. Jahrhundert entstand auf dem Gebiet westlich des heutigen Hafens eine Kapelle, die der Stadt vermutlich später ihren Namen gab. Im Mittelalter entwickelte sich Penzance (20 000 Einwohner) zu einer lebendigen Markt- und Hafenstadt. Bis heute ist sie das geblieben: Im Zentrum entlang der Straßen Greenmarket, Market Place und Chapel Street reihen sich in den alten Häusern aus der

Mitte: Bei Ebbe geht im Hafen von Mousehole nichts mehr.
Unten: Das Chocolate House in der Chapel Street war früher das Zuhause einer Fischerfamilie. Heute ist es eine Ferienwohnung.

MAL EHRLICH

JUBILEE POOL

Man kann darüber streiten, ob das Art-deco-Schwimmbad am Hafen von Penzance ein Gewinn für die Promenade ist. Zum Schwimmen gibt es in jedem Fall bessere Möglichkeiten: Als wenn das Meerwasser in dem Freiluftpool nicht schon gewöhnungsbedürftig genug wäre, ist es auch noch stark gechlort. Ein Badeerlebnis sieht anders aus. Da empfiehlt sich Hartgesottenen eher der Gang ins echte Meerwasser an einem der Strände der Küste.

Viktorianischen und Georgianischen Zeit Geschäfte jeglicher Couleur aneinander – mehr als in jedem anderen Ort in dieser Ecke Cornwalls. Und am Hafen treffen bis heute Fischer und Ausflugsboote ein – zum Beispiel in den Sommermonaten die Linienboote zu den Isles of Scilly (Kapitel 13).

Wer am Endpunkt der Great Western Railway, der Eisenbahnanbindung an London, eintrifft, befindet sich auch schon am Meer: Der Bahnhof aus dem 19. Jahrhundert ist architektonisch einer der unspektakulärsten an einer der schönsten Eisenbahnstrecken Großbritanniens – doch seine Lage an der Bucht von Penzance ist einmalig. Neuankömmlinge befinden sich hier auch gleich am interessantesten Abschnitt der Promenade – dort, wo der Market Jew in die Innenstadt mündet, dem sozialen und kommerziellen Zentrum der Stadt.

Innenstadt

Die Chapel Street als Verbindung zwischen Hafen und Marktgegend war einst die Prachtstraße von Penzance. Dass sich das Leben schon früh vom Hafen in die Bereiche um den Market Place verlagert hat, wird unter anderem am »Union Hotel« deutlich: Das Gebäude aus dem 17. Jahrhundert war einst das erste Haus am Platze, beherbergte Premierminister und Könige; hier war 1805 im Speisesaal der Sieg von Trafalgar bekanntgegeben worden, bevor irgendwer sonst im Land davon erfuhr. Und das »Union Hotel« birgt bis heute an der Rückseite eine Rarität: ein ganzes Theater. Es wurde im Jahr 1786 erbaut und unterstrich den Anspruch des Hotels als Mittelpunkt des gesellschaftlichen Lebens. Bis es 1830 wieder schloss. Heute ist das »Union Hotel« ein eher in die Jahre gekommenes Haus, wenngleich es nichts vom Charme seiner Vergangenheit verloren hat.

AUTORENTIPP!

DER WESTLICHSTE WEINBERG

Der westlichste Weinberg Cornwalls ist auch einer der jüngsten: Erst 2006 begannen John und Kim Coulson damit, auf ihrem gerade erworbenen Anwesen außerhalb von Penzance Wein anzubauen. Der Anfang war zäh, doch heute produzieren die beiden einen Rot- und Roséwein sowie mehrere Schaumweine. Auch eine Reihe von innovativen Cidersorten wie einem viel beachteten Beerencider ist inzwischen im Angebot. Der kleine Laden des Anwesens ist fast das ganze Jahr über geöffnet; wer sehen möchte, wie der Wein hergestellt wird, muss sich allerdings vorher anmelden – mehrmals die Woche bieten John und Kim Touren durch ihre Weinberge an.

Polgoon Vineyard. Laden Jan./Febr. Mo–Sa 10–16.30 Uhr, Apr.–Dez. Mo–Sa 10–17.30 Uhr, So 10–16 Uhr, Touren März–Okt. Mi, Do, Fr 14 Uhr (nach Voranmeldung), Rosehill, Penzance, Tel. 017 36/33 39 46, www.polgoon.com

AUTORENTIPP!

DIE WELT VON OBEN
Das Hotel hoch oben über Penzance könnte von außen unspektakulärer kaum sein – doch in dem alten Wohngebäude befindet sich nicht nur ein schönes, kleines Stadthotel; es bietet vor allem fantastische Ausblicke auf den Hafen und die Bucht, außerdem auf den wunderbaren Garten des Anwesens. Um diesen Ausblick zu genießen, muss man aber gar nicht mal hier übernachten: Das integrierte Restaurant »The Bay« hat ebenfalls wunderschöne Ausblicke parat, darüber hinaus aufwendige britische Küche und einen hervorragenden Afternoon Tea. Die 25 Zimmer des Hotels sind gemütlich, vergleichsweise modern eingerichtet und bieten neben Gratis-WLAN Angenehmes wie eine Nespresso-Maschine.

Hotel Penzance. Britons Hill, Tel. 017 36/36 31 17, www.hotelpenzance.com

Das weithin sichtbare Market House (1838) am oberen Ende der Market Jew Street gehört ebenfalls zu den historisch wichtigen Gebäuden von Penzance. Hier wurde einst der Markt ausgetragen, ein Teil des Hauses diente als Rathaus, dazu gab es einen Bereich für Schulunterricht – und im Keller einige Haftzellen. Heute gehört das Market House einer Bank, die es zum Teil selbst nutzt, zum Teil weitervermietet hat.

Penlee House

Das traditionsreiche Penlee House ist eines der bedeutendsten Kunstmuseen Cornwalls. 1865 wurde es als Wohnhaus im damals vorherrschenden Viktorianischen Stil erbaut, allerdings mit deutlichen mediterranen Reminiszenzen. Erst nach dem Zweiten Weltkrieg funktionierte man es zu einem Museum um, zunächst für lokale Kunst und Geschichte, später primär für Werke von Künstlern der Newlyn School of Art wie Stanhope und Elizabeth Forbes, Harold Harvey und Laura Knight. Hübsch ist auch der Park rund um das Haus.

Egyptian House

Was wie ein Überbleibsel britisch-kolonialer Zeiten wirkt, ist in Wahrheit der Kreativität eines findigen Geschäftsmanns zuzuschreiben: Der Buchhändler und Mineraloge John Lavin erwarb 1834 zwei kleine Gebäude in der Chapel Street und ließ sie aufwendig zum Egyptian House umbauen. Als Vorbild diente ein Museum in London. Die pseudo-ägyptische Fassade machte das Haus schnell zu einer Art Markenzeichen der Stadt, auch wenn vieles davon so in Ägypten nie zu finden gewesen wäre. Lavin verkaufte in dem Gebäude Landkarten, Bücher und Mineralien und bewohnte selbst das Obergeschoss. Heute betreibt der Landmark Trust das Haus – und vermietet einige Zimmer.

Morrab Gardens

Dieses subtropische Idyll an der Morrab Road ist für viele ein Ort des Rückzugs mitten in Penzance. Zahlreiche für diese Gegend untypische Pflanzen wachsen hier. Der wohlhabende örtliche Brauereibesitzer Samuel Pidwell ließ den Park 1841 anlegen, ursprünglich für sich selbst. 1880 erwarb die Stadt das Gelände, erweiterte es und stellte es der Öffentlichkeit zur Verfügung. Bis heute sind die Morrab Gardens jederzeit kostenlos zugänglich. Im Sommer gibt es immer wieder abendliche Freiluftkonzerte – ein wunderbarer Zeitvertreib!

Newlyn

Der kleine Nachbarort im Südwesten von Penzance täuscht auf den ersten Blick: Was sich so idyllisch an die Mounts Bay schmiegt, ist in Wahrheit Großbritanniens größter Fischereihafen. Auf 16 Hektar Fläche tummeln sich Großfischereien und weiterverarbeitende Betriebe. Wie viele Orte in Cornwall lebte Newlyn über Jahrhunderte primär von der Sardinenverarbeitung. Inzwischen wird Seefisch jeglicher Art gefangen und verkauft.

Jedes Jahr Ende August trifft sich die ganze Gegend am Hafen zum Newlyn Fish Festival, auf dem es bei Weitem nicht nur um Meerestiere geht. Sehenswert ist auch die Newlyn Art Gallery in der New Street. Sie wurde bereits 1895 eröffnet und schnell zum Zentrum der zeitgenössischen Kunst, namentlich der Newlyn School of Arts. In dieser Künstlerkolonie fanden Ende des 19. Jahrhunderts zahlreiche renommierte britische Künstler zusammen. Inzwischen hat die Newlyn Art Gallery eine Schwestergallerie zur Seite bekommen: The Exchange in Penzance. Sie ist größer, moderner und vor allem für umfangreiche Projektausstellungen geschaffen.

Oben: »Alles nur Fassade«: Mit Ägypten hat das Egyptian House nichts zu tun.
Unten: Blick von Newlyn über die Mounts Bay nach Penzance

Oben: Das Herrenhaus im Garten von Trengwainton
Unten: Nützliches nebst Kunst im Walled Garden

Trengwainton Garden

Das zehn Hektar große Gelände nahe Penzance ist einer der schönsten Gärten Cornwalls. Exotische Pflanzen aus aller Welt finden sich hier wieder. Küchenkräuter jeglicher Art wachsen dagegen im »walled garden«, dem für englische Anwesen beinahe schon obligatorischen Garten mit einer Mauer. Die Pflanzen sollen hier vor der Kälte der Nacht geschützt werden. Diesem Bereich wird nachgesagt, die Ausmaße von Noahs Arche zu haben.

Ein Höhepunkt sind die gigantischen Farnbäume, unter deren Zweigen man sich wie in den Tiefen eines Regenwaldes vorkommt. Fantastische Ausblicke hat man von dem Freigelände auf dem höchsten Punkt des Gartens, das »Terrasse« genannt wird. Trengwainton Garden mit dem dazugehörigen Herrenhaus stammt vermutlich aus dem 16. Jahrhundert. Das Anwesen, das der Bankier T. S. Bolitho 1867 erwarb, wird auch heute noch von seiner Familie bewohnt. Er baute kontinuierlich den Garten aus, der seit 1931 für Besucher geöffnet ist.

Infos und Adressen

SEHENSWÜRDIGKEITEN

Morrab Gardens. Tgl. geöffnet, kein Eintritt, Morrab Street, Tel. 017 36/33 66 05, www.morrabgardens.co.uk

Newlyn Art Gallery. Nov.–März Di–Sa 10–17 Uhr (Apr.–Okt. auch Mo), New Road, Tel. 017 36/36 37 15, www.newlynartgallery.co.uk

Penlee House. Mo–Sa 10.30–16.30 Uhr, Eintritt 4,50 £, Morrab Road, Tel. 017 36/36 36 25, www.penleehouse.org.uk

Trengwainton Garden. Mitte Febr.–Okt. So–Do 10.30–17 Uhr, Eintritt 6,80 £, Madron bei Penzance, Tel. 017 36/36 31 48, www.nationaltrust.org.uk/trengwainton-garden

ESSEN UND TRINKEN

Harris's Restaurant. Kleines Restaurant mit aufwendigen britischen Gerichten – von Steak bis Fisch. Di–Sa 12–14 Uhr, 19–22 Uhr, 46 New St., Tel. 017 36/36 44 08, www.harrissrestaurant.co.uk

Im Cornish Range kommt Fisch frisch auf den Tisch.

Penzance Artist Residence

The Cornish Range. In der früheren Sardinenfabrik werden heute leckere Fischgerichte serviert. Tgl. 17.30–21 Uhr, 6 Chapel Street, Mousehole, Tel. 017 36/73 14 88, www.cornishrange.co.uk

ÜBERNACHTEN

Egyptian House. Der Landmark Trust vermietet ein Apartment in dem Gebäude aus dem 19. Jahrhundert. Chapel Street, Tel. 016 28/82 59 25, www.landmarktrust.org.uk

Penzance Artist Residence. Kleines Boutiquehotel mit viel Kunst in den Räumen. 20 Chapel Street, Tel. 017 36/36 56 64, www.arthotelcornwall.co.uk

Union Hotel. Alterhwürdiges Hotel im Zentrum, das noch immer den Charme der Vergangenheit versprüht. Chapel Street, Tel. 017 36/36 23 19, www.unionhotel.co.uk

INFORMATION

Penzance National Trust Visitor Centre. Mo–Fr 9.30–17.30 Uhr, Sa 9.30–14 Uhr, So 10–14 Uhr (im Winter geschlossen), Station Approach (direkt am Bahnhof), Tel. 017 36/33 55 30, www.purelypenzance.co.uk

5 St. Michael's Mount
Der Klosterberg im Meer

Er ist der kleine Bruder des großen Mont Saint Michel in Frankreich, doch anders als dieser ist St. Michael's Mount vor der Südküste Cornwalls außerhalb Englands eher unbekannt. Dabei ist der Gezeitenberg eines der schönsten Ziele der ganzen Insel. Die besten Fotomotive gibt es morgens und bei Sonnenuntergang: Dann zeigt sich die Silhouette in der Bucht vor Marazion in romantischen Farben.

Mitte: Über viele Stufen führt der Weg zum Ziel.
Unten: Das Luftschloss mit Aussicht

Der Name St. Michael's Mount geht auf eine Sage aus dem Jahr 495 zurück: Damals soll hier der Erzengel Michael einem Fischer erschienen sein. Benediktinermönche vom Mont Saint Michel gründeten im 11. Jahrhundert auf St. Michael's Mount ein Kloster, sodass der Berg während des Mittelalters zur Pilgerstätte wurde.

Queen Elizabeth I. (1533–1603) verkaufte St. Michael's Mount im Jahr 1599 – seitdem ist er durch den Besitz mehrerer Familien gegangen. Inzwischen gehört der Berg dem englischen Denkmalschutzfonds National Trust, doch die Familie St. Aubyn, deren Generationen seit 1647 hier leben, erhielt ein 999-jähriges Wohnrecht. Daher ist ein Besuch nicht immer möglich – auch wenn der Berg bei Ebbe stets bequem zu Fuß über einen Damm aus Granitsteinen erreicht werden kann.

Das Schloss

Es krönt die Spitze des Berges und verleiht ihm damit ein ähnliches Aussehen wie das des Mont Saint Michel: Das Schloss (12. Jahrhundert) ist so etwas wie das Herzstück von St. Michael's Mount.

Ein Besuch lohnt sich wegen der historischen Bibliothek mit zahlreichen wertvollen Büchern sowie einem Schachtisch, an dem bereits im Mittelalter gespielt wurde. In Sir John's Room ist eine alte Gezeitenuhr zu sehen, anhand derer die Überfahrten zur Küste geplant wurden. Alte Landkarten sind im Map Room ausgestellt, außerdem ein Modell des Berges von 1932 – von einem früheren Butler aus Champagnerkorken gebastelt.

Von der oberen Terrasse hat man einen wunderbaren Blick über St. Michael's Mount sowie über die Küste. Die kleine Kapelle des Anwesens ist vor allem bekannt für ihr aufwendiges Rosettenfenster aus dem 15. Jahrhundert.

Der Garten

Er ist nur im Sommer, und selbst dann nur an ausgesuchten Tagen zugänglich – aber unbedingt zu empfehlen: Im subtropischen Garten von St. Michael's Mount wachsen dank des milden Klimas von Cornwall zahlreiche Pflanzen aus entfernten Ländern wie Mexiko oder Südafrika, die man hierzulande äußerst selten zu sehen bekommt. Besonders ist die Örtlichkeit des Gartens: Die Pflanzen stehen wild an der Granitküste.

Das Dorf

Zusammen mit dem Viktorianischen Flügel des Schlosses entstand zwischen 1873 und 1878 ein winziges Dorf am Hafen von St. Michael's Mount. Hier waren vor allem die für die Infrastruktur notwendige Einrichtungen untergebracht – etwa die Wäscherei, die heute ein gemütliches Café beheimatet. Auch die üblichen Souvenirshops gibt es hier unten, außerdem eine Bootsanlegestelle. Auf der Insel leben rund 30 Angestellte. Besucher können nicht übernachten.

Infos und Adressen

SEHENSWÜRDIGKEITEN

St. Michael's Mount. Apr.–Okt. So–Fr 10–17 Uhr, Nov.–März Di/Fr 10.30–16 Uhr, Zugang nur zu Fuß bei Ebbe, sonst per Amphibienfahrzeug, Marazion, Tel. 017 36/71 05 07, www.stmichaelsmount.co.uk

ESSEN UND TRINKEN

Ben's Cornish Kitchen. Moderne britische Küche, von außen unscheinbar, aber auf den Tellern unschlagbar. Di–Sa 12–14 Uhr, 19–20.30 Uhr, West End, Marazion, Tel. 017 36/71 92 00, www.benscornishkitchen.com

The Godolphin Arms. Strand-Pub mit Blick auf St. Michael's Mount mit schönen Außenplätzen. Tgl. 8–23 Uhr, West End, Marazion, Tel. 017 36/71 96 93, www.godolphinarms.co.uk

ÜBERNACHTEN

Mount Haven Hotel. Kleines, sehr modernes Hotel mit Blick auf St. Michael's Mount. Turnpike Road, Marazion, Tel. 017 36/71 02 49, www.mounthaven.co.uk

St. Michael's B&B. Familiäre Pension mit hellen, gemütlichen Zimmern. Fore Street, Marazion, Tel. 017 36/71 13 48, stmichaels-bedandbreakfast.co.uk

6 Porthleven

Der Hafen der Stürme

Das kleine Fischerdorf am Meer hatte zu Bergbauzeiten eine große Bedeutung als Hafen für den Handel mit Zinn. Das ist jedoch längst vorbei: Heute schaukeln in Porthleven ein paar kleine Boote im Wasser, aus den Hafenkneipen sind zum Teil nette Cafés geworden – der Ort wandelt sich zu einer beliebten Kulisse für Künstler und Wanderer. Die schätzen seine unmittelbare Nähe zu den Wanderwegen der Lizard-Halbinsel.

Bei gutem Wetter eine Idylle: der Hafen von Porthleven

Die See kann rau werden an der Südwestseite Cornwalls. Das ist nirgends besser zu sehen als in Porthleven (3000 Einwohner). Ein aufziehender Sturm wirkt magnetisch auf Fotografen, die hoffen, hier besonders riesige Wellen vor die Linse zu bekommen. Beim großen Unwetter von 2014 trafen sie in einer Höhe von bis zu zwölf Metern auf die Küste, sodass die Polizei den Ort absperren musste.

Passenderweise hat Porthleven gerade diesen Wetterextremen seine Existenz zu verdanken: Der

MAL EHRLICH

HELSTON

Das eigentliche Zentrum in dieser Gegend Cornwalls ist idealer Ausgangspunkt für die wichtigsten Lebensmitteleinkäufe und um von hier aus Ausflüge zu unternehmen. Mehr gibt es in Helston dann aber realistisch gesehen nicht zu tun. Der Ort lebt davon, eine gewisse Infrastruktur zu bieten; Touristenattraktionen liegen jedoch außerhalb, etwa in Porthleven oder auf der Lizard-Halbinsel.

Hafen, übrigens der südlichste Englands, wurde bis 1825 für Schiffe genutzt, die in Seenot geraten waren. Der Uhrturm steht gleich vorn am Kai. Der innere Hafen folgte erst 1858, um den kleinen Fischerbooten Schutz zu bieten.

Ironischerweise könnte man den Ortsnamen mit »ruhigem Hafen« übersetzen, da das Wort »leven« in der cornischen Sprache soviel wie »sanft« oder »ruhig« bedeutet. Inzwischen sind sich Historiker allerdings einig, dass sich der Zusatz zu »Port« (also Hafen) eher auf den Heiligen Elvan bezieht, der im 5. Jahrhundert in dieser Gegend missioniert haben soll.

Die engen Straßen von Porthleven schmiegen sich wie ein Bienenschwarm an den Hafen. Wer hierher kommt, landet früher oder später beinahe zwangsläufig am Wasser. Man muss einen gewissen Hang zu den kleinen Fischerdörfern Englands haben, um sich auf diesen Ort einzulassen. Aber dann möchte man kaum noch weg. Zumal der Hafen inzwischen jede Menge netter Cafés und Shops bietet. Wer sich bei einem Kaffee oder einer Kugel Cornish-Eiscreme auf einen der Außenplätze setzt, wird unweigerlich mit den Einwohnern ins Gespräch kommen – und viele gute Tipps erhalten, beispielsweise für Wanderungen in der Umgebung.

Wandern

Der South West Coast Path führt direkt an Porthleven vorbei. Viele Wanderer kommen, um von hier aus in Richtung Lizard-Halbinsel (Kapitel 7) zu starten. Die Strecke führt an beeindruckenden Steilküsten vorbei – doch auch der Blick in Richtung Landesinnere lohnt sich: Die Landschaft hier ist geprägt von kleinen Feldern und Wiesen, dominiert vom Penrose-Anwesen.

AUTORENTIPP!

MINENGEISTER

Die einzige öffentlich zugängliche komplett unterirdische Mine Cornwalls ist Teil des UNESCO-Welterbes. Im 18. und 19. Jahrhundert wurde hier im Wendron-Tal Zinn abgebaut. Grabungen belegen jedoch, dass schon vor 2000 Jahren Menschen auf der Suche nach Bodenschätzen in dem Tal gewesen sein müssen. Heute ist die Poldark Mine bekannt für die eindrucksvollen Führungen, bei denen Gruppen wie Bergarbeiter unter Tage gebracht werden. Neben einem Museum gibt es auf dem Freigelände eine noch funktionierende Pumpmaschine zu sehen, die bis heute Wasser aus den Schächten zieht. Im April, Juli und August finden einmal wöchentlich mittwochs Geistertouren durch die Mine statt.

Poldark Mine. Apr.–Okt. So–Fr 11–15.30 Uhr, im Aug. auch Sa, Eintritt 10 £, Wendron, Tel. 013 26/57 31 73, www.poldark-mine.co.uk

AUTORENTIPP!

KÜNSTLERPOSTKARTEN
Eine kleine Galerie am Hafen von Porthleven bietet überwiegend Motive der beiden örtlichen Künstler Greg Stephens und Sarah Holroyd – Meeresbilder, Leuchttürme, Szenen aus Cornwall. Alles sehr dezent, vieles pastellfarben und das meiste im Comicstil gezeichnet. Dabei handelt es sich nicht nur um gewöhnliche Bilder auf Leinwand, sondern überwiegend um Drucke, bedruckte Untersetzer, Becher oder Postkarten. Insofern kann der »Albatross Art Shop« wunderbar dabei helfen, nicht immer dieselben gleichförmigen Urlaubspostkarten zu verschicken und vielleicht auch das eine oder andere unvorhersehbare Mitbringsel zu finden.

Albatross Art Shop. Mo–Sa 9–17 Uhr, So 10–16 Uhr, 4 Commercial Road, Porthleven, Tel. 013 26/56 28 28, www.albatrossart.co.uk

Penrose

Das 600 Hektar große Gebiet direkt im Südosten von Porthleven ist ein Paradies für Wanderer und Radfahrer. Die Familie Penrose bewirtschaftete es über Jahrhunderte, bis ein Großteil des Anwesens 1974 schließlich dem National Trust vermacht wurde. Neben Feldern und Wäldern gehören auch rund sechs Kilometer Küstenlinie dazu. Zentraler Punkt des Penrose Estate ist der größte natürliche Salzwassersee Cornwalls, The Loe. St Winwalloe's Church direkt am Strand stammt aus dem 15. Jahrhundert und wird bis heute ab und an für Gottesdienste genutzt. Am Wochenende hat auch ein Café im alten Stall des Anwesens geöffnet, das »Stables Café«. Es befindet sich direkt an den Büros des National Trust (Abzweigung der B 3304 in der scharfen Kurve östlich von Porthleven).

Strände

Entlang der Küste von Porthleven liegen auch einige schöne Strände. Praa Sands etwa fünf Kilometer nordwestlich gilt als beliebtes Surfereldorado. Die Wellen sind hoch, der Strand erholsam. Dazu bietet der angrenzende Ort Germoe mit Pengersick Castle noch ein kleines Schloss (in dem es angeblich spuken soll) sowie einige überschaubare Einkaufsmöglichkeiten. Noch ein Stück weiter westlich liegt Kenneggy Sands, ein weniger schöner Strand, der über Steine und Geröll nur sehr aufwendig zu erreichen ist. Direkt angrenzend an den Hafen von Porthleven erstreckt sich über fünf Kilometer ein schmaler Strandstreifen, der zum Sonnen gut geeignet ist.

Godolphin House

Das Anwesen nordöstlich von Porthleven war einst Sitz von Lord Sidney Godolphin (1645–1712), dem

Schatzkanzler von Königin Anne (1645–1714), und auch bereits davor im Besitz seiner Familie. Der Komplex wurde im 16. Jahrhundert mehr oder weniger im Tudorstil erbaut, wenngleich ohne das typische Fachwerk aus jener Zeit. Die Säulen verleihen dem Eingang etwas Würdevolles. Das Eingangstor selbst ist aus Holz und stammt aus dem Jahr 1575. Der Rest wurde im Laufe der Jahrhunderte mehrfach erneuert und verändert.

Der National Trust hat das Anwesen erworben, sodass es heute besichtigt werden kann. Die beiden Seitenflügel sind sogar soweit wieder hergerichtet und zum Teil mit Originalmöbeln ausgestattet, dass man glauben könnte, hier wohne noch jemand. Hübsch sind die beiden Gärten: der ummauerte King's Garden, der sich an das königliche Zimmer des Anwesens anschließt, und der Side Garden. Beide scheinen seit Jahrhunderten kaum verändert worden zu sein. Am Rande des Anwesens liegen auch die Überreste einer alten Bergbaumine – die Bodenschätze hatten der Familie Godolphin erst zu ihrem Wohlstand verholfen.

Oben: Alleinlage im Wald: das Godolphin House
Unten: Von Wellen gebrochen: die Küste Cornwalls südlich von Portleven

Helston Flora Day

Einmal im Jahr ist der sonst so beschauliche Ort Helston nördlich von Porthleven eine einzige Partymeile: Am 8. Mai wird der Flora Day gefeiert, ein Blumenfest, bei dem die Einwohner in langen Umzügen durch die Straßen ziehen. Fällt der 8. Mai auf einen Sonntag oder Montag, wird das Fest vorgezogen auf den Sonnabend – ein üblicher Brauch in Großbritannien. Die ganze Stadt ist am Flora Day mit Pflanzen geschmückt, überwiegend Bluebells, der Blume des Frühlings. Schon um sieben Uhr morgen ziehen die ersten tanzend durch die Straßen. Der letzte Umzug beginnt um 17 Uhr. The same procedure every year – ein strenger Programmablauf Jahr für Jahr, und dies bereits seit vielen Jahrhunderten.

Goonhilly Satellite Earth Station

Man kann sich zugegebenermaßen Schöneres vorstellen als eine Satellitenempfangsstation; die Goonhilly Satellite Earth Station 15 Kilometer östlich von Porthleven ist aber durchaus eine besondere: Hier wurden 1962 die ersten Fernsehbilder von der anderen Seite des Atlantiks empfangen – ein Meilenstein der TV-Geschichte. Das frühere Gelände der britischen Post wurde in den Achtzigerjahren privatisiert und seitdem kontinuierlich ausgebaut.

Heute ragen ein knappes Dutzend Parabolantennen mit Durchmessern von bis zu 30 Metern in den Himmel. Einige davon stehen sogar unter Denkmalschutz, wie Goonhilly Nummer eins, genannt »Arthur« – jener Spiegel, der 1962 die Fernsehbilder empfing. Ein Besucherzentrum gibt Auskunft über die Geschichte und die Technik der Anlage; es wird jedoch derzeit grundlegend überarbeitet und umgebaut.

Oben: Musiker am Hafen von Porthleven. Dass sie bei Sturm nur ihre Instrumente in den Wind halten, ist ein Gerücht.
Unten: In Goonhilly spähte England amerikanische TV-Sender aus.

Infos und Adressen

SEHENSWÜRDIGKEITEN

Godolphin House. Üppiges Anwesen mit einem alten Herrenhaus. Garten tgl. 10–17 Uhr, Haus Apr.–Okt. Sa–Do 10–17 Uhr (Achtung, sehr unregelmäßige Öffnungszeiten, am besten vorher informieren!), Eintritt 7,70 £, Godolphin Cross, Helston, Tel. 017 36/76 31 94, www.nationaltrust.org.uk/godolphin

Goonhilly Satellite Earth Sation. Eine der wichtigsten Satellitenempfangsstationen Englands. Goonhilly Downs. Wegen Umbaus standen die Öffnungszeiten zu Redaktionsschluss nicht fest, Helston, Tel. 08 00/043 77 68, www.goonhilly.org

Penrose Estate. Frei zugänglich, Penrose, Helston, Tel. 013 26/56 14 07, www.nationaltrust.org.uk/penrose

ESSEN UND TRINKEN

Amelie's at the Smokehouse. Von Burger bis Hummer: das etwas extravagante Restaurant in Porthleven. Tgl. 12–23 Uhr, Harbourside, Porthleven, Tel. 013 26/55 40 00, www.ameliesporthleven.co.uk

Terrasse des The Square Restaurant in Porthleven

Blue Anchor Inn, eines der ältesten Brewery Pubs im Königreich

Sea Drift Kitchen Café. Stylisches Café-Restaurant am Hafen von Porthleven mit gutem Fisch und leckerem Kuchen. Di–Sa 10–22 Uhr, Fore Street, Porthleven, Tel. 013 26/55 87 33, www.seadriftporthleven.co.uk

ÜBERNACHTEN

An Mordros Hotel. Kleines familiengeführtes Hotel am Hafen ohne großen Schnickschnack. Peverall Terrace, Porthleven, Tel. 013 26/56 22 36, www.anmordroshotel.com

Premier Inn. Dependance einer Budget-Hotel-Kette am Rand von Helston – etwas abseits vom Zentrum, dafür sehr neu, vergleichsweise komfortabel und günstig. Clodgey Lane, Helston, Tel. 0870/111 28 10, www.premierinn.com

INFORMATION

www.porthleven-online.com

7 Lizard Peninsula
Englands südlichster Punkt

Sie ist eigentlich nicht viel mehr als eine Halbinsel, doch man kommt sich vor wie auf einem richtigen Eiland: Lizard, die Landzunge südlich von Helston, hat eine Art Eigenleben entwickelt. Die Küstenabschnitte sind spektakulärer als an manch anderer Stelle, dazu gibt es vereinzelt auch wunderschöne Strände. Viele Besucher wollen aber vor allem eines sehen: Lizard Point, den südlichsten Punkt Englands.

Englands Südsee: Kynance Cove

Viele mögen einwenden, Cornwall selbst sei landschaftlich schon einzigartig. Die Lizard-Halbinsel ist dennoch ein ganz besonderer Fall: Durch ihre Abgeschiedenheit haben die Menschen hier gelernt, ihren Alltag selbst zu gestalten. Entlang der Küste existieren kleine Fischerhäfen wie etwa Cadgwith oder Coverack, die man mit ihren kleinen Hütten und bunten Fischerbooten eher in einem Kitschroman vermutet hätte. Vor allem die südwestliche Seite prägen Steilküsten, oben mit Gras und Moos bewachsen.

MAL EHRLICH

NICHT NUR FÜR EIN FOTO KOMMEN!

Es liegt auf der Hand: Wer Land's End hinter sich gebracht hat, Englands westlichsten Punkt (von den Scilly-Inseln abgesehen), der macht meist auch noch einen Abstecher zum südlichstem Zipfel Lizard Point. Begehen Sie nicht den Fehler, nur für ein Foto vorbeizukommen – nehmen Sie sich lieber Zeit für die Halbinsel! Die Wanderwege sind einzigartig, vor allem aber die Ruhe und die Unberührtheit der Natur in weiten Teilen Lizards sind ein Erlebnis.

Lizard Point

Die Landstraße A 3083 führt direkt ans südliche Ende von Großbritannien, zumindest wenn man vereinzelte Inseln außer Acht lässt: Lizard Point. Es ist wie mit allen nördlichsten, südlichsten, höchsten und tiefsten Punkten – findige Geschäftsleute haben hier ihre Cafés und Shops aufgebaut, weil fast jeder Cornwall-Besucher früher oder später für ein Foto vorbeischaut. Gleichwohl hält sich der Handel gottlob noch in Grenzen, und man kann ihn angesichts der Aussicht auch ganz gut ignorieren: Steilküsten und Meer bieten vor allem in den Morgen- und Abendstunden wunderschöne Ansichten.

Der National Trust hat sich des Geländes angenommen, was erklärt, dass an dieser exponierten Stelle nicht schon längst ein großes Hotel gebaut worden ist. Dafür können Wanderer ein Stück in Richtung Osten in der Jugendherberge mit einer der besten Hanglagen Großbritanniens übernachten. Das Gebäude, das direkt an die beiden achteckigen Leuchttürme von Lizard Point angrenzt, war früher ein kleines Hotel, verkam und wurde ebenfalls vom National Trust vor dem Verfall bewahrt. Ein Museum an den Leuchttürmen (1619) blickt zurück auf die Geschichte der Seefahrt an dieser Stelle. Für manche Kapitäne bedeutete Lizard das Ende ihrer langen Reise: Die Felsen sind nicht ungefährlich, weshalb immer wieder Schiffe daran zerschellten.

Kynance Cove

Ein hübscher, drei Kilometer langer Fußmarsch entlang der Küste in Richtung Norden verbindet Lizard Point mit Kynance Cove, einem der schönsten Küstenabschnitte in ganz Cornwall. Die Bucht ist bekannt für ihren rot-grünen Serpentinstein,

AUTORENTIPP!

EIS VON JERSEY-KÜHEN

Es ist die besonders fetthaltige Milch der Jersey-Kühe, die der lokalen Eiscreme-Marke Roskilly's ihren Geschmack verleiht: Eine Herde von 94 dieser Tiere liefert die wichtigste Zutat für die Spezialität aus Cornwall. Gehalten werden sie nach Biokriterien auf jahrhundertealtem Farmland ganz im Osten der Lizard-Halbinsel. Und heraus kommt dabei eine der sahnigsten Eiscremes, die es gibt – in so besonderen Geschmacksrichtungen wie Clotted Cream. Das Eis wird in Strandcafés oder kleinen Lebensmittelgeschäften angeboten. Man kann es aber auch direkt auf der Roskilly's-Farm probieren. Dort gibt es unter anderem ein Restaurant. Und wer länger bleiben möchte, kann sich in eines der Ferienhäuser der Umgebung einmieten.

Roskilly's. So–Mi 10–18 Uhr, Do/Fr 10–21 Uhr, Tregellast Barton, St. Keverne, Helston, Tel. 013 26/28 04 79, www.roskillys.co.uk

Oben: Die Kynance Cove ist ein beliebter Badestrand.
Unten: Der Lizard Point vor der Lizard Peninsular

der vor allem im 19. Jahrhundert abgebaut wurde. Heute steht das gesamte Areal unter besonderem Schutz und ist nur noch für Wanderer zugänglich, die hier vom Parkplatz den Hang hinab bis ans Meer gehen können. Recht pittoreskt ist das kleine Café, das sich an die Felsen schmiegt und bis vor Kurzem von jeglicher externen Versorgung unabhängig war. Erst vor wenigen Jahren schloss man es an das Wasser- und Stromnetz an.

Mullion

Mit seinen 2000 Einwohnern ist Mullion der größte Ort Lizards – abgesehen von Helston, das aber streng genommen bereits außerhalb der Halbinsel liegt. Die Region ist seit Jahrtausenden bewohnt. Bei Ausgrabungen konnten Spuren bis zu den Kelten zurückverfolgt werden. Im Zentrum Mullions befindet sich die St.-Mellanus-Kirche (13. Jahrhundert), die für ihre holzverzierten Eichenbänke bekannt ist. Jeweils an den Enden stellen Schnitzereien biblische Szenen dar. Die Eingangstür verfügt über eine für Kirchen eher ungewöhnliche Einrichtung: eine Hundeklappe. Sie sollte ermöglichen, dass Schäferhunde ungestört ein- und ausgehen konnten.

Unweit entfernt befinden sich die Überreste von Wheal Unity, einer Kupfermine aus dem 18. Jahrhundert. Sehenswert ist aber vor allem Mullion Cove, der Hafen des Orts an der Westseite der Li-

Rund um die Lizard-Halbinsel

Ⓐ **Helston** – Das Eingangstor zur Lizard-Halbinsel ist ein guter Startpunkt für eine Besichtigungstour. Der Ort selbst bietet zwar wenig Attraktionen, ist aber eine perfekte Basis, auch um sich mit Vorräten für die weitere Reise einzudecken. Los geht es die Landstraße A 3083 in Richung Süden!

Ⓑ **Mullion** – Der alte Ort ist ein erster Zwischenstopp. Sehenswert ist u.a. die St.-Mellanus-Kirche, deren Pforte mit einer Hundeklappe ausgestattet ist – dadurch sollten Schäferhunde früher ein- und ausgehen können.

Ⓒ **Mullion Cove** – Etwas außerhalb liegt der Hafen von Mullion, der vor allem wegen der Klippenlandschaft sehenswert ist. Obwohl sich inzwischen der Denkmalschutzfonds National Trust um das Areal kümmert, ist der Hafen nach wie vor in Betrieb.

Strandtag an der Kynance Cove

Ⓓ **Kynance Cove** – Die Gegend mit ihrem rot-grünen Serpentinstein gilt als eine der schönsten Ecken der Lizard-Halbinsel. Sie bietet sich ideal zum Wandern an – wer das Auto stehen lassen möchte, kann beispielsweise entlang des South West Coast Path die drei Kilometer bis Lizard Point laufen.

Ⓔ **Lizard Point** – Englands südlichster Punkt bietet eine grandiose Aussicht auf das Meer und die Steilküsten, deren spitze Felsen für so manches Schiff zum Verderben wurden. Im Osten befinden sich der Leuchtturm, der eigentlich aus zwei Türmen besteht, und die Jugendherberge.

Ⓕ **Coverack** – Der kleine Hafenort ist nicht nur hübsch anzusehen, er ist auch so etwas wie das Zentrum des Wassersports in der Gegend. Viele Leute kommen hierher, um zu segeln, zu tauchen oder zu surfen.

Ⓖ **St. Keverne** – In diesem malerischen Ort nahm die Rebellion von Cornwall ihren Lauf. Eine Bronzestatue erinnert heute daran – ansonsten besticht St. Keverne vor allem durch seine schönen Häuser und Palmen.

AUTORENTIPP!

FRISCH AUS DEM HELFORD RIVER

Die Wright Brothers haben ein Gebiet der Grafschaft von Cornwall regeneriert und züchten dort seit einigen Jahren Austern in großem Stil. Dazu ziehen sie Tag für Tag den Helford River hinab, um zu fischen. Was es dann an diesem Tag bei ihnen zu kaufen gibt, stammt alles aus den Gewässern der Umgebung. Nach einigen erfolgreichen Fischrestaurants in London haben die beiden Brüder nun auch in Cornwall eine Dependance eröffnet, um ihre Waren gleich vor Ort zuzubereiten: In ihrem »Ferry Boat Inn« direkt am Ufer des Helford River sitzt man mit Blick auf die im Wasser schaukelnden Boote. Die Küche ist erstklassig!

Ferry Boat Inn. So–Do 11–22.30 Uhr, Fr/Sa 11–23 Uhr, Helford Passage, Helford Village, Tel. 013 26/25 06 25, www.thewrightbrothers.co.uk/restaurants/the_ferryboat_inn/

Leckere Austern frisch aus dem Wasser

zard-Halbinsel. Eingebettet in die dramatische Klippenlandschaft wird diese jahrhundertealte Anlegestelle bis heute genutzt. Der National Trust unterhält diesen Teil der Küste, und er besitzt auch eine kleine Insel gegenüber des Hafens – Mullion Island, unter Einheimischen Toldhu genannt. Sie ist inzwischen ausschließlich den Seevögeln zum Nisten überlassen. Ganz in der Nähe liegt auch Poldhu Cove, ein schöner Strand.

St. Keverne

Der kleine Ort an der Ostseite ist mit seinen alten weißen Häusern und den allgegenwärtigen Palmen einer der hübschesten der Lizard-Halbinsel. Die Kirche im Zentrum (16. Jahrhundert) widmet sich speziell den Toten der zahlreichen Schiffsunglücke in der Umgebung. Ein Denkmal im Außenbereich erinnert an den Untergang der »Mohegan« im Jahr 1898, bei dem 108 Menschen ums Leben kamen. Auch die Rebellion von Cornwall nahm ihren Ursprung in St. Keverne: Der Schmied Michael Joseph protestierte hier 1497 gegen die von Heinrich VII. (1457–1509) erhobenen Strafsteuern. Er probte den Aufstand und wurde erst auf seinem Weg nach London gestoppt und hingerichtet. Eine Bronzestatue am Ortseingang erinnert heute daran.

Coverack

Coverack an der Ostküste gilt als Zentrum des Wassersports auf der Lizard-Halbinsel. Auch Einheimische kommen hierher, um zu surfen, zu segeln oder zu tauchen. Denn wie an vielen anderen Stellen der Küste sind auch vor Coverack immer wieder Schiffe gesunken – weshalb es in der Unterwasserwelt einiges zu entdecken gibt. Der kleine Fischerort selbst besticht durch seinen Hafen sowie den Strand.

Infos und Adressen

SEHENSWÜRDIGKEITEN

Lizard Lighthouse. Leuchtturm mit kleinem Museum. Mai–Okt. Mo–Do 11–17 Uhr, Eintritt 7 £, Lizard Village, Tel. 013 26/29 02 02, www.lizardlighthouse.co.uk

ESSEN UND TRINKEN

Ann's Pasties. Der Ort schlechthin für Cornish Pasties. Mo–Sa 9–15 Uhr, im Sommer auch So 9–14 Uhr, 3 Beacon Terrace, Lizard, Tel. 013 26/29 08 89, www.annspasties.co.uk

Coast Café. Bistro mit aufwendig zubereiteten Speisen. Mo–Sa 9–17 Uhr, So 10–16 Uhr, Lighthouse Road, Lizard, Tel. 013 26/29 04 00, www.coastthelizard.co.uk

Kynance Cove Beach Café. Leckere Sandwiches, Baguettes und Scones direkt am Meer. März–Okt. tgl. 10–17 Uhr, Kynance Cove, Lizard, Tel. 013 26/29 04 36, www.kynancecovecafe.co.uk

Poldhu Beach Café. Strandcafé mit einfachen Speisen, aber tollem Blick. Tgl. 9.30–16.30 Uhr (Mai–Sept. bis 17.30 Uhr), Poldhu Cove, Mullion, Tel. 013 26/24 05 30, www.poldhu.com

ÜBERNACHTEN

Mullion Cove Hotel. Altes englisches Seehotel an den Klippen der Lizard-Halbinsel. Mullion, Tel. 013 26/24 03 28, www.mullion-cove.co.uk

The Bay Hotel. Eher einfaches Haus mit grandiosem Ausblick auf die Coverack Bay. North Corner, Coverack, Tel. 013 26/28 04 64, www.thebayhotel.co.uk

YHA Lizard Point. Wenig Komfort und beste Lage: die Jugendherberge am südlichsten Punkt von England. The Polbrean, Lizard Point, Tel. 08 45/371 95 50, www.yha.org.uk/hostel/lizard-point

INFORMATION

www.visitlizardcornwall.co.uk

Coverack ist ein Urlaubsort, der vor allem Ruhe bietet.

8 St. Agnes

Der Bergbauort

Der kleine Ort an der Nordküste Cornwalls war einst ein Zentrum des Kupfer- und Zinnbergbaus. Heute sind die Minen längst verlassen, und wie viele andere frühere Bergbaustätten sucht St. Agnes nach einer Alternative. Die kann paradoxerweise gerade in der Vergangenheit liegen: Besucher strömen hierher, um zwischen den verlassenen Maschinenhäusern der Minen ein Stück Bergbautradition zu schnuppern. Und schöne Wanderwege bietet die Küste noch dazu.

Mitte: Kehrt man in St. Agnes im Restaurant Schooners ein, isst das Auge mit.
Unten: Was von Untertage blieb: Blue Hills Tin

Geschwungene schmale Straßen, enge Bebauung mit den für diese Region typischen Schieferdächern – St. Agnes (2200 Einwohner) gibt sich ein bisschen wie der Prototyp eines Dorfes in Cornwall. Nach dem Schließen der Minen ist im Ort Ruhe eingekehrt, und das scheint ihm wirklich gut getan zu haben. Restaurants und Geschäfte prägen die Innenstadt, über allem aber schwebt nach wie vor die Vergangenheit als Bergbaustandort. Und auch über der wohl bekanntesten Sehenswürdigkeit Stippy Stappy: Die am Hang gebaute Zeile von Reihenhäusern aus dem 18. Jahrhundert war einst das Wohngebiet der Minenarbeiter. Einen Überblick über die Vergangenheit des Orts gibt das Museum in der alten Restkapelle (19. Jahrhundert). Die Ausstellung blickt vor allem auf die Zeit des Bergbaus zurück.

Einmal im Jahr, immer am 1. Mai, wird in St. Agnes Bolster Day gefeiert: Der gleichnamige Riese soll einst in dieser Gegend gelebt und Kinder gefressen haben, bis er durch die List von einer gewissen Agnes überwältigt wurde. Was die

Einwohner bis heute dazu veranlasst, dieses Ereignisses mit großen Bolster-Puppen zu gedenken.

Direkt unterhalb des Zentrums liegt an der Küste Trevaunance Cove, ein beliebter Strand – übrigens einer von mehreren in der Gegend. Denn St. Agnes ist auch bekannt für seine Wassersportmöglichkeiten. Wobei es die Leute nicht nur zum Surfen und Baden hier hinunter zieht, sondern auch auf ein gemütliches Bier am Strand bei Sonnenuntergang.

Blue Hills Tin Streams

Die letzten Überreste der Zinngewinnung finden sich in der alten Mine Blue Hills rund drei Kilometer östlich von St. Agnes. Der Abbau ist längst eingestellt. Doch die Familie Wills hat sich auf dem Gelände vor fast vier Jahrzehnten wieder der Zinnprodukion gewidmet. Die alten Gebäude und eine Wassermühle sind bis heute erhalten und werden für die Produktion genutzt. In Touren zeigt die Familie, wie ihr Schmuck produziert wird.

Chapel Porth

Der Küstenabschnitt westlich von St. Agnes ist mit seinen von Heidekraut bewachsenen Klippen und dem idyllischen, wenngleich steinigen Strand einer der schönsten an der Nordküste Cornwalls. Hier steht auch das wohl bekannteste Wahrzeichen der Gegend, wenn nicht des kornischen Bergbaus insgesamt: Wheal Coates, die Ruinen der Betriebsgebäude einer Zinnmine. Vor allem das alte Pumphaus Towanroath mit seinem schmalen Ziegelschornstein ist ein beliebtes Fotomotiv. Ein schmaler Pfad führt von der Bucht hinauf. Ebenfalls hübsch ist die benachbarte Porthtowan-Bucht, die wegen ihres weißen Strandes und der beachtlichen Wellen bei Surfern beliebt ist, die hier im Sommer sogar Wettbewerbe austragen.

Infos und Adressen

SEHENSWÜRDIGKEITEN

Blue Hills Tin. Apr.–Okt. Di–Sa 10–16 Uhr, Eintritt 6,50 £, Wheal Kitty, Tel. 018 72/55 33 41, www.bluehillstin.com

ESSEN UND TRINKEN

Genki Café. Kleines Freiluftcafé mit frischen Produkten. Apr.–Sept. Di–So 10–17 Uhr (Juni–Aug. bis 21 Uhr), Quay Road, Tel. 018 72/55 58 58, www.genkicornwall.co.uk

The Cornish Pizza Copmpany. Dünne, krosse Pizzas mit kreativen Belägen. Di/Fr/Sa 17–21 Uhr, Mi/So 17–20.30 Uhr, 68 Vicarage Road, Tel. 018 72/55 30 92, www.thecornishpizzacompany.co.uk

ÜBERNACHTEN

Beacon Country House Hotel. Pension an der Küste mit zwar kleinen, hübschen Zimmern. Goonvrea Road, Tel. 018 72/55 23 18, www.beaconhotel.co.uk

The Driftwood Spars. Pub, Restaurant und BED & BREAKFAST auf dem Weg zum Strand. Trevaunance Road, Tel. 018 72/55 24 28, www.driftwoodspars.co.uk

INFORMATION

Tourist Information Centre. Mo–Fr 12.30–15.30 Uhr, 18 Vicarage Road, Tel. 018 72/55 41 50, www.st-agnes.com

9 Newquay
Cornwalls Surfer-Paradies

Es ist ein Ort, wie er eigentlich so gar nicht zum Rest des Landes passt: Mit Newquay verfügt Cornwall über eine adäquate Surfer-Hochburg, wie sie sonst eher in Spanien, Portugal oder Australien zu finden ist. Rucksacktouristen ziehen in Horden hierher, um im Sommer mit dem Surfbrett raus aufs Meer zu treiben und abends am Strand Partys zu feiern. Mit dem Flughafen verfügt der Ort auch über Cornwalls wichtigste Anbindung an britische Städte – auch wenn es sich eher um einen Kleinstflughafen handelt.

Newquay (19 500 Einwohner) hat es sich über Jahre ein bisschen zu leicht gemacht: Die wunderschönen Strände, das wellenreiche Meer und das vergleichsweise konstante Wetter waren für viele Grund genug, hierher zu kommen. Es entwickelte sich eine regelrechte Anziehungskraft für die hippen Surfer und sonnenhungrigen Wochenendtouristen – mit allen Nebenerscheinungen, die ein solches Image mit sich bringt: Laute Partys, be-

Mitte: Leicht erreichbar: Towan Beach …
Unten: … von dort sind es nur wenige Schritte in die Fußgängerzone.

MAL EHRLICH

BACKPACKER'S PARADISE

Das Surferleben ist grandios – immer an der frischen Luft sein, abends feiern. Geballt kann das leichte Leben einfachen Reisenden allerdings mächtig auf die Nerven gehen. Wer das Alter des Rucksackreisenden überschritten hat und nicht surft, sollte Newquay mit Vorsicht genießen. Die Strände sind wunderschön, die ganze Gegend drumherum auch. Doch können einem die allabendlichen Backpacker-Partys den Aufenthalt gehörig vermiesen.

trunkene Jugendliche, hier und da Randale, die Sonnenseite des Lebens, ohne den Ernst der Lage zu erkennen. So setzte auch die Stadt nicht sonderlich viel daran, ihr Zentrum zeitgemäß zu gestalten. Viel wurde in die Infrastruktur am Strand investiert, in einen neuen Flughafen – doch Newquay selbst verlor an Anziehungskraft.

Das hat sich inzwischen geändert: Junge Unternehmer haben erkannt, dass sie mit Ökoprodukten und Spa-Angeboten den Nerv der Besucher treffen. Rund um Watergate Bay hat sich mit Jamie Olivers »Fifteen« eine neue Kategorie von Gastronomie angesiedelt, die Wert auf gute Produkte und eine angenehme Umgebung legt, weniger auf günstige Alkoholpreise. Man muss sich die schönen Ecken dieser Stadt erschließen – aber dann möchte man mitunter gar nicht mehr weg.

Newquay kann wie viele Städte in Cornwall auf eine lange Geschichte zurückblicken, selbst wenn dies heute nicht immer deutlich wird. Bereits im Mittelalter florierte der Ort vor allem als Basis von Fischern. Im 18. Jahrhundert erlebte er einen großen Aufschwung durch die Sardinenindustrie. Wegen Überfischung ist diese jedoch – wie im ganzen Land – inzwischen längst zum Erliegen gekommen. Im 19. Jahrhundert wuchs Newquay weiter, vor allem wegen der Kohleförderung. Der Hafen – »New Quay«, daher entwickelte sich schon früh der Name der Stadt – gedieh und wurde ausgebaut. Mit der Ankunft der Eisenbahn schließlich in der zweiten Hälfte des 19. Jahrhunderts war die Zukunft der Stadt besiegelt: Die Touristen strömten nun auf der Schiene hierher, Newquay wurde zum Urlaubsparadies für viele Engländer. Und das blieb es über Jahrzehnte.

Das führte zu allerlei Infrastruktur mit etlichen Hotels und Restaurants, gerade im vergangenen

AUTORENTIPP!

SPEISEN BEI JAMIE OLIVER

Es begann als erster Außenposten des schon damals erfolgreichen ersten Restaurants von Englands bekanntestem TV-Koch Jamie Oliver. Mit dem »Fifteen« in Cornwall hat der findige Unternehmer sein Rezept aus der Hauptstadt 1:1 in den Südwesten übertragen: Langzeitarbeitslosen und Jugendlichen mit Handicap soll hier eine Ausbildung zum Koch ermöglicht werden. Die Küche spiegelt das kaum wieder: Serviert werden erstklassige Gerichte überwiegend aus der italienischen Küche – ganz so, als stünde Jamie selbst am Herd. Konkurrenzlos ist vor allem die Lage des Restaurants: Direkt an der Watergate Bay vor Newquay bieten sich einem hier die schönsten Sonnenuntergänge über dem Meer, die man sich vorstellen kann.

Fifteen Cornwall. Tgl. 8.30–21.15 Uhr, Watergate Bay, Tel. 016 37/86 10 00, www.fifteencornwall.co.uk

Die Mauern schützen den Hafen von Newquay.

Oben: Abendsonne an den dicht bebauten Klippen über dem Towan Beach
Mitte: Der Fistral Beach ist die Lieblingsadresse von Surfern.
Unten: Wer beobachtet im Blue Reef Aquarium wen?

Jahrhundert, aber auch zu den heute üblichen Touristenattraktionen: Es gibt in Newquay sowohl ein Aquarium als auch einen Zoo – beides gute Ziele, vor allem für Familien mit Kindern. Auch wenn der Zoo in seiner Größe eher nicht mit anderen im Land mithalten kann.

Die Strände

Das wichtigste Argument für einen Urlaub in Newquay waren seit jeher die Strände: Gleich mehrere sind es, wobei drei – Towan, Tolcarne und Great Western Beach – unmittelbar unterhalb der Klippen der Innenstadt liegen. Dadurch verleihen sie Newquay auch vom Geschäftszentrum aus das Flair eines Seebads. Die drei Stadtstrände sind allerdings in Bezug auf die Wellen für Surfer die unspektakulärsten, also eher etwas für Anfänger. Hinzu kommt: Im Sommer ist dieser zentrale und leicht erreichbare Teil oft überlaufen.

Spannender wird es jenseits der Bucht von Newquay: Im Nordosten schließt sich Watergate Bay an, in jüngerer Zeit vor allem bei etwas besser betuchten Surfern und Erholungsuchenden beliebt. Nicht zuletzt wegen der gastronomischen Angebote. Experten schwören auf Fistral Beach in der Bucht von Fistral, jenseits des Headland genannten Landzipfels östlich der Innenstadt. Deswegen gibt es hier auch immer wieder internationale Surf-Wettbewerbe. Die Wellen können indes so hoch sein, dass sich Anfänger eher vorsichtig bis gar nichts ins Meer begeben sollten. Gleichwohl sind die Strände zumindest in der Hauptsaison durch Rettungsschwimmer gesichert.

Huer's Hut

Die alte weiße Steinhütte auf Towan Head diente einst den Fischern, um Ausschau nach Sardinen-

Spaziergang in Newquay

A Fistral Beach – Der wohl bekannteste Strand Newquays ist vor allem bei Surfprofis beliebt. Mehrmals im Jahr gibt es hier Wettbewerbe. Und auch wer sich nur sonnen möchte, ist richtig. Baden ist wegen der hohen Wellen an manchen Tagen nicht empfehlenswert, Surfen geht aber fast immer.

B Headland Hotel – Das völlig freistehende alte Gebäude ist zu einer Art Wahrzeichen der Stadt geworden. Es bietet sich an, um beispielsweise einen Tee zu trinken – wenn man nicht ohnehin schon hier übernachtet. Und für ein Foto ohnehin.

C Huyer's Hut – Das kleine weiße Gebäude diente früher den Fischern dazu, Sardinenschwärme ausfindig zu machen und beim Erblicken derselben umgehend am Hafen Bescheid zu geben. Noch heute hat man von hier aus einen perfekten Ausblick.

D Der Hafen – Fast ein bisschen unscheinbar gelegen ist der kleine Hafen von Newquay bis heute in Betrieb. Bei Ebbe zeigt sich eine Sandbank, die gern zum Sonnen genutzt wird. Allerdings gibt es deutlich schönere Strände in der Umgebung.

E Blue Reef Aquarium – Das große Aquarium ist vor allem bei Regenwetter eine perfekte Abwechslung. Zu bestaunen sind exotische Fische aus aller Welt – und vieles, was man im Wasser vor der Küste sonst nie sieht.

F Great Western Hotel – Von der Terrasse dieses Hotels hat man einen schönen Blick auf den Strand und die Küste. Die Bar hat viele Biere am Hahn, außerdem gibt es klassisches Pub-Essen.

G Der Strand – Er zieht sich die ganze Küste entlang, doch in diesem Bereich ist er besonders schön, um den Spaziergang ausklingen zu lassen.

AUTORENTIPP!

LESEN, ENTSPANNEN, SURFEN
Der beste Strand Englands? Vielleicht – aber in jedem Fall einer der schönsten in Cornwall. Crantock Beach ist nur durch einen schmalen Fluss, den Gannel, von Newquay getrennt, aber hier öffnet sich beinahe eine andere Welt. Der Trubel schafft es meist nicht bis hierher, stattdessen bieten sich auf den Sanddünen wunderbare Plätze zum Lesen, Entspannen – oder zur Vorbereitung auf eine Surftour im Meer. Oberhalb des Strandes gibt es mit Crantock Village ein kleines Dorf (800 Einwohner), direkt am Gannel das »Fern Pit«. Es ist zum einen Anlegepunkt der kleinen Fähre über den Fluss, zum anderen aber auch ein Café.

Crantock Beach. Direkt südlich von Newquay

schwärmen zu halten. Das heutige Gebäude stammt aus dem 19. Jahrhundert (auch wenn es sehr viel älter aussieht). Bereits zuvor muss es hier ähnliche Hütten gegeben haben, wie Forscher herausfanden. Derjenige, der hier oben Ausschau nach Sardinenschwärmen hielt, rief die Fischer aus dem Hafen mit den Worten »Heva, heva«, ausgesprochen »Huer«, herbei. Das bedeutete so viel wie »Here they are«, hier sind sie. Für diesen Zweck wurde die Steinhütte seit etlichen Jahrzehnten nicht mehr benötigt, weshalb Huer's Hut lange ein Schattendasein fristete. Einwohner haben sich inzwischen zusammengetan, um das Gebäude vor dem Verfall zu retten.

Der Hafen

In gewisser Weise ist der kleine Hafen von Newquay schon immer etwas Besonderes gewesen: Er liegt im Nordwesten der Stadt an einer Sandbank, die im Sommer Sonnenhungrige direkt an den Booten entspannen lässt. Das war früher zu den Hochzeiten der Sardinenindustrie sicherlich etwas gewöhnungsbedürftig, heute wirkt die Kulisse wie künstlich geschaffen: Badegäste erholen sich mit Blick auf die letzten noch verbliebenen Fischerboote. Dieser Strandabschnitt ist der kleinste der Stadt, außerdem kann man hier durch die Hafenmauer und den (wenngleich geringen) Bootsverkehr nicht surfen. Doch gerade dies zieht immer wieder Familien an. Wobei sie vorsichtig sein sollten: Im Hafen gibt es üblicherweise keine Rettungsschwimmer.

Lappa Valley Steam Railway

Die zwei Kilometer lange Schmalspurbahn verkehrt südlich von Newquay zwischen Benny Halt und East Wheel Rose auf den Gleisen einer alten Minenbahn. Denn im 19. Jahrhundert florierte in der Gegend der Abbau von Silber. Das alte Maschinenhaus von East Wheel Rose erinnert noch daran. Die Verbindung zwischen Par an der Südküste und Newquay mit einem Zubringer zur Mine sollte den Abtransport sicherstellen. Im Laufe der Jahre wurde die Strecke jedoch in das Gesamtnetz der südwestenglischen Eisenbahn integriert und der Abstecher zur Mine gestrichen. Erst in den Siebzigerjahren fand sich ein Investor, der die noch vorhandenen Gleise zu einer Museumsbahn ausbaute. Heute ist eine Fahrt auf der Strecke trotz ihrer geringen Länge durchaus abwechslungsreich, da die bewaldete Gegend landschaftlich sehr reiszvoll ist. Zudem sind um das frühere Bergwerk, dem Start- und Zielpunkt der Fahrt, Freizeitaktivitäten entstanden.

Trerice

Das romantische Herrenhaus im Elisabethanischen Stil kann auf eine lange Geschichte zurückblicken: Sir John Arundel ließ es 1573 erbauen, seine Familie lebte hier mehr als 400 Jahre und ist bis heute präsent: Um einen Nachkommen ranken sich einige gruselige Spukgeschichten. Anschließend folgten wechselnde Besitzer, bis schließlich der National Trust das Gebäude 1953 erwarb und der Öffentlichkeit zugänglich machte. Innen ist vor allem die Decke mit ihren feinen Ornamenten sehenswert. Die großen Hallen im Tudorstil passen sich gut dem leicht rauen Äußeren des Gebäudes an, einige der Fenster stammen noch aus dem Baujahr von Trerice, die Einrichtungsgegenstände aus dem 16. und 17. Jahrhundert. Skizzen in der Long Gallery zeigen, wie das Anwesen restauriert wurde. Besonders ist auch der Garten mit zahlreichen Obstbäumen und anderen Pflanzen. Im Sommer werden hier regelmäßig mittelalterliche Feste gefeiert – die sich perfekt in die Umgebung einfügen.

AUTORENTIPP!

SURFEN IM MONDENSCHEIN

Wer sagt, dass Surfer sonnenhungrig sind? Einmal im Jahr trifft sich Europas Surfelite zum Night Surf in Newquay. Die zweitägige Veranstaltung unter Flutlicht findet Anfang Juli am Fistral Beach statt. Etliche Profis zeigen dann im Kunstlicht ihr lang geübtes Können. Das Ganze ist mehr oder weniger eine große Open-Air-Party: Livemusik, DJs und ein opulentes Feuerwerk sind für viele die zentralen Gründe, hierher zu kommen. Und auch wer nicht surft, kann an dieser internationalen Veranstaltung durchaus seinen Spaß haben. Der Night Surf ist eines der Highlights unter den Strandveranstaltungen von Newquay.

Night Surf. Fistral Beach, www.fistralbeach.co.uk

Tolcarne Beach ist ein beliebter Familienstrand.

Infos und Adressen

SEHENSWÜRDIGKEITEN

Blue Reef Aquarium. Großes Aquarium mit seltenen Fischen. Tgl. 10–17 Uhr (Nov.–März bis 16 Uhr), Eintritt 10 £, Towan Promenade, Tel. 016 37/87 81 34, www.bluereefaquarium.co.uk/newquay

Huer's Hut. Die alte Fischerhütter oberhalb von Fistral Beach bietet nette Ausblicke. Immer zugänglich, kein Eintritt, King Edward Crescent

Im Blue Reef Aquarium

Lappa Valley Steam Railway. Schmalspurbahn zwischen Benny Halt und East Wheal Rose. Tgl. 10–17 Uhr, eine Fahrt 12 £, Tel. 018 72/51 03 17, www.lappavalley.co.uk

Newquay Zoo. Kleiner zoologischer Garten mit vielen Angeboten für Kinder. Tgl. 10 –17 Uhr, Eintritt 12,95 £, Trenance Gardens, Tel. 08 44/474 22 44, www.newquayzoo.org.uk

Trerice. Elizabethanisches Herrenhaus außerhalb von Newquay. Mitte Febr.–Okt. tgl. 11–17 Uhr, Nov./Dez. Sa/So 11–17 Uhr, Eintritt 7, 65 £, Kestle Mill, Tel. 016 37/87 54 04, www.nationaltrust.org.uk/trerice

ESSEN UND TRINKEN

Beached Lamb Café. Ein eher alternativ angehauchtes Surfer-Café unweit des Meeres; Burger, Shakes, Kaffee und Kuchen. Tgl. 9–18 Uhr, 72–74 Fore Street, Tel. 016 37/87 22 97

Coffee Cove. Kleines Café mit sensationellen Backwaren und schnellen Gerichten. Tgl. 10–17 Uhr, 13 Island Crescent, Tel. 078 85/69 77 26

Great Western Hotel. Vielleicht nicht gerade das beste Hotel der Stadt, aber ein netter Pub mit Restaurant und vor allem einer hübschen Außenterrasse zum Meer. Tgl. 11–23 Uhr, Cliff Road, Tel. 016 37/87 20 10, www.greatwesternnewquay.co.uk

Lewinnick Lodge. Wunderschönes Restaurant mit britischer Küche und Blick aufs Meer. Es werden auch einige wenige Zimmer vermietet. Tgl. 12–22 Uhr, Pentire Headland, Tel. 016 37/87 81 17, www.lewinnicklodge.co.uk

The Cribbar. Großer, relativ neuer Pub im Zentrum von Newquay. Günstige Preise, reichhaltige Küche, wenngleich eher von durchschnittlicher Qualität. Tgl. 8–2 Uhr, Fr/Sa bis 4 Uhr, 11–19 Gover Lane, Tel. 016 37/85 29 10, www.jdwetherspoon.co.uk/home/pubs/the-cribbar

The Towan Blysta. Gemütlicher Pub in der Nähe des Bahnhofs. Tgl. 8–23 Uhr, 12–16 Cliff Road, Tel. 016 37/85 29 70

ÜBERNACHTEN

Fistral Beach Hotel. Designerstrandhotel mit Meerblick und Spa-Bereich samt Schwimmbad. Esplanade Road, Tel. 016 37/85 22 21, www.fistralbeachhotel.co.uk

Headland Hotel. Fast schon so etwas wie ein Wahrzeichen: Dieses alte Grandhotel mit modernisierten Zimmern liegt etwas abseits der Stadt in exponierter Lage direkt an den Klippen. Fistral Beach, Tel. 016 37/87 22 11, www.headlandhotel.co.uk

Sands Resort. Familienfreundliches Hotel unweit des Flughafens mit Spa-Bereich und Meerblick. Watergate Road, Tel. 016 37/87 8 64, www.sandsresort.co.uk

Watergate Bay Hotel. Ein wunderschönes, ein bisschen im Ikea-Stil eingerichtetes Strandhotel mit Schwimmbad. On the Beach, Watergate Bay, Tel. 016 37/86 05 43, www.watergatebay.co.uk

EINKAUFEN

Custard Point Surf Shop. Großer Surfladen im Zentrum. Tgl. 10–18 Uhr, 4 Alma Place, Tel. 016 37/87 25 79, www.custardpoint.co.uk

Dive Newquay. Geschäft mit Taucherzubehör, das auch viele Kurse anbietet. Tgl. 9–17.30 Uhr, 50 East Street, Tel. 016 37/87 62 22, www.divenewquay.com

Quicksilver Boardriders. Einer der größten Läden Englands der Surfkette Quicksilver. Zudem betreibt das Unternehmen am Fistral Beach noch eine Surfschule. Mo–Fr 8–11.30 und 13–17 Uhr, 2 Fore Street, Tel. 016 37/85 94 00, www.quiksilversurfschoolnewquay.com

The Pantry. Ein kleiner Krämerladen, wie man ihn heutzutage selbst im ländlichen Cornwall nur noch selten findet. Mo–Sa 8.30–16 Uhr, Penhallow filling Station, Henver Road, Tel. 016 37/85 94 75, www.thepantrynewquay.co.uk

Trevilley Farm Shop. Bauernhof mit vielen selbst hergestellten Produkten. Mo–Sa 9.30–17.30 Uhr, Trevilley Farm Lane, A 392 zwischen Newquay und Quintrell Downs, Tel. 016 37/87 23 10, www.trevilleyfarm.com

VERANSTALTUNGEN

Newquay Fish Festival. Einmal im Jahr kehrt Newquay zu seinen Wurzeln zurück und feiert ein Wochenende lang bei Fisch und Musik. Mitte September, www.newquayfishfestival.co.uk

Newquay Sea Safaris. Delfintouren und Angelausflüge in die Umgebung. Newquay Harbour, Kiosk 1 (Sharks Head), Tel. 016 37/87 76 13, www.newquayseasafarisandfishing.co.uk

INFORMATION

Newquay Tourist Information Centre. Sommer Mo–Fr 9.15–17.30 Uhr, Sa/So 10–16 Uhr, Winter Mo–Fr 10–16 Uhr, Sa/So 10–15 Uhr, Marcus Hill, Tel. 016 37/85 40 20, www.visitnewquay.org

Newquays Grande Dame: Das Headland Hotel

Mitte: Customs House Quay scheint jahrhundertealte Geschichten zu erzählen.
Unten: Der Hafen von Falmouth im Abendlicht

10 Falmouth

Cornwalls größter Naturhafen

Die idyllisch an der Mündung des Penryn River gelegene Stadt war über Jahrhunderte ein beliebter Hafen, unter anderem für den Warenverkehr in die britischen Kolonien. Noch heute starten hier mehrere Fähren, doch lebt Falmouth inzwischen längst vom Tourismus. Ein Campus der Falmouth University sorgt für ein etwas jüngeres Alltagsleben, als dies in anderen Küstenorten Cornwalls der Fall ist. Das National Maritime Museum am Hafen zieht Gäste aus dem ganzen Land an.

Falmouth (20 000 Einwohner) hat seit dem 17. Jahrhundert von seiner Lage profitiert: Die Stadt ist am drittgrößten Naturhafen der Welt und dem größten in Cornwall gewachsen, entsprechend maritim waren die Epochen ihrer Vergangenheit ausgerichtet. Auch wenn die großen Schiffe nach Übersee längst fehlen, ist der Hafen Ziel zahlreicher Ausflugsboote und Jachten, außerdem ist er Startpunkt mehrerer Weltumrundungen gewesen.

Vor allem durch seine Strände im Süden ist Falmouth ein Magnet für Touristen. Dazu kommen einige der schönsten Gärten Englands in der Umgebung und eine hübsche Innenstadt. Häuserreihen im Georgianischen Stil ziehen sich durch die engen Straßen. Market Street, High Street und Killigrew Street sind die Haupteinkaufsstraßen. Sie treffen am Hafen alle aufeinander, dort, wo auch ein alter Pier in die Flussmündung ragt.

Nicht weit entfernt davon steht an der Weber Street ein städtisches Gebäude, das die Falmouth

Art Gallery für Kunst und Kunsthandwerk beherbergt. Sehenswert ist ein Stück weiter südlich auch der Custom House Quay (früher Town Quay). Das winzige Hafenbecken mit seinen alten Gebäuden war einst Haupthafen der Stadt. 1670 wurde er angelegt. Heute fährt hier noch eine Fähre auf die andere Seite des Flusses nach St. Mawes. Das Custom House (1820), das weiße Zollhaus mit seinen Säulen, steht noch immer an diesem Kai und wird demnächst zu gastronomischen Zwecken genutzt.

National Maritime Museum

Streng genommen ist es nur eine Außenstelle des bekannten Maritime Museum in London-Greenwich – doch die Dependance hat ein gewisses Eigenleben entwickelt. Sie zeigt neben Exponaten aus der allgemeinen Seefahrtsgeschichte spezielle Aspekte der Region auf. Sehenswert ist unter anderem die Kollektion an Kleinbooten sowie eine Sammlung maritimer Kunst. In der Tidal Zone sind zwei lange Fenster unterhalb des Meeresspiegels in die Mauer eingelassen, sodass man durch sie hindurch den Unterschied der Gezeiten vor dem Gebäude beobachten kann. Ein Teil des Museums ist einem Leuchtturm nachempfunden. Besucher können von hier oben einen weiten Blick über den Hafen genießen. Den gibt es allerdings auch vom »Waterside Café« aus – und dazu noch Kaffee und Kuchen.

Trebah Garden

Der rund zwölf Hektar große Schluchtengarten wirkt an manchen Stellen wie ein Urwald: Subtropische Pflanzen prägen das Gelände rund acht Kilometer südwestlich von Falmouth, dicht bewachsen mit hohen Bäumen ist es ein echter Kontrast zu den anderen Gärten Cornwalls. Magnolien,

AUTORENTIPP!

DIE TRUTZBURG AM MEER

Wie in einem Bilderbuch liegt die Burg an der Mündung des Penryn River. Pendennis Castle war eine jener Bauten, mit denen Heinrich VIII. (1491–1547) sein Land vor Invasoren schützen wollte. Erbaut zwischen 1540 und 1545 wurde die Anlage immer wieder in Konflikte verwickelt. Während des Bürgerkriegs verschanzten sich hier Königstreue, und noch im Ersten und Zweiten Weltkrieg war sie das Ziel von Angriffen. Heute kann Pendennis Castle besichtigt werden. Zu sehen gibt es unter anderem einen Waffenraum, eine interaktive Ausstellung zur Vergangenheit der Anlage sowie eine Kollektion von Kriegs-Cartoons des Zeichners George Butterworth.

Pendennis Castle. Tgl. 10–18 Uhr (im Winter bis 16 Uhr), Eintritt 7 £, Castle Close, Tel. 013 26/31 65 94, www.english-heritage.org.uk/daysout/properties/pendennis-castle

Bambus und Baumfarn wachsen hier, außerdem unzählige Rhododendron-Büsche, die dem Areal im Frühjahr einen farbigen Anstrich verleihen.

Trebah wurde 1840 angelegt und kontinuierlich erweitert. Neben Wasserfällen gibt es auch einen eigenen Strand am Helford River. Von hier starteten 1944 – wie auch von anderen Stellen der südenglischen Küste – Soldaten zur D-Day-Landung in der Normandie. Das Besucherzentrum verkauft einige der im Garten wachsenden Pflanzen.

Glendurgan Garden

Noch ein Schluchtengarten ganz in der Nähe von Trebah: Glendurgan ist ebenfalls bekannt für seine subtropischen Pflanzen, vor allem aber für seinen einzigartigen Irrgarten aus Lorbeerbüschen. Anders als bei ähnlichen Gärten im Rokokostil sind seine Begrenzungen nicht streng symmetrisch angelegt, sondern verlaufen kurvenförmig in jede Richtung. Am Fuß des Gartens direkt am Helford River befindet sich mit Durgan Village ein winziges Fischerdorf. Der Reeder Alfred Fox, der auch Trebah anlegen ließ, schuf den Garten 1820. Seine Familie behielt das Gelände bis 1962 und vermachte es schließlich dem National Trust.

Oben: Das Labyrinth von Glendurgan ist echt irre.
Unten: Trebah Garden gibt sich am Seerosenteich ganz niedlich.

Infos und Adressen

SEHENSWÜRDIGKEITEN

Glendurgan. Gartenanlage außerhalb der Stadt. Feb.–Okt. Mo–Sa 10.30–17.30 Uhr, Eintritt 8 £, Mawnan Smith, Tel. 013 26/25 20 20, www.nationaltrust.org.uk/glendurgan-garden

National Maritime Museum. Museum rund um die Schifffahrt. Tgl. 10–17 Uhr, Eintritt 11,50 £, Discovery Quay, Tel. 013 26/31 33 88, www.nmmc.co.uk

Trebah Garden. Subtropischer Garten südlich von Falmouth. Tgl. 10–18 Uhr, Eintritt 9 £, Mawnan Smith, Tel. 013 26/25 22 00, www.trebahgarden.co.uk

ESSEN UND TRINKEN

Gylly Beach Café. Ein sehr modern eingerichtetes Restaurant am Wasser mit fischlastiger Karte. Tgl. 9–23 Uhr, Cliff Road, Tel. 013 26/31 28 84, www.gyllybeach.com

Prominent über dem Hafen: The Greenbank Hotel

Haupthalle des National Maritime Museum

Rick Stein's Fish. Eines von mehreren Restaurants eines britischen Fernsehkochs und Buchautors mit viel Fisch. Tgl. 12–14.30 Uhr, 17–21 Uhr, Discovery Quay, Tel. 018 41/53 27 00, www.rickstein.com

ÜBERNACHTEN

St. Michael's Hotel. Ein altes Hotel am Wasser, das modern umgebaut wurde, inzwischen auch mit Spa-Bereich. Gyllyngvase Beach, Tel. 013 26/31 27 07, www.stmichaelshotel.co.uk

The Greenbank. Modernisiertes Vier-Sterne-Haus an der Flussmündung. Harbourside, Tel. 013 26/31 24 40, www.greenbank-hotel.co.uk

INFORMATION

Falmouth Visitor Information Centre. Sommer Mo–Fr 10–17 Uhr, Sa 10–16 Uhr, So 10–14 Uhr, Winter Mo–Fr 10–16 Uhr, Sa/So 10–14 Uhr, Prince of Wales Pier, Tel. 013 26/31 33 94, www.falmouth.co.uk

11 Roseland

Die versteckte Halbinsel

Die Halbinsel zwischen dem River Fall und dem Ärmelkanal verfügt zwar über wenig echte Touristenattraktionen – aber dafür über eine traumhafte Landschaft. Deswegen ist sie bei Cornwall-Kennern zu einem beliebten Ziel geworden. Hier umgeht man häufig die üblichen Besucherströme und kann sich ganz dem eigentlichen Zweck eines Urlaubs hingeben: der Erholung.

Mitte: Bollwerk gegen Invasoren
Unten: Tavern Beach unterhalb der Stadtmauer von St. Mawes

Verschlungene Wanderwege – nicht zuletzt der South West Coast Path –, wunderschöne Gärten, versteckte Buchten und einige wenige kleine Orte machen Roseland innerhalb Cornwalls vielleicht nicht zu etwas Einzigartigem, aber in jedem Fall zu etwas Sehenswertem. Die Einwohner haben sich früh darauf konzentriert, ihre Abgeschiedenheit zu nutzen, um jene anzuziehen, die gern wenig Trubel haben möchten – bekannte Gesichter aus dem Königshaus und der Filmszene. Deswegen verfügt die Halbinsel über viele überdurchschnittlich gute Unterkünfte und Restaurants.

St. Mawes

St. Mawes ist der größte Ort Roselands, aber mit seinen gut 700 Einwohnern immer noch vergleichsweise klein. Er befindet sich ganz im Süden, vis-à-vis Falmouth auf der anderen Seite der Bucht, und ist immer wieder ein beliebtes Ziel von Mitgliedern der königlichen Familie gewesen. Das könnte unter anderem an einem geschichtsträchtigen Bauwerk liegen: St. Mawes Castle. Direkt an der Flussmündung gelegen ist es so etwas wie der kleine Bruder des großen Pendennis Castle auf der anderen Uferseite.

Heinrich VIII. (1491–1547) ließ es zwischen 1539 und 1545 erbauen, um sich vor Invasoren vom europäischen Festland zu schützen. Konstruiert in Form eines Kleeblatts sollte es auch stärkstem Kanonenbeschuss standhalten. Dafür war es anfangs zusätzlich von einer achteckigen Mauer umgeben. Das spitze Dach auf dem schmalen Turm im Zentrum stellt eine Bake dar. Sie wurde gegen Ende des 17. Jahrhundert installiert, um dem Schiffsverkehr bei Tage eine Orientierung zu bieten. Besucher können das Gelände bis zur Flussmündung erkunden, im Inneren der Burg gibt es nicht viel mehr als Kanonen zu sehen.

St. Mawes selbst wirkt wie eine verschlafene Kleinstadt, obwohl es mit seinen sehr engen Gassen durchaus Charme hat. Entlang des Hafens haben sich einige Banken und Geschäfte angesiedelt. Filmfans wird die eine oder andere Ecke bekannt vorkommen: Agatha Christies »Mörder ahoi« wurde 1964 mit Margaret Rutherford in St. Mawes verfilmt.

Lamorran Gardens

Der mediterrane Garten direkt am Meer birgt eine Reihe interessanter Pflanzen aus dem Mittelmeerraum und einen kleinen Bereich nach japanischem Muster inklusive kleinem Wasserfall. Das Anwesen ist im Privatbesitz und wurde erst seit den Achtzigerjahren des vergangenen Jahrhunderts kontinuierlich zu dem ausgebaut, was es heute ist. Der Garten kann nur an zwei Wochentagen besichtigt werden, doch es lohnt sich, seinen Zeitplan darauf abzustimmen.

Caerhayes Castle

Die mittelalterlich wirkende Burg ist jünger, als man erwartet: Der britische Architekt John Nash

AUTORENTIPP!

ÜBERNACHTEN IM LEUCHTTURM

Am südlichen Ende der Roseland-Halbinsel steht einer der schönsten Leuchttürme Englands. Und St. Anthony Lighthouse ist einer der wenigen, in denen man übernachten kann, zumindest in einem angebauten Gebäudeteil, der einst dem Personal als Bleibe diente. Die schön hergerichtete Ferienwohnung bietet Platz für bis zu vier Personen und liegt direkt am Meer. Man muss jedoch etwas übrig haben für eine gewisse Einsamkeit: Die nächsten Nachbarn sind kilometerweit entfernt. Der 19 Meter hohe Leuchtturm wurde 1835 erbaut und ist seit 1987 voll automatisiert. Eine riesige Glocke, die nahende Schiffe bei Nebel warnen sollte, wurde 1954 abgebaut – gut für die heutigen Gäste der Ferienwohnung.

St. Anthony Lighthouse. Porth Workshop, St. Anthony, Portscatho, Tel. 013 86/70 11 77, www.ruralretreats.co.uk

Oben: Caerhays Castle ist eine architektonische Mogelpackung.
Unten: Nur unweit von St. Mawes empfängt die verspielte Idylle des Tubbs Mill Riverside Tea Garden.

(1752–1835) entwarf sie 1808. Er ist vor allem wegen seines Umbaus des Londoner Buckingham House zum Buckingham Palace berühmt geworden. Gleichwohl standen an dieser Stelle bereits seit dem Mittelalter unterschiedliche Herrenhäuser. Das jetzige Gebäude mit seinen zahlreichen Türmen und der Burgbauer ist nach wie vor in Privatbesitz. Deshalb kann es auch nur zu ausgesuchten Zeiten besichtigt werden.

Bekannt wurde Caerhayes Castle durch Alfred Hitchcocks Film »Rebecca« (1940), der zum Teil hier gedreht wurde. Viele kommen aber weniger wegen der Burg auf das Anwesen als vielmehr wegen des Gartens. Denn der birgt die angeblich weltweit größte Magnolien-Sammlung.

Turnaware

An der Biegung des River Fal befindet sich nicht nur ein beliebter Anlegepunkt für die Boote von Trelissick Gardens, sondern auch ein hübscher Strand. 1944 starteten hier Boote der Armee zur D-Day-Landung in der Normandie. Der Bilderbuch-Pub »Smugglers« an der Anlegestelle erinnert an dieses und andere Ereignisse aus der Vergangenheit. Das reetgedeckte Landhaus ist vor allem bei schönem Wetter Anlaufpunkt zahlreicher Besucher, denn auf den Außenplätzen sitzt man direkt am Wasser.

Infos und Adressen

SEHENSWÜRDIGKEITEN

Caerhays Castle. Altes Schloss am östlichen Ende der Roseland-Halbinsel. Feb.–Juni tgl. 10–17 Uhr, Eintritt 8 £, Gorran, St. Austell, Tel. 018 72/50 13 10, www.caerhays.co.uk

Lamorran Gardens. Aufwendig angelegter Privatgarten am Meer. Apr.–Sept. Mi/Fr 10–17 Uhr, Eintritt 8 £, Lamorran House, Upper Castle Road, St. Mawes, Tel. 013 26/27 08 00, www.lamorrangarden.co.uk

St. Mawes Castle. Imposante Burg aus dem 16. Jahrhundert im Süden Roselands. Apr.–Okt. tgl. 10–18 Uhr (Okt. bis 17 Uhr), Nov.–März Sa/So 10–16 Uhr, Eintritt 4,60 £, Castle Drive, St. Mawes, Tel. 013 26/27 05 26, www.english-heritage.org.uk/daysout/properties/st-mawes-castle/

ESSEN UND TRINKEN

Driftwood Restaurant. Mit einem Michelin-Stern ausgezeichnetes Restaurant an der Küste. Tgl. 19–21.30 Uhr, Rosevine, Portscatho, Tel. 018 72/58 06 44, www.driftwoodhotel.co.uk
Hidden Hut. Etwas verstecktes Strandrestaurant mit frischem Fisch und mehr. Apr.–Okt. tgl. 10–17 Uhr, Porthcurnick Beach, Portscatho, www.hiddenhut.co.uk

… und von der Terrasse des Tresanton Hotel

Hafenblicke: Idle Rocks Hotel …

Smugglers. Idyllische Bar direkt am River Fal. Tgl. 12–23 Uhr, Smuggler Cottage, Tolverne, Tel. 018 72/58 03 09

ÜBERNACHTEN

Idle Rocks Hotel. Schönes Boutiquehotel in St. Mawes. Harbourside, St. Mawes, Tel. 013 26/27 07 71, www.idlerocks.com

Rosevine. Romantisches Hotel am Meer mit wunderschönen Zimmern. Nahe Portscatho (Abzweigung der A 3078 bei Trewithian), Tel. 018 72/58 02 06, www.rosevine.co.uk

AKTIVITÄTEN

St. Mawes Ferry. Die Fähre verbindet Falmouth und St. Mawes. Prince of Wales Pier, Falmouth, Tel. 018 72/86 19 10, www.falriver.co.uk

INFORMATION

Roseland Visitor Centre. Mo–Fr 10–16 Uhr, The Square, St. Mawes, Tel. 013 26/27 04 40, www.stmawesandtheroseland.co.uk

Nackenstarreverdächtig: Blick in das Gewölbe der Kathedrale

12 Truro

Cornwalls Hauptstadt

Truro teilt ein Leid mit vielen Grafschaftshauptstädten des Vereinigten Königreichs: Die Stadt ist selbst im eigenen Land nicht sonderlich bekannt. Dabei kann sie sich selbstbewusst als das politische und wirtschaftliche Zentrum ansehen. Denn alle wichtigen Einrichtungen sind hier angesiedelt. Hauptattraktion der südlichsten Hauptstadt Englands ist die Kathedrale – die viele hundert Jahre alt aussieht, aber erst 1911 komplett fertiggestellt wurde.

Vor allen die Lage Truros (26 600 Einwohner) ist ungewöhnlich: Die Stadt entstand rund um die Mündung der Flüsse Allen und Kenwyn in den Truro River, der wiederum nicht weit entfernt mit dem River Fal zusammenfließt. Diese Flusslandschaft an der Südküste Cornwalls hebt sich von den anderen Gegenden der Grafschaft deutlich ab.

Truro, deren Name aller Wahrscheinlichkeit nach auf eben dieses Zusammenfließen dreier Flüsse

MAL EHRLICH

URALTHOTELS

Cornwall ist der Inbegriff vom Urlaub auf dem Lande. Die Touristen kommen, ohne dass man vor Ort viel dafür tun müsste, denn es ist die Natur, die die Leute sehen wollen. Das führt wie in Truro leider dazu, dass viele Hoteliers ihre Unterkünfte nicht auf dem neuesten Stand haben. Und das Preisniveau spiegelt nicht immer den Zustand der Quartiere wieder. Man tut also gut daran, sich vor einer Buchung genau über das entsprechende Hotel zu informieren.

(cornish »tri-veru«) zurückgeht, hat sich durch den Bergbau seit Jahrhunderten den Status eines regionalen Zentrums erkämpft. Dabei erfolgte die Ernennung zur City, zur Stadt nach britischem Recht, vergleichsweise spät – erst 1877. Und auch da ging es relativ unkonventionell zu: Eigentlich ist es in Großbritannien notwendig, über eine Kathedrale zu verfügen, bevor man sich »Stadt« nennen darf. Truro konnte zwar seit 1877 einen Bischof vorweisen – doch keine Kathedrale.

Ihr Bau begann erst 1880 auf dem Gelände der St. Mary Church (16. Jahrhundert) im Zentrum der neu ernannten Stadt. Und er zog sich in die Länge: In Etappen wurde das Gebäude fertiggestellt, konnte 1887 zwar geweiht, aber noch nicht vollständig genutzt werden. Erst 1911, 31 Jahre nach dem Baubeginn, stand Truro Cathedral in ihrer heutigen Form. Und sie war in jeder Hinsicht besonders, denn es handelte sich um die erste neue Kathedrale seit jener von Salisbury (1220).

Truro Cathedral

Der prachtvolle Bau im neugotischen Stil bildet seitdem das Zentrum der Stadt. Obwohl erst gegen Ende des 19. Jahrhundert erbaut, strahlt die Kathedrale von Truro eine Grandezza aus, dass man meinen könnte, sie habe lange vor dem Rest der Innenstadt existiert. Das Gegenteil ist der Fall. Dennoch fügt sie sich eigentlich ganz gut in das Ensemble Georgianischer Architektur im Zentrum Truros. Auch wenn ihr Baustil dem eigentlich entgegenstehen sollte. Die Verantwortlichen wollten jedoch unbedingt an der Bautradition englischer Kathedralen festhalten und der Stadt eine mindestens ebenso schöne schenken wie dies Jahrhunderte zuvor bereits in zahlreichen anderen Städten des Landes geschehen war. Aus heutiger Sicht ist das durchaus gelungen.

AUTORENTIPP!

BBC RADIO TOUR

Die gute alte Tante BBC ist aus dem Alltag der Briten nicht wegzudenken: Seit 1922 sendet sie mit ihren Studios und Korrespondenten auch aus der letzten Ecke des Landes und der Welt. Und sie gilt bis heute als eine der letzten Bastionen des investigativen und seriösen Journalismus weltweit. Während Tausende zu den Studios in London pilgern, wissen nur wenige, dass man auch die Landesstudios besichtigen kann – unter anderem BBC Radio Cornwall mit Sitz in Truro. Zu unregelmäßigen Terminen führen die Mitarbeiter mehrmals jeden Monat Besucher durch ihre Räume. Zu sehen sind auch jene Studios, in denen der Sender ein speziell für die Grafschaft ausgerichtetes Rundfunkprogramm erstellt.

BBC Radio Cornwall. Phoenix Wharf, Tel. 018 72/27 54 21, www.bbc.co.uk/showsandtours/tours/cornwall.shtml

Truro vom Ostufer des Truro River aus betrachtet

Oben: Ausstellung im Royal Cornwall Museum
Unten: Die Kathedrale ist von vielen Gassen ein guter Richtungsweiser.

Sehenswert sind unter anderem die bunt verzierten Fenster im viktorianischen Stil. Die Südseite der Kathedrale besteht aus den letzten Überresten der St. Mary's Church, die wegen des Baus abgerissen wurde. Einzelne weitere Relikte sind hier und dort neu verbaut worden. Ebenfalls im Südflügel steht ein Modell der Kathedrale – bestehend aus insgesamt 42 000 Streichhölzern.

Die Innenstadt

Das Zentrum Truros hat sich gerade in den vergangenen Jahrzehnten zunehmend zu einem Ziel für Einkaufsausflüge gewandelt. Zwischen Lemon Street und Victoria Square gibt es einen abwechslungsreichen Mix aus den großen Einzelhandelsketten Großbritanniens sowie kleinen, inhabergeführten Geschäften. Der Pannier Market am Lemon Quay bietet mehr als 40 Stände für Kunsthandwerk und andere lokale Produkte.

Ein Muss sind auch die Victoria Gardens an der Eisenbahnüberführung der St. George's Road, die 1898 zu Ehren des Thronjubiläums Königin Victorias angelegt wurden. Dieser Park ist mit einem kleinen Wegenetz ausgestattet, Blumen verleihen ihm in den Sommermonaten ein kunterbuntes

Gang durch Truro

A Pannier Market – Auf diesem Markt bekommt man Kunsthandwerk und lokale Produkte an über 40 Ständen angeboten. Und vor allem trifft man auf jene, die eine Stadt interessant machen: die Einwohner.

B Lemon Street Market – Unweit des Pannier Market gibt es einen zweiten: den Lemon Street Market, der auf Kunst und kulinarische Produkte aus Cornwall spezialisiert ist. Das Gebäude ist zwar deutlich jünger und schlichter als die Hallen anderer traditioneller Märkte der Grafschaft, doch die Geschäfte im Inneren machen diesen Nachteil wett.

C Die Fußgängerzone – Große Einzelhandelsketten sind hier vertreten, aber auch individuelle lokale Händler. Die Gegend ist ideal zum Schlendern und für einen Schaufensterbummel. Oder – um in einem der Cafés einzukehren.

D Kathedrale – Das Herz Truros ist die Kathedrale. Sie wurde erst 1911 fertiggestellt, obwohl sie bedeutend älter aussieht. Die Südseite besteht aus Überresten der älteren St. Mary's Church, die für den Neubau größtenteils abgerissen wurde.

E Die ruhigen Bereiche der Innenstadt – Hier kann man entspannt bummeln oder gemütlich einen Tee oder Kaffee in einem der vielen Cafés trinken. Sehenswert ist auch der Bereich hinter der Kathedrale, den man von der Straße Wilkes Walk aus erreicht.

F Victoria Gardens – Das kleine grüne Juwel Truros wurde 1898 anlässlich des diamantenen Thronjubiläums von Queen Victoria angelegt. Überall im Land gedachte man damals mit solchen und ähnlichen städtebaulichen Maßnahmen des Ereignisses. In den warmen Monaten werden sonntagnachmittags Freiluftkonzerte angeboten.

G Royal Cornwall Museum – Das älteste historische Museum Cornwalls verrät viel über die Vergangenheit der Gegend, außerdem gibt es eine Kunstgalerie und eine gut bestückte Bibliothek. Wer tiefer in die Geschichte der Grafschaft eintauchen will, ist hier richtig.

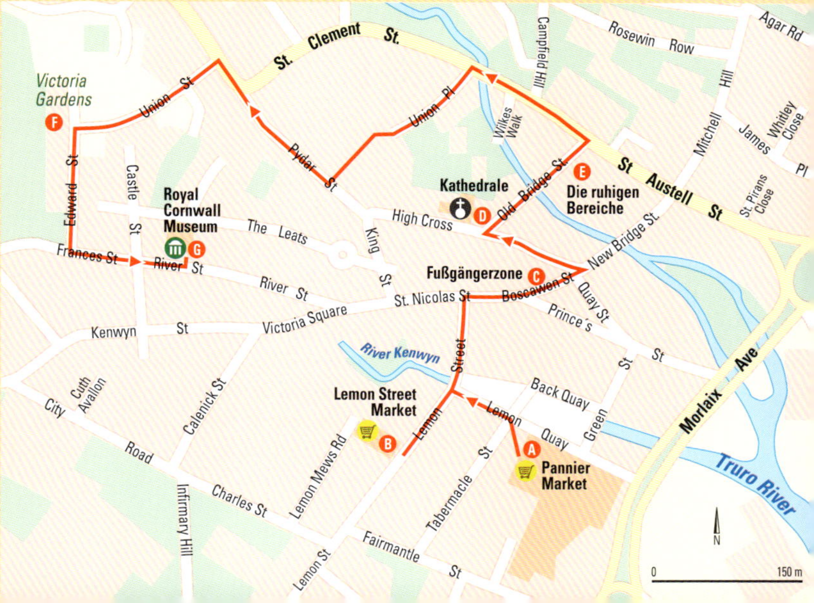

AUTORENTIPP!

ZUM ESSEN IN DIE SCHULE

An kaum einem anderen Ort möchte man lieber wieder zur Schule gehen: Eine alte Grundschule im Zentrum von Truro hat sich zu einem unkonventionellen Restaurant gewandelt. Das Gebäude strahlt noch den Charme vergangener Tage aus mit einfachen Steinwänden, Holztischen und sehr wenigen Fenstern. Dafür ist die Speisekarte längst in der Gegenwart angekommen: Kleine Tapasgerichte verknüpfen das Beste aus Spanien und Italien mit den Feinheiten Cornwalls und anderer Gegenden – Thai Fishcake trifft auf selbstgemachte Nachos. Nur vor einem braucht man sich überhaupt keine Sorgen zu machen: schlechten Noten.

Old Grammar School. Mo–Sa 10–23 Uhr, 19 St. Mary's Street, Tel. 018 72/27 85 59, www.theoldgrammarschool.com

Äußeres. Zwischen Juni und September werden sonntagnachmittags Freiluftkonzerte veranstaltet.

Royal Cornwall Museum

Das älteste Museum der Stadt ist zugleich das älteste der ganzen Grafschaft: Das Royal Cornwall Museum im Zentrum zeigt wichtige Etappen in der Entwicklung der Region. Gegründet wurde es 1818 durch die Royal Institution of Cornwall, einer literarisch-geschichtlichen Vereinigung, wie es sie in mehreren Städten Großbritanniens gab. Wesentlicher Bestandteil des Museums ist die Courtney Library, eine Bibliothek, die sich auf Literatur und historische Schriften aus Cornwall und anderen Gegenden Südwestenglands spezialisiert hat.

Im Museum selbst, das in weiten Teilen kindgerecht strukturiert ist, gibt es mehrere Ausstellungen zu sehen – unter anderem einen archäologischen Teil mit Ausgrabungsfunden sowie eine Galerie mit Kunst aus Cornwall. Der Bereich »World Culture« orientiert sich an jahrhundertealten Mitbringseln aus aller Welt von Reisenden.

Tregothnan Estate

Das herrschaftliche Haus (1652) am Truro River südöstlich der Stadt ist seit Jahrhunderten Sitz der Boscawen-Familie. Im 19. Jahrhundert wurde es erweitert und wirkt heute wie ein Palast. Insofern ist es allein wegen seines Äußeren schon einen Besuch wert. Doch Tregothnan Estate birgt noch einen weiteren Schatz: Englands erste Teeplantage. Seit 1999 wird Tee angebaut. 2005 kamen die ersten Sorten in den Handel, heute vertreibt das Anwesen seine Produkte überwiegend über einen Onlineshop. Das Herrenhaus ist nur an ausgesuchten Tagen zu besichtigen – nach Voranmeldung!

Infos und Adressen

SEHENSWÜRDIGKEITEN

Kathedrale. Mo–Sa 7.30–18 Uhr, So 9–17 Uhr, Eintritt frei, geführte Touren Apr.–Okt. Mo–Do 11 Uhr, Fr. 11.30 Uhr, 14 St Mary's Street, Tel. 018 72/27 67 82, www.trurocathedral.org.uk

Royal Cornwall Museum. Historisches Museum mit einem Schwerpunkt auf die Vergangenheit Cornwalls. Mo–Sa 10–16.45 Uhr, Eintritt 4,50 £, River Street, Tel. 018 72/27 22 05, www.royalcornwallmuseum.org.uk

Thregotnan Estate. Herrschaftliches Anwesen südöstlich von Truro, in dem auch Tee angebaut wird. Nicht dauerhaft geöffnet – nur zu einzelnen Terminen, The Woodyard, Tresillian, Truro, Tel. 018 72/52 00 00, www.tregothnan.co.uk/deutsch/

ESSEN UND TRINKEN

Bustophers Bar. Sehr schicke Weinbar in einem kleinen Haus mit leichter Küche von Fisch bis Ciabatta. Mi–Sa 12–15 und 17–22 Uhr, So 12–16 Uhr, 62 Lemon Street, Tel. 018 72/27 90 29, www.bustophersbarbistro.com

Sams in the City. Kleines Bistro mit einer guten Fisch- und Fleischkarte. Tgl. 12–15 und 18–23 Uhr, 1–2 New Bridge Street, Tel. 018 72/85 98 19

Sams in the City

In der Küche bei Bustophers Bar

ÜBERNACHTEN

Merchant House. Gemütliches Businesshotel in einem alten Gebäude, helle freundlich gestaltete Zimmer. 49 Falmouth Road, Tel. 018 72/27 24 50, www.merchant-house.co.uk

The Alverton. Früheres Kloster, das zu einem edlen Hotel umfunktioniert wurde. Die Zimmer im Landhausstil wurden vor Kurzem modern designed. Tregolls Road, Tel. 018 72/27 66 33, www.thealverton.co.uk

AKTIVITÄTEN

Enterprise Boats. Idyllische Bootsfahrten auf dem Fluss Fal. März–Okt. zu unterschiedlichen Tageszeiten, pro Strecke ab 6 £, Town Quay, Tel. 013 26/74 11 94, www.falriver.co.uk

INFORMATION

Truro Tourist Information Centre. Apr.–Sept. Mo–Fr 9–17.30 Uhr, Sa 9–16 Uhr, Okt.–März Mo–Fr 9–17 Uhr, Municipal Buildings, Boscawen Street, Tel. 018 72/27 45 55, www.visittruro.org.uk

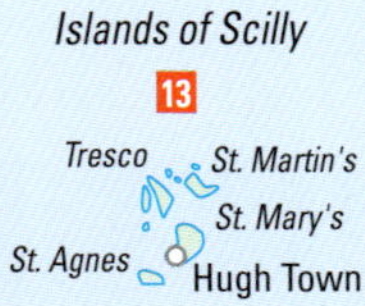

13 Isles of Scilly

Englands Sonneninseln

Sie sind so etwas wie der letzte Rest von England und gleichzeitig eine Art Juwel: Die Isles of Scilly liegen rund 45 Kilometer südwestlich von Land's End und sind damit streng genommen auch der südwestlichste Teil des Landes. Das Wetter hier ist noch etwas sonniger und wärmer, die Blumenpracht noch etwas ausgiebiger als im übrigen Cornwall – das zieht vor allem die Briten hierher, die auf den Inseln eine selbst für ihre Verhältnisse einzigartige Natur vorfinden.

Wer jetzt Böses vermutet, irrt: Die Isles of Scilly (2300 Einwohner) sind so gar nicht »silly« (albern), denn ihre Name stammt von der Bezeichnung »Sunny Islands«, sonnige Inseln. Und das trifft den Kern: Mit 1700 Sonnenstunden im Jahr nehmen sie einen Spitzenplatz im Vereinigten Königreich ein. Die Durchschnittstemperaturen bewegen sich zwischen neun und 14 Grad, unter null rutschen sie quasi nie. Insofern gibt es auf den Isles of Scilly für gewöhnlich im Winter auch keinen Schnee, was sich wiederum in der Vegetation nieder-

Nur Sonnenscheinschein macht einen Regenbogen – hier über dem Hafen von Hugh Town, St Marys.

MAL EHRLICH

EIN TAGESTRIP IST VIEL ZU WENIG

Auf dem Schiff »Scillonian II« werden auch Tagestouren zu den Isles of Scilly angeboten, wer die Strecke mit dem Flugzeug zurücklegt, hat sogar noch ein paar Stunden mehr Zeit. Doch sollte man sich ehrlich eingestehen: Ein Tagestrip für die fünf bewohnten Inseln ist viel zu wenig. Ideal ist eine Woche oder mehr. Alles andere wäre Geldverschwendung.

schlägt: In dem fast schon subtropischen Klima wachsen neben Palmen auch zahlreiche Pflanzen, die man üblicherweise eher auf den Kanaren oder in Südamerika findet.

Nur fünf der rund 140 Isles of Scilly sind bewohnt. Eine Art Linienverkehr der Fischer pendelt zwischen den einzelnen Inseln – jedoch weit weniger häufig als anderenorts. Meist werden sie nur ein- oder zweimal pro Tag angefahren. Es gilt, sich auf den Fahrplan einzustellen.

Und auch die Isles of Scilly überhaupt erreichen zu können, erfordert eine genaue Planung: Während der Sommermonate pendelt das Schiff »Scillonian III« bis zu siebenmal wöchentlich zwischen Penzance an der Südküste Cornwalls und dem Hafen von St. Mary's, der größten der Scilly-Inseln. Außerhalb der Fahrtzeiten bleibt nur das Flugzeug: Kleinmaschinen fliegen das ganze Jahr über von Land's End und Newquay auf die Inseln, im Sommer auch von Exeter aus. Doch dieses Verkehrsmittel birgt Risiken: Mitunter sind die Inseln unter einer dichten Nebelwolke verschwunden, was das Starten und Landen unmöglich macht. Ein über Jahre existierender Helikopter-Shuttle wurde 2012 eingestellt, und mehr Möglichkeiten der Überfahrt gibt es nicht.

St. Mary's

Die mit 6,3 Quadratkilometer größte der Isles of Scilly ist in jeder Hinsicht das Zentrum. Auf St. Mary's (1700 Einwohner) endet die Fährverbindung von Penzance, hier existiert der wichtigste Flughafen, der die Scilly-Inseln mit Airports im Südwesten Englands verbindet, hier gibt es in der Hauptstadt Hugh Town das einzige Geschäftszentrum mit Läden, Banken und Restaurants. Und dem einzigen Geldautomaten der Inseln.

AUTORENTIPP!

APFELSTRUDEL AUF DER INSEL

Es ist eine kleine bayerische Oase auf St. Mary's, der größten der Scilly-Inseln: Die Deutsche Sabine Schraudolph betreibt etwas außerhalb des Zentrums ihr kleines Guesthouse in völliger Stille und mit einem schönen Blick auf das Hinterland. Ihre Herberge umfasst auch einen »Kaffeehaus« genannten Wintergarten, in dem selbst viele Einheimische auf einen Apfelstrudel oder ein selbstgebackenes Brot nach deutschem Rezept vorbeischauen. Sabine Schraudolph hatte länger in London gelebt, bis sie sich 2003 auf den Isles of Scilly selbstständig machte. Wer bei ihr übernachtet, bekommt die besten Tipps für die Inseln gleich mit dazu.

Isles of Scilly Country Guest House. High Lane, St Mary's, Tel. 017 20/42 24 40, www.scillyguesthouse.co.uk

Oben: Straßen auf den Scilly-Inseln gehören meist dem unmotorisierten Verkehr.
Mitte: Dem Golfstrom wegen gedeihen diese Zedern auf St. Marys.
Unten: Verkaufsstand am Straßenrand mit farbenprächtigen Schalen von Seeigeln im Angebot.

Die Stadt ist für viele Besucher nicht nur der erste Berührungspunkt mit den Scilly-Inseln, sondern dient ihnen als Basis. Von hier lässt sich die Insel perfekt erkunden – zu Fuß, mit dem Fahrrad oder mit dem Bus. Sehenswert ist unter anderem Old Town, das von kleinen Cottages bestimmt ist.

The Garrison mit Star Castle westlich von Hugh Town war einst das Zentrum eines Befestigungssystems im Südwesten der Insel. Heute befindet sich in dem sternförmig gebauten Komplex mit Blick auf die Hauptstadt ein Hotel. Peninnis Head am südlichsten Punkt von St. Mary's ist ein alter Leuchtturm aus dem Jahr 1911. Anders als viele seiner Artgenossen wurde er komplett aus Metall erbaut. Die Gegend ist schön zum Wandern.

Am anderen Ende der Insel befindet sich mit dem Telegraph Tower ein früherer Verteidigungsturm, von dem aus später Radio Scilly gesendet hat. Bekannt wurde er vor allem durch den Radiopionier Guglielmo Marconi (1874–1937), der hier um 1898 das erste drahtlose Funksignal aus Porthcurno in Cornwall empfing.

Die Inselhauptstadt Hugh Town birgt übrigens noch eine Besonderheit: Die Inseleinwohner haben sie 1949 von der britischen Krone erworben, denn die Scilly-Inseln gehören wie einige Flecken im Südwesten Englands dem Duke of Cornwall, derzeit Prinz Charles. St. Mary's wurde lange vom früheren britischen Premierministers Harold Wilson bewohnt, der hier 1995 nach seinem Tod auch seine letzte Ruhe fand.

Tresco

Wer Tresco vom Boot aus meist im Süden betritt, wird erst einmal nichts als Landschaft sehen. Es gibt auf dem rund drei Quadratkilometer großen

Inselspringen

Ⓐ **St. Mary's** – Die größte Insel ist zugleich das Zentrum der Scilly-Inseln. In Hugh Town gibt es die wichtigsten Geschäfte, vor allem für den Alltag. Außerdem ist St. Mary's Anlaufpunkt für alle, die von Cornwall aus mit dem Schiff oder Flugzheug anreisen.

Ⓑ **St. Martin's** – Die nördliche Insel ist bekannt für ihre wunderschönen Strände, die einen in der Südsee vermuten lassen.

Ⓒ **Tresco** – Eigentlich eine eher raue Insel, hat sich Tresco durch die einzigartigen Klostergärten einen Namen gemacht. Das Eiland war im Laufe seiner Geschichte hart umkämpft, weshalb es bis heute Überreste mehrerer Befestigungsanlagen gibt.

Ⓓ **Bryher** – Die Insel ist bekannt für ihre unberührte Natur und vor allem für ihre perfekten Tauch- und Schnorchelbedingungen.

Ⓔ **Samson** – Die Insel wurde im 19. Jahrhundert zugunsten eines Hirschparks entvölkert. Die gibt es heute nicht mehr, weshalb Samson in jeder Hinsicht unbewohnt ist. Ruinen zeugen noch von Wohnhäusern vergangener Tage.

Ⓕ **St. Agnes** – Das eher raue Eiland ist ein beliebtes Ziel von den Inselbewohnern selbst, die hier leicht dem üblichen Touristenansturm entgehen können. Denn die meisten Besucher bleiben dieser Insel fern, die am südwestlichsten Punkt Englands liegt.

Ⓖ **Gugh** – Nur eine Sanddüne trennt Gugh von St. Agnes. Auf der Insel finden sich Überreste menschlichen Lebens aus der Bronzezeit.

Der Scilly-Express zwischen den Inseln

AUTORENTIPP!

EIN GARTEN IM GARTEN
Man könnte sich fragen, wieso man ausgerechnet auf den ohnehin vor Pflanzen nur so strotzenden Isles of Scilly einen Garten aufsuchen und dafür auch noch Eintritt bezahlen sollte. Doch sind die Gärten des ehemaligen Klosters auf der Insel Tresco selbst für diese Inseln einzigartig. Rund um die Ruinen des alten Gebäudes ist im 19. Jahrhundert ein sieben Hektar großer Park angelegt worden, der seinesgleichen sucht. Einige Tausend exotische Pflanzen aus Südamerika, Afrika, Australien und dem Mittelmeerraum prägen das Gelände. Dazu gibt es mit der Valhalla-Kolellektion eine kleine Ausstellung von Schiffsfiguren aus dem 19. Jahrhundert.

Tresco Abbey Gardens. Tgl. 10–16 Uhr, Eintritt 12 £, Tresco, Isles of Scilly, Tel. 017 20/42 41 08, www.tresco.co.uk

Eiland zwar ein kleines Zentrum, doch fehlt der kleinstädtische Eindruck, den etwa St. Mary's vermittelt. In den drei Siedlungen New Grimbsy, Borough und Old Grimbsy leben zusammen rund 180 Einwohner. Diese Ruhe und Entspannung spiegelt sich auch in der teils kargen Landschaft wieder, die von flachen Klippen und moosbewachsenen Flächen geprägt ist. Und von Hinterlassenschaften vergangener Jahrhunderte:

Überwiegend aus dem Mittelalter sind mehrere Gebäude und Ruinen erhalten, die auf die militärische Bedeutung Trescos weisen. King Charles's Castle (1554) im Norden sowie sein Nachfolgebau Cromwell's Castle (1652) dienten der Sicherung Trescos sowie seiner Nachbarinsel Bryher. Oliver's Battery (um 1650) im Süden und das Old Blockhouse (1552) waren immer wieder hart umkämpft.

Während des Englischen Bürgerkriegs (1642–1651) lieferten sich die gegnerischen Truppen auch auf den Inseln Kämpfe. Das führte zu einer historischen Kuriosität: Die Niederlande, den englischen Parlamentariern während des Bürgerkriegs eng verbunden, erklärten den Scilly-Inseln 1651 den Krieg, da sich Roylisten verschanzt hatten. Die ergaben sich wenig später, doch versäumte man es in den Niederlanden, den Kriegszustand wieder aufzuheben. Einem Historiker fiel 1985 auf, dass sich die Scillys streng genommen nach wie vor im Krieg mit den Niederlanden befanden, ohne dass je auch nur ein Schuss gefallen wäre. Ein Jahr später unterzeichnete man einen Friedensvertrag, und der 335-jährige Kriegszustand war beendet.

Bryher

Die Tresco am nächsten gelegene Insel ist zugleich die kleinste der bewohnten Isles of Scilly. Wenngleich auch hier nur rund 80 Menschen dauerhaft wohnen. Besucher kommen vor allem zum Tauchen und Schnorcheln, da das Wasser ruhig ist – und genauso durchsichtig wie auf den übrigen Scilly-Inseln.

Bryher Town nennen die Einwohner ihr winziges Zentrum, um das sich fast alle Wohnhäuser gruppieren. Von Watch Hill aus hat man eine grandiose Aussicht auch auf andere Inseln. Berüchtigt ist die Bucht Hell's Bay, die ihren Namen nicht durch Zufall trägt: Hier strandeten wegen zahlreicher Untiefen und Kliffs etliche Schiffe im Laufe der Jahrhunderte.

St. Agnes

Englands südwestlichster Punkt: St. Agnes, rund 3,6 Quadratkilometer groß, ist bei Ebbe über einen Dünenstreifen mit der Nachbarinsel Gugh verbunden. Mit seinen rund 70 Einwohnern ist das Eiland beliebt bei Kennern der Scilly-Inseln. Während die meisten Besucher eher auf Tresco oder St. Mary's bleiben, treffen sich hier jene, die in grüner Natur in Ruhe wandern möchten.

Unter den wenigen Sehenswürdigkeiten von St. Agnes sticht vor allem der Leuchtturm Old Lighthouse (1680) hervor, der als einer der ältesten in England gilt und bis 1911 in Betrieb war. An Kittern Hill auf der Nachbarinsel Gugh befindet sich der 2,70 Meter hohe Menhir »Old Man of Gugh« aus der Bronzezeit.

St. Martin's

St. Martin's gilt als die Badeinsel der Isles of Scilly. Wer hierherkommt, den zieht es meist an eine der Sandstrände, von denen aus es in das kristallklare, nie zu kalte Wasser geht.

AUTORENTIPP!

MIT DEM FAHRRAD UNTERWEGS

Es ist auch angesichts der dauerhaft milden Temperaturen das ideale Verkehrsmittel für die Isles of Scilly: das Fahrrad. In der Hauptstadt der größten Insel St. Mary's kann man sie stunden- oder tageweise ausleihen und damit die Gegend erkunden. Es empfiehlt sich jedoch, eine genaue Karte mitzunehmen, denn auf den Inseln gibt es nur äußerst wenig Wegweiser. Etwas gewöhnungsbedürftig ist die Tatsache, dass man üblicherweise kein Schloss für das Mietrad bekommt: Auf der Insel wurde offenbar noch nie ein Fahrrad gestohlen.

St. Mary's Bike Hire. Pro Tag 10 £, St. Mary's, Strand, Tel. 077 96/63 85 06, www.scillybikehire.co.uk

Nur für Fußgänger: Der Pfad entlang Bryhers Hell Bay

Infos und Adressen

SEHENSWÜRDIGKEITEN

Cromwell's Castle. Überreste einer Verteidigungsburg aus der Mitte des 17. Jahrhunderts auf Tresco. Immer zugänglich, Eintritt frei, New Grimsby, Tresco, Tel. 01 17/975 07 00, www.english-heritage.org.uk/daysout/properties/cromwells-castle

Isles of Scilly Museum. Heimatmuseum in Hugh Town, das über die Geschichte der Inseln aufklärt. Apr.–Sept. Mo–Fr 10–16.30 Uhr, Sa 10–12 Uhr, Okt.–März Mo–Sa 10–12 Uhr, Eintritt 3,50 £, Church Street, Hugh Town, St. Mary's, Tel. 017 20/42 23 37, www.iosmuseum.org

Seemannsknoten im Isles of Scilly Museum

ESSEN UND TRINKEN

High Tide Seafood Restaurant. Kleines Fischrestaurant auf St. Agnes. Mo–Sa 16–22 Uhr, St. Agnes, Tel. 017 20/42 38 69, www.hightide-seafood.com

Juliet's Garden Restaurant. Café und Restaurant mit einem grandiosen Ausblick auf die Bucht von St. Mary's. Fisch, Steaks, Vegearisch. Tgl. 10–16 Uhr und 18–22 Uhr, Seaways/Porthlow, Tel. 017 20/42 22 28, www.julietsgarden restaurant.co.uk

St. Mary's Hall Hotel. Kleines Hotel mit einem hervorragenden Restaurant, aufwendige Gerichte aus Fisch und Fleisch. Tgl. 12–22 Uhr, Church Street, Hugh Town, St. Mary's, Tel. 017 20/42 23 16, www.stmaryshallhotel.co.uk

The Ruin Beach Café. Mehrfach ausgezeichnetes Bistro und Restaurant am Strand mit überwiegend mediterranen Speisen. Tgl. 8–21 Uhr, Tresco, Tel. 017 20/42 48 49, www.tresco.co.uk/eating-on-tresco/ruin-cafe/

The Turks Head. Der kleine Pub in einer idyllischen Bucht auf St. Agnes ist streng genommen Englands südwestlichste Kneipe. Tgl. 10.30–21 Uhr, St. Agnes, Tel. 017 20/42 24 34

ÜBERNACHTEN

Bracken Hillside Farm. Alte Farm im Zentrum von Bryher, in der ein Cottage zur Selbstverpflegung gemietet werden kann. Bryher, Tel. 017 20/42 31 56, www.hillsidefarmholidays.co.uk

Covean Cottage Guesthouse & Café. Kleines gemütliches Cottage mit Zimmern im Landhausstil und einem Café, das auch sehr leckere warme Gerichte serviert. St. Agnes, Tel. 017 20/42 26 20, www.coveancottage.com

Hell Bay Hotel. Idyllisches Vier-Sterne-Hotel auf Bryher mit modernisierten Zimmern und einem Blick aufs Meer. Bryher, Tel. 017 20/42 29 47, www.hellbay.co.uk

New Inn Tresco. Anders als es der Name vermuten lässt, ist das »New Inn« schon sehr alt. Die Zimmer aber sind hell und freundlich renoviert, außerdem gibt es einen Pool. Tresco, Tel. 017 20/42 28 49, www.tresco.co.uk/staying-on-tresco/the-new-inn

Star Castle Hotel. Vier-Sterne-Haus in einer Burg aus dem 16. Jahrhundert. Die Zimmer sind im englischen Landhausstil gehalten, dazu bieten sich schöne Ausblicke auf die Hauptstadt Hugh Town. St. Mary's, Tel. 017 20/42 23 17, www.star-castle.co.uk

Teania. Luxusapartment auf St. Martin's. Lower Town, St. Martin's, Tel. 017 20/42 32 13, www.teania.com

EINKAUFEN

The Bourdeaux Shop. Geschenke, Bücher, Ansichtskarten von den Isles of Scilly. Mo–Sa 9–17 Uhr, Sa 10–16 Uhr, The Parade, St. Mary's, Tel. 017 20/42 20 40, www.hendraislesofscilly.co.uk

The Deli. Kleines Feinkostgeschäft in der Nähe des Hafens. Tgl. 12–18 Uhr, Hugh Street, St. Mary's, Tel. 017 20/42 27 34

Scilly Flowers. Blumenhandel auf St. Martin's, der seine Ware auch über einen Onlineshop vertreibt – allerdings nur an Adressen im Vereinigten Königreich. Mo–Fr 8–20 Uhr, Sa/So 8–17 Uhr, Churchtown Farm, St. Martin's, Tel. 017 20/42 21 69, www.scillyflowers.co.uk

Seasalt. Lokales Bekleidungslabel, das auch mit einem Geschäft auf den Scilly-Inseln vertreten ist. Mo–Sa 9.30–17.30 Uhr, So 9.30–16 Uhr, www.seasaltcornwall.co.uk

AKTIVITÄTEN

Island Rover. Informative und unterhaltsame Touren in alten Bussen über die Insel St. Mary's. Mo–Sa 10.15 und 13 Uhr, Preis 8 £, Abfahrt von Holgate's Green, Tel. 017 20/42 21 31, www.islandrover.co.uk

St. Martin's Vineyard. Touren über den südwestlichsten Weinberg Großbritanniens. Mai–Sept. Di–Do 10.45–16 Uhr, St. Martin's, Tel. 017 20/42 34 18, www.stmartinsvineyard.co.uk

INFORMATION

Boatmen's Association. Tgl. ab 10 Uhr (schließt jahreszeiten- und wetterabhängig), Informationen zum Schiffsverkehr zwischen den Inseln. The Strand, Hugh Town, St. Mary's, Tel. 017 20/42 39 99, www.scillyboating.co.uk

Isles of Scilly Travel. Informationen zur Anreise per Schiff oder Flugzeug. Apr.–Okt. Mo–Sa 8–18.30 Uhr, Nov.–März Mo–Fr 8–17 Uhr, Sa 8–12 Uhr, Hugh Street, Hugh Town, Tel. 017 20/742 42 20, www.islesofscilly-travel.co.uk

Tourist Information Centre. Apr.–Okt. Mo–Sa 8.30–17 Uhr, So 9–14 Uhr, Nov.–März Mo–Fr 9–17 Uhr, Porthcressa Bank, St. Mary's, Tel. 017 20/42 40 31, www.visitislesofscilly.com

Rush Hour in Hugh Town gibt es nur bei Ankunft der Fähre.

DER OSTEN CORNWALLS

Vorangehende Doppelseite: Nicht nur in Capri, auch in Bedruthan Steps, versinkt die Sonne rot im Meer.
Mitte: Padstows Hafen war oft Kulisse für Pilcher-Verfilmungen.
Unten: Meeresfrüchte in Rick Steins Seafood Restaurant

14 Padstow

Cornwalls Gourmetort

Eigentlich ist er ein ganz normaler Hafenort, wie es sie zuhauf in Südengland gibt. Doch nachdem sich der britische Fernsehkoch Rick Stein hier niedergelassen hatte und immer mehr Lokale eröffnete, hat sich Padstow zu einer Art Feinschmeckerparadies von Cornwall entwickelt. Andere Restaurants zogen qualitativ nach und machten den Ort zu einem Anziehungspunkt für jene, die Wert auf Qualität legen – und es sich auch leisten können.

Am Hafen liegen die Jachten vor Anker, die Promenade ist gesät mit liebevoll hergerichteten, blumenverzierten Häusern, im Einkaufsbereich zwischen Duke Street und Lanadwell Street reihen sich Boutiquen, Souvenirläden und schicke gastronomische Betriebe aneinander – Padstow (3000 Einwohner) an der Nordküste Cornwalls ist kein Ort, um sich über die Zukunft Sorgen zu machen; wer hierher kommt, will das Leben genießen. Das tun die zum Teil in Bussen herangekarrten Besucher dann auch – und die Bewohner leben sichtlich gut davon, was ihnen zu gönnen ist: Das einstige Fischerdorf ist deutlich besser in Schuss, als dies viele andere Orte in Cornwall von sich behaupten können. Wer sich für exzellente Fischgerichte begeistern kann, wird hier nicht mehr abreisen wollen. Selbst die Fish & Chips (die man angesichts der aufwendigen Küche vieler Lokale getrost auslassen kann) sind ungewohnt delikat.

St. Petroc

Der Heilige Petroc gründete im 6. Jahrhundert in Padstow ein (inzwischen längst zerstörtes) Kloster und verbreitete von dort aus das Christentum in Cornwall. Das zeigt sich am deutlichsten im Ortsnamen: Padstow geht auf die Bezeichnung »Petroc's Stowe« zurück, Petrocs heiliger Ort. Im Laufe der Zeit wurde dies verkürzt zu Padstow. Die St. Petroc's Church in der Church Street ist übrigens deutlich jünger, auch wenn sie an jenem Ort steht, an dem Petroc einst sein Kloster erbauen ließ. Das heutige Gebäude wurde zwischen 1425 und 1450 aus Gestein der Umgebung errichtet. Seine Säulen aus weißem Sandstein stammen hingegen aus dem französischen Caen und mussten aufwendig mit dem Schiff nach Padstow transportiert werden. Der Taufstein stammt noch aus den Baujahren der Kirche.

Prideaux Place

Wie ein kleines Schloss steht Prideaux Place über dem Ortskern von Padstow. Das herrschaftliche Haus im Elisabethanischen Stil stammt im Kern aus dem Jahr 1592, wurde jedoch im 17. Jahrhundert mehrfach erweitert und verändert. Die Familie Prideaux ließ es einst erbauen, und ihre Nachfahren wohnen noch immer darin. Inzwischen öffnen sie ihr Domizil während der Sommermonate für Besucher, die in einer Tour durch die Räume geführt werden. Darunter sind auch die jetzigen Wohnräume der Familie – was am Ende fast wie ein Privatbesuch wirkt.

Sehenswert sind unter anderem die Bibliothek mit ihren rund 6000 Bänden sowie die Stuckdecke im ersten Geschoss, die mit biblischen Szenen verziert ist. Mehrere Verfilmungen von Rosamunde-Pilcher-Romanen wurden auf dem Anwesen von Prideaux Place gedreht. Hausherr Peter Prideaux-Brune spielte mitunter als Statist und Kleindarsteller mit – sei es als Chauffeur oder als erfahrener Gin-Tester.

AUTORENTIPP!

SCHUTZ FÜR HUMMER

Durch Überfischung sank der Bestand an Hummern bedrohlich, für den die Gewässer rund um Cornwall einst so berühmt waren. Einem kompletten Aussterben entgegenzuwirken hat sich das National Lobster Hatchery in Padstow auf die Fahnen geschrieben. Die gemeinnützige Organisation wurde im Jahr 2000 gegründet und sieht ihre Aufgabe darin, der Überfischung von Hummern durch Forschung, Aufklärung und Maßnahmen zum Bestandsschutz entgegenzuwirken. Dafür werden jährlich rund 30 000 Babylobster gezüchtet und im Meer ausgesetzt. Ein Besucherzentrum erklärt einiges über die Arbeit der Lobster Hatchery, außerdem erfährt man viel über die Krustentiere an sich.

National Lobster Hatchery. Tgl. 10–16.30 Uhr, Eintritt 3,75 £, South Quay, Padstow, Tel. 018 41/53 38 77, www.nationallobsterhatchery.co.uk

Oben: Das Schifferklavier ist aus der traditionellen Musik Cornwalls nicht wegzudenken. Diese unterstützen Obby-Oss in seinem ekstatischen Tanz.
Unten: Diese Verkäuferin schwört darauf, dass die Kitzelstäbe helfen, wenn der Haussegen schief hängt.

Obby-Oss-Fest

Mit einem Lied beginnt am 1. Mai pünktlich um 0 Uhr das Obby-Oss-Fest in Padstow, das den jährlichen Höhepunkt unter den Feierlichkeiten darstellt. Einwohner tanzen an diesem Tag um einen Maibaum, laufen singend durch die Straßen und tragen gruselige Masken. Was das Ganze soll, weiß heute niemand mehr so genau – der Brauch reicht über viele Jahrhunderte zurück. Vermutlich pflegten ihn bereits die Kelten.

Carnewas and Bedruthan Steps

Südwestlich von Padstow ist mit den Carnewas and Bedruthan Steps ein ganz besonderes Stück Küste zu sehen. Die steilen Klippen gehören zu den spektakulärsten Cornwalls, dazu ist bei Ebbe ein Stück steinerner Strand begehbar. Im Frühjahr zieht der von Blumen bewachsene Küstenstreifen viele Maler und Fotografen an, die hier perfekte Motive finden. Noch im vergangenen Jahrhundert wurde in dieser Gegend Eisen und Kupfer abgebaut. Der National Trust hat in einem alten Gebäude der Bergbauminen ein hübsches Café eröffnet, das während der Sommermonate betrieben wird.

Infos und Adressen

SEHENSWÜRDIGKEITEN

Prideaux Place. Apr.–Sept. So–Do 12.30–17 Uhr, Eintritt 8,50 £, Tregirls Lane, Padstow, Tel. 018 41/53 24 11, www.prideauxplace.co.uk

ESSEN UND TRINKEN

Bin Two. Nette kleine Weinbar mit Weinhandel und Café im Zentrum. Apr.–Okt. tgl. 10–20 Uhr, South Quay, Tel. 018 41/53 20 22, www.bintwo.com

Rest A While Tea Garden. Gemütliches Café direkt am Wasser. Tgl. 10.30–16.30 Uhr, 7 Coastguard Houses, Hawkers Cove, Padstow, Tel. 018 41/53 29 19

Rick Stein's Seafood Restaurant. Eines der besten Fischrestaurants Südenglands – Rick Stein ist Fernsehkoch und Buchautor. Tgl. 12–14 Uhr und 18.30–22 Uhr, Riverside, Tel. 018 41/53 27 00, www.rickstein.com

ÜBERNACHTEN

Metropole Hotel. Altes, aber schönes Grandhotel direkt am Wasser. Station Road, Tel. 018 41/53 24 86, www.the–metropole.co.uk

Obby-Oss tanzt

Ist man im Metropole Hotel eingecheckt, kann es ruhig zu regnen anfangen.

St. Petroc's Hotel. Nobles kleines Hotel, das ebenfalls von Koch Rick Stein betrieben wird. 4 New Street, Tel. 018 41/53 27 00, www.rickstein.com/St-Petrocs-Hotel-Accommodation.html

The White House. Kleines Bed & Breakfast nahe Padstow unweit des Meeres. St. Issey, Tel. 018 41/54 08 84, www.whitehousebandb.co.uk

VERANSTALTUNGEN

Obby-Oss-Fest. Größtes Festival der Stadt mit viel Musik und Tanz, das jedes Jahr am 1. Mai Zehntausende anzieht

AKTIVITÄTEN

Carnewas and Bedruthan Steps. Dramatische Küstenlandschaft südwestlich des Orts mit guten Wandermöglichkeiten. Bedruthan, St. Eval, Wadebridge, Tel. 016 37/86 05 63, www.nationaltrust.org.uk/carnewas-and-bedruthan-steps

INFORMATION

Padstow Tourist Information Centre. Sommer Mo–Fr 9.30–17 Uhr, Sa/So 10–17 Uhr, Winter Mo–Fr 10–16 Uhr, Sa 10.30–15 Uhr, So 11–14 Uhr, North Quay, Tel. 018 41/53 34 49, www.padstowlive.com

15 St. Austell

Heimat des Eden Project

Die mit 20 000 Einwohnern größte Stadt Cornwalls ist nicht gerade als Einkaufsparadies bekannt. Denn St. Austell gelangte nicht durch regen Handel zu Reichtum, sondern durch die Gesteinsvorkommen in seiner Umgebung: Der Kaolinabbau war lange Zeit die wichtigste Einnahmequelle der Stadt. Heute lebt St. Austell ironischerweise von dem, was der Bergbau übrig gelassen hat: einer riesigen Kaolingrube. Hier zieht der Klimapark Eden Project seit 2001 Besucher aus aller Welt an.

Die Straßen sind verwinkelt und oft leer, die Geschäfte eher durchschnittlich – St. Austell hatte über lange Jahre nicht den besten Ruf unter Touristen. Bis ausgerechnet hier nach und nach einige der eindrucksvollsten Besucherattraktionen des Landes entstanden. Die Lost Gardens of Heligan sind seit ihrer Wiedereröffnung in den Neunzigerjahren Höhepunkt aller Gartenfreunde. Und das Eden Project konnte sich spätestens seit jenem Zeitpunkt nicht mehr vor Besuchern retten, als James Bond sich im Film »Stirb an einem anderen

Mitte: Im Hafen von Charlestown lassen sich ruhige Stunden verbringen …
Unten: … außer es ist gerade das erste Augustwochenende. Dann steigt die große Sommerrallye.

MAL EHRLICH

DAS AUTO IN ST. AUSTELL LASSEN

Klimaschutz spielt auch bei den Eintrittspreisen des Eden Project eine Rolle: Wer mit dem Rad, dem Bus oder zu Fuß »anreist« muss deutlich weniger löhnen. Erstaunlicherweise ist der Parkplatz trotzdem jeden Tag gut gefüllt. Dabei bietet der rund sechs Kilometer lange Weg von St. Austell durch landschaftlich reizvolles Gebiet die Gelegenheit zu einem herrlichen Ausflug.

Tag« über die Kunststoffdome hangelte – die für diesen Film durch Computeranimation in einer Eislandschaft verortet wurden.

St. Austell selbst hat von dem Besucheransturm vor seinen Toren durchaus profitiert. Langsam wandelt sich das einst verschlafene Nest zu einer selbstbewussten Stadt. Rund um die kurze Fußgängerzone Fore Street entstehen neue Geschäfte und Cafés. Die Häuser im Viktorianischen und Georgianischen Stil werden an einigen Stellen aufpoliert.

Charlestown

Der wohl schönste Teil St. Austells liegt rund 1,5 Kilometer von der Innenstadt entfernt in Richtung Meer: Charlestown bildet einen idyllischen Hafen, benannt nach Charles Rashleigh (1747–1823), der diese Kais Ende des 18. Jahrhunderts anlegen ließ. Benötigt wurde das Gelände, um das Kaolin einzuschiffen, was noch bis in die Neunzigerjahre hinein geschah. Erst danach wurde in Cornwall der Kaolinabbau langsam reduziert. Charlestown ist inzwischen nicht mehr darin involviert, sondern hat sich zu einem ruhigen Fleck entwickelt. Der Ort ist nicht nur bei Besuchern beliebt – auch mehrere Filme und Fernsehserien wurden hier gedreht.

Der Chemiker William Cookworthy (1705–1780) entdeckte die Kaolingruben und machte St. Austell zum wichtigsten Kaolinlieferanten des Landes. Das Gestein wird für die Herstellung von Papier und Porzellan benötigt.

St. Austell Brewery

Die Brauerei nördlich des Bahnhofs kann auf eine lange Geschichte zurückblicken: 1851 wurde sie

AUTORENTIPP!

KAOLIN ZUR PORZELLAN-HERSTELLUNG

Die Museumsanlage Wheal Martyn widmet sich dem Abbau von Kaolin – der die Gegend um St. Austell erst zu einem gewissen Reichtum geführt hat. Das Besondere ist der noch funktionstüchtige Teil der Förderanlage: Ein Rundgang durch die Geschichte der Porzellanerde führt auch an einer noch genutzten Tongrube vorbei, außerdem an der größten Wassermühle Cornwalls. Die Ausstellung gibt gute Einblicke in die Nutzung und Verarbeitung von Kaolin, alte Fahrzeuge und Lokomotiven verdeutlichen die Arbeitsweise vergangener Tage. Wheal Martyn hilft, die Gegend als Ganzes zu verstehen – und auch, sich in die Vergangenheit des Geländes rund um das heutige Eden Project zu vertiefen.

Wheal Martyn. Apr.–Okt. tgl. 10–17 Uhr, Nov./Dez. tgl. 10–16 Uhr, Jan.–März Di–So 10–16 Uhr, Eintritt 9 £, Carthew, St. Austell, Tel. 017 26/85 03 62, www.wheal-martyn.com

Darstellung des Produktionsprozesses in der St. Ausstell Brewery

von Walter Hicks gegründet und erlangte vor allem mit ihrem Ale schnell einen großen Kundenstamm. Heute werden mehrere Biersorten gebraut, von Korev, einem für England eher ungewöhnlichen Lagerbier, bis zum India Pale Ale. Zeitweise gibt es auch Stout, das ähnlich schwarz ist wie das Guinness-Bier. Die Brauerei ist auch deswegen außergewöhnlich, weil sie trotz ihrer Bedeutung im Südwesten Englands nach wie vor unabhängig ist und keinem internationalen Brauereikonzern angehört. Nach britischer Tradition verfügt das Unternehmen über eine große Anzahl an Pubs.

Ein Besucherzentrum gibt Aufschluss über die Aktivitäten der St. Austell Brewery und ihre Geschichte. In geführten Touren können Besucher durch die Produktionsanlagen gehen und anschließend in »Hicks Bar« Produkte des Hauses probieren.

Eden Project

Es ist eine Frage, die auf viele Tagebaugebiete früher oder später zukommt: Was tun mit dem ausgebeuteten Land, wenn der Abbau einmal endet? Die Gegend nordöstlich von St. Austell glich einer Mondlandschaft, als der Kaolinexport langsam zum Erliegen kam. Eine 13 Hektar große, bis zu 50 Meter tiefe Grube zeugte vom Abbau der vergangenen Jahrzehnte. Niemand wäre auf die Idee gekommen, fernab jeglicher Infrastruktur im tiefsten Cornwall zu investieren. Doch dann kam der Archäologe Tim Smit auf die Idee, hier ein Klimaprojekt neuer Dimensionen zu verwirklichen.

2001 eröffnete mit dem Eden Project ein Botanischer Garten der ganz besonderen Art seine Pforten – beziehungsweise seine Kuppeln. Denn Kernstück der futuristisch anmutenden Anlage sind mehrere riesige, miteinander verbundene Kunst-

AUTORENTIPP!

KAFFEEPFLANZEN FÜR DAHEIM

Lange bevor man sie in jedem Baumarkt kaufen konnte, bot das Eden Project seinen Besuchern schon Kaffeepflanzen und ähnliche Exoten an. Der Klimapark hat es sich zur Aufgabe gemacht, auch die Welt »da draußen« ein bisschen schöner zu machen. Deswegen sind die Gärtner beständig auf der Suche nach neuen Pflanzen aus anderen Klimazonen, die teilweise auch unter deutschen Klimaverhältnissen wachsen und gedeihen (wenngleich die wenigsten winterhart sind und zur kalten Jahreszeit reingeholt werden müssen). Der Mix aus den üblichen Souvenirs, Cornwall-Produkten sowie den außergewöhnlichen Pflanzen macht den Besuchershop des Eden Project zu einer wichtigen Anlaufstelle – auch für Leute, die das Gelände bereits gut kennen.

Eden Project Shop. Tgl. 9.30–18 Uhr (im Sommer teilweise bis 20 Uhr), Boldeva

Labels der St. Ausstell Brewery, deren Bier man landesweit trinkt.

stoffdome, unter denen unterschiedliche Klimazonen der Erde simuliert werden. Das größte Kuppelgebäude beherbergt die Tropen mit einem Dschungel, Temperaturen zwischen 30 und 40 Grad und einer Luftfeuchtigkeit um die 60 Prozent. Der etwas kleinere Dom simuliert ein trockenes mediterranes bis subtropisches Klima. Typische Pflanzen aus diesen Klimazonen wachsen hier, schmale Wege führen durch die Gewächshäuser, die lange Zeit als die größten ihrer Art galten. Inzwischen gibt es allerdings in Asien weitere solcher Projekte.

Durch die Grubenlage wird das ganze Ausmaß des Geländes deutlich, sobald man den Eingangsbereich durchschritten hat. In Rundwegen geht es hinab zu den Domen. Doch auch der Freiluftbereich ist reich an seltenen Pflanzen. Im Zentrum gibt es je nach Jahreszeit Angebote wie Open-Air-Konzerte oder eine Schlittschuhbahn.

Was auf den ersten Blick nach bloßer Gewinnoptimierung ausschaut, dient genau genommen der Allgemeinheit. Sämtliche Überschüsse des Eden Project werden in Bildungsprojekte zum Klimaschutz investiert. Darüber hinaus legt man großen Wert auf Nachhaltigkeit: Als es während des Baus der Dome zu Dauerregen kam, der die Kaolingrube bedrohlich mit Wasser volllaufen ließ, entschied

Oben: Die Biotope im Eden Projekt sehen aus wie riesengroße Golfbälle.
Unten: Dschungelcamp auf Stunden: Hängebrücke in den Lost Gardens of Heligan

Oben: Lauschige Picknickecke im Lost Garden of Heligan und …
Unten: … atemberaubender Blick auf dem Weg zum Garten

man sich, durch eine Dränage das Regenwasser zu sammeln. Heute wird etwa die Hälfte des für den Betrieb notwendigen Wassers aus Regen gewonnen. Die spezielle Bauweise der Dome führt dazu, dass kein übertriebener Energieaufwand notwendig ist, zugleich generiert die Stiftung eigenen Strom aus Wind- und Sonnenkraft.

Lost Gardens of Heligan

Die BBC nannte sie einmal die prächtigsten Gärten Englands – und tatsächlich ist dieses riesige Gelände zehn Kilometer südlich von St. Austell in seiner Vielfalt kein zweites Mal im Land zu finden. Zu dem früheren Anwesen der Familie Tremayne gehörte bereits im 18. Jahrhundert ein großes Gartengelände – doch nach dem Ersten Weltkrieg wurde es vernachlässigt und schließlich sich selbst überlassen. Tim Smit, Initiator des Eden Project, entdeckte es zu Beginn der Neunzigerjahre und gab den Ausschlag dafür, dass die Gärten wieder so hergerichtet wurden, wie sie Besucher heute erleben können.

Das Areal ist aufgeteilt in unterschiedliche Bereiche, von denen vor allem der Dschungel in einem 300 Meter langen Tal sehr ungewöhnlich anmutet. Viele Meter hohe Palmen, Bananenbäume und Bambus lassen einen eher im tropischen Teil Asiens vermuten als auf den Britischen Inseln.

Der Ziergarten gehört zu den ältesten Bereichen Heligans. Er ist durch Mauern eingefasst und zeigt vorrangig Pflanzen aus dem mediterranen Raum. Wobei die Rhododendren aus dem Himalaya inzwischen zu den weltweit größten seiner Art zählen. Pavillons und Brunnen verwandeln einen Teil in einen Garten italienischen Stils. Im Nutzgarten werden mehr als 200 Obst- und Gemüsesorten angebaut, teilweise in alten Gewächshäusern. Auch Ananas ist darunter! Möglich ist das durch eine spezielle Anbaumethode: Die Pflanzen gedeihen geschützt hinter Wällen aus Pferdemist. Ein Betriebswirt hat einmal ausgerechnet, dass die Kosten für eine Ananas über die gesamte Wachstumsphase 1000 Pfund betragen würden. Theoretisch! Denn kaufen kann man das exotische Obst aus Heligan nicht.

Dem Dschungel schließt sich the Lost Valley an. Durch das verlorene Tal ziehen sich Alleen aus Eichen und Buchen sowie Kastanienhaine.
In einem Besucherzentrum lassen sich Webcams ansehen, die auf dem Gelände die Brutvögel beobachten. Einige dieser Aufnahmen sind auch auf die Website der Lost Gardens of Heligan gestellt .

St. Austell Bay

Obwohl St. Austell nicht direkt am Meer liegt, ist der Ort unter dem Beinahmen »Cornish Riviera« bekannt. Das liegt an der St.-Austell-Bucht, die sich einige Kilometer entfernt südlich der A 390 zwischen Trenarren im Westen und Menabilly im Osten erstreckt. Der Küstenbereich ist gespickt mit mehreren eher überschaubaren, aber hübschen Sandstränden. Hervor stechen Carlyon Bay und Par Sands, zwei beliebte Strandgebiete südöstlich von St. Austell, beide mit etlichen Freizeitangeboten. In Carlyon etwa liegt ein Golfplatz mit wunderschönem Hotel.

AUTORENTIPP!

MUSEUM DER GESTRANDETEN SCHIFFE

Die Küste Cornwalls hat es in sich: An ihren zum Teil scharfen Klippen und Riffs sind bei schwerer See nicht wenige Schiffe zerschellt. Aus dieser Not hat das Shipwreck and Heritage Centre eine Tugend gemacht. Es sammelt Hinterlassenschaften von Schiffswracks und erzählt die Geschichte dazu. Zu sehen sind unter anderem Bruchstücke von Schiffen der White-Star-Line, jener Reederei, zu der auch die »Titanic« gehörte. Das Museum liegt an einem der schönsten Häfen der Umgebung, dem verträumt versteckten Charlestown Harbour aus dem 18. Jahrhundert. Auf diesen können Museumsbesucher durch einen alten Tunnel blicken – und sehen unter anderem alte Segelschiffe.

Charlestown Shipwreck and Heritage Centre. März–Okt. tgl. 10–17 Uhr, Eintritt 5,95 £, Quay Road, Charlestown, St. Austell, Tel. 017 26/698 97, www.shipwreckcharlestown.com

Einsteigen und lossegeln. Ab und an realisiert die Firma solche Träume.

Infos und Adressen

SEHENSWÜRDIGKEITEN

Eden Project. Einzigartiger Klimapark in einer ehemaligen Kaolingrube. Tgl. 9.30–18 Uhr (im Sommer teilweise bis 20 Uhr), Eintritt 23,50 £ (bei Vorabbuchung im Internet günstiger!), Bodelva, Tel. 017 26/81 19 11, www.edenproject.com

Lost Gardens of Heligan. Einer der größten und bedeutendsten botanischen Gärten Englands. Apr.–Sept. tgl. 10–18 Uhr, Okt.–März tgl. 10–17 Uhr, Eintritt 12 £, Pentewan, St Austell, Tel. 017 26/84 51 00, www.heligan.com

Geht doch! Alt und neu passen zusammen.

St. Austell Brewery. Alte Brauerei, die in ganz Cornwall mit Pubs und Bieren vertreten ist. Besichtigung des Brauereigeländes nur mit Führung möglich. Mo–Fr 10–17.30 Uhr (Touren bis 15 Uhr), Sa 10–16 Uhr, Eintritt 10 £, 63 Trevarthian Road, Tel. 017 26/660 22, www.staustellbrewery.co.uk

St. Austell Holy Trinity Church. Zentrale Kirche in der Innenstadt von St. Austell aus dem Ende des 15. Jahrhunderts. Sehr unterschiedliche Öffnungszeiten, Eintritt frei, Trevarthian Road, Tel. 017 26/649 90, www.holytrinitystaustell.org

ESSEN UND TRINKEN

Austell's. Kreatives Restaurant nah am Wasser mit aufwendiger britischer Küche östlich der Stadt. Di–So 18–21 Uhr, So auch 12–14 Uhr, 10 Beach Road, Carlyon Bay, St. Austell, Tel. 017 26/81 38 88, www.austells.co.uk

Charlie's Boathouse. Bistro mit kleinen Gerichten in einem historischen Gebäude auf dem Weg nach Charlestown. Tgl. 11–23 Uhr, Charlestown Road, St. Austell, Tel. 017 26/633 22

Eastern Paradise. Das Restaurant auf dem Weg nach Carlyon ist zwar nicht urgemütlich, serviert aber schmackhafte indische Küche. Tgl. 12–14 Uhr und 17–23.30 Uhr, 28 Beach Road, Carlyon Bay, Tel. 017 26/81 51 23, www.easternparadisestaustell.co.uk

Eden Café. Modernes Biocafé des Eden Project in der Innenstadt von St. Austell – auch mit kleinen warmen Gerichten und englischem Frühstück bis in den Nachmittag hinein. Mo–Fr 9.30–16.30 Uhr, Sa 9–17 Uhr, So 10–16 Uhr, White River Place, Tel. 017 26/33 81 14, www.edenproject.com/cafe-in-st-austell

Grigg's. Außerordentlich gutes Restaurant und Café des gleichnamigen Geschäfts für Damenbekleidung. Es liegt etwas außerhalb der Stadt. Mo–Fr 7.30–17.30 Uhr, Sa 7.30–17 Uhr, So 11–16 Uhr, Pendennis, Lower Sticker, Tel. 017 26/699 97, www.magrigg.co.uk

Rashleigh Arms. Schöner Pub in Charlestown südlich von St. Austell mit aufwendiger britischer Küche. Auch einige Gästezimmer werden angeboten. Tgl. 11–23 Uhr, Charlestown Road, Charlestown, Tel. 017 26/736 35, www.rashleigharms.co.uk

The Waterwheel Inn. Landgasthaus mit britischer Küche zwischen Lamm und Jakobsmuscheln. Apr.–Okt. Mo–Sa 18.30–21 Uhr, Bodmin Road, Trethowel, St. Austell, Tel. 017 26/674 35, www.thewaterwheel.co.uk

ÜBERNACHTEN

Best Western Cliff Head Hotel. Nicht allzu komfortables, aber professionell modernisiertes Hotel im englischen Landhausstil. Es liegt direkt am Meer in der Bucht von Carlyon. Sea Road, Carlyon Bay, St. Austell, Tel. 017 26/81 23 45, www.cliffheadhotel.com

Boscundle Manor Hotel. Eine Mischung aus Boutiquehotel und Herrenhaus etwas außerhalb der Stadt. Boscundle Manor, Boscundle, Tel. 017 26/81 35 57, www.boscundlemanor.co.uk

The Cornwall. Altes Hotel mit hypermodernem Spa-Bereich und viel Komfort. Pentewan Road, Tregorrick, St. Austell, Tel. 017 26/87 40 50, www.thecornwall.com

The Carlyon Bay. Das Nobelhotel am Meer unterhält einen eigenen Golfplatz und verfügt über einen üppigen Spa-Bereich. Sea Road, Tel. 017 26/81 23 04, www.carlyonbay.com

The Llawnroc Hotel. Traumhaftes Seehotel südlich von St. Austell an der Küste. Integriert ist ein hervorragendes Restaurant mit Crossoverküche. Chute Lane, Gorran Haven, St. Austell, Tel. 017 26/84 34 61, www.thellawnrochotel.co.uk

The Pier House Hotel. Einfach, aber wunderschön am Hafen von Charlestown gelegen. Harbour Front, Charlestown Road, Charlestown, St Austell, Tel. 017 26/679 55, www.pierhousehotel.com

EINKAUFEN

Cornish Candy Company. Süßigkeiten aus eigener Hertellung – leckeres Fudge. Mo–Sa 8.30–16.30 Uhr, 54 Aylmer Square, Tel. 017 26/87 93 13, www.oldretrosweetshop.co.uk

The Linen Cupboard. Der Laden für Bettwäsche, Kissen und Souvenirs fürs eigene Zuhause liegt in einer großen Non-Food-Markthalle. Sa/So 9–17 Uhr, 3 a Old Vicarage Place, Tel. 017 26/732 80, www.linencupboard.com

INFORMATION

St. Austell Tourist Information Centre. Tgl. 9–17 Uhr, Southbourne Road, Tel. 017 26/87 95 00, www.visitthecornishriviera.co.uk, www.staustelltown.co.uk

Bierprobe im Pub der St. Austell Brewery

Mitte: Mount Folly Square
Unten: Nach einem Gewitterschauer färbt Sonnenlicht das sanfte Wellenland in weiche Töne.

16 Bodmin Moor
Cornwalls Hochmoor

Es steht ein bisschen im Schatten von Großbritanniens beiden bekannten Hochmooren Ex- und Dartmoor. Doch auch das Bodmin Moor bietet einprägsame Landschaften, wenngleich sie in diesem Teil des Landes ein wenig grüner sind als in Devon. Steinformationen zeugen von der jahrtausendelangen Besiedlung dieses Landstrichs. Bodmin selbst, die namensgebenende frühere Klosterstadt am südwestlichen Rand des Moors, bietet eine Reihe interessanter Bauwerke.

Das Bodmin Moor ist heute so gut wie menschenleer. Einige kleine Siedlungen, die größte davon ist das beschauliche St. Breward im Westen, befinden sich noch hier – ansonsten konzentriert sich das Leben auf Bodmin selbst. Diese relative Unberührtheit, verbunden mit Hinterlassenschaften aus prähistorischer Zeit, zieht mit Vorliebe Wanderer an – häufig jene, denen es in den touristisch stärker erschlossenen Gegenden Cornwalls und Devons inzwischen zu voll geworden ist. Das Bodmin

MAL EHRLICH

COURTROOM EXPERIENCE

Das alte Gericht von Bodmin verlor seine Bedeutung, als die Justiz nach Truro verlagert wurde. Eine Art Erlebnisausstellung erinnert in dem Gebäude an die glorreichen Zeiten, indem eine fiktive Gerichtsszene nachgestellt ist, die vom Alltag vergangener Tage berichtet. Das hat am Ende nicht viel mehr Inhalt als eine gewöhnliche Nachmittagsgerichtsshow im Fernsehen und ist bestenfalls etwas für Kinder, die vom Sightseeing in der Stadt ermüdet sind.

Moor steht bei vielen nicht gerade ganz oben auf der Liste der zu besuchenden Orte. Zu Unrecht!

Bodmin

Die kleine Stadt (13 000 Einwohner) im Südwesten des Moors ist längst zu einer Art regionalem Zentrum geworden. Im 19. Jahrhundert war Bodmin sogar verwaltungstechnisch Hauptstadt von Cornwall – bis die dafür notwendigen Gerichte nach Truro verlagert wurden. Heute ist in dem früheren Gerichtsgebäude in der Innenstadt eine Erlebnisausstellung untergebracht, das Courtroom Experience. Wer noch etwas tiefer in die Vergangenheit Bodmins eintauchen möchte, kann nebenan das Town Museum besuchen. Anhand von Ausstellungsstücken und Schaufensterpuppen sind ganz alltägliche Situationen nachgestellt. Wer nur kurz zu Besuch ist, kann sich diesen Teil der Stadt aber auch gut sparen, ohne Wesentliches verpasst zu haben.

Bodmin kann auf eine lange Geschichte zurückblicken: Der heilige Petroc gründete hier im 6. Jahrhundert ein Kloster, deswegen lautete der Beiname auch lange Petrocstown. Der Name Bodmin geht auf die kornische Bezeichnung für das Haus der Mönche zurück. Die St.-Petroc-Kirche in der Priory Road wurde zwischen 1469 und 1472 erbaut. Ihr Turm stammt aber noch von einem Vorgängerbau aus normannischer Zeit. Das kathedralenähnlich aus Granit angelegte Gebäude galt lange Zeit als größte Kirche Cornwalls, bis die Kathedrale von Truro fertiggestellt war. Noch heute ist der helle, aus Elfenbein gefertigte Reliquienschrein des heiligen Petroc in der Kirche zu sehen. Der Geschichte nach wurde er 1177 von einem Mönch gestohlen und nach Frankreich gebracht. Inzwischen ist er aber längst wieder in Cornwall eingetroffen. Sehenswert ist auch der weiße Tauf-

AUTORENTIPP!

MAGIE DER STEINE

Mit 300 Metern über dem Meeresspiegel ist Minions Village Cornwalls höchster Ort und Zentrum der zahlreichen prähistorischen Funde in diesem Teil Cornwalls. Rund um Minions befinden sich mehrere solcher Stätten – unter anderem The Hurlers, eine Anlage aus insgesamt drei Steinkreisen, vermutlich aus der Zeit um 1500 v. Chr. Wie bei vielen solcher Steinkreise ist ihr ursprünglicher Zweck bis heute nicht vollständig geklärt. Ebenfalls in der Nähe liegt Rillaton Barrow, ein Grabhügel aus derselben Zeit, in dem der Rillaton Gold Cup gefunden wurde. Die gerippte Tasse ist allerdings längst im British Museum in London zu bewundern. The Cheesewring dagegen – ein Stapel aus flachen Granitsteinen – ist auf natürliche Art entstanden: durch jahrtausendelange Erosion.

Minions Village. www.minions-cornwall.co.uk

Hier zeigt Bodmins St. Petroc Kirche ihre inneren Werte.

AUTORENTIPP!

STOFF FÜR EINEN ROMAN

Die Autorin Daphne du Maurier (1907–1989) ist in diesem Landgasthof im Bodmin-Moor eine zeitlang ein- und ausgegangen – weshalb sie ihm auch mit einem ihrer bekanntesten Bücher ein literarisches Denkmal setzte: »Jamaica Inn«. Heute lebt der Pub ganz offensichtlich noch immer von dieser Huldigung. Ziemlich genau inmitten des Moors gelegen gibt es rundherum wenig mehr als Landschaft, dennoch stoppen hier mitunter Busladungen von Reisenden. Allerdings nicht ganz zu Unrecht – das urige Gebäude beinhaltet nicht nur einen überaus gemütlichen Pub mit warmen Gerichten und vielen Biersorten; es bietet auch Übernachtungsmöglichkeiten und ein kleines Museum, das auf die Zeit des Schmuggels zurückblickt. Und natürlich auf Daphne du Maurier.

Jamaica Inn. Tgl. 7.30–0 Uhr (So bis 22.30 Uhr), Bolventor, Launceston, Tel. 015 66/862 50, www.jamaicainn.co.uk

Im Bodmin Jail wird jeder Besucher wieder entlassen.

stein aus dem 12. Jahrhundert, in den aufwendige Ornamente gemeißelt sind.

In einem alten Fort aus napoleonischen Zeiten ist das Cornwall's Regimental Museum untergebracht. In der Militärausstellung wird die Geschichte der Duke of Cornwall's Light Infantry erläutert, einer Einheit, die bis 1959 existierte. Das Museum gilt unter Armeefreunden als eines der interessantesten seiner Art in Südengland. Zu sehen gibt es allerdings nicht viel mehr als alte Waffen und Bilder – und die Bibel von George Washington, die während des amerikanischen Unabhängigkeitskriegs in die Hände der Briten fiel.

Bodmin Jail

Das alte Gefängnis aus dem Jahr 1779 war bis 1927 in Betrieb und wurde dann dem Verfall preisgegeben. Teile des Gebäudes sind nur noch als Ruine vorhanden, andere dienen als Museum. Dort gibt es Besucherangebote wie Geisterführungen, außerdem fragwürdige Ausstellungsstücke wie den angeblich einzigen noch funktionsfähigen Exekutionsstrang Großbritanniens. Warum der noch funktionsfähig ist und weshalb man damit auch noch werben muss, ist eines der Rätsel dieses ansonsten sehenswerten Museums.

Lanhydrock

Das schlossähnliche Herrenhaus südlich von Bodmin ist umgeben von einem riesigen Garten mit Parkland, kleinen Wäldchen und einem Fluss. Damit ist es Ziel auch für jene, die einfach nur spazieren gehen möchten. Der Kern des Gebäudes stammt aus dem Jahr 1620, auch wenn der Gesamtkomplex sehr viktorianisch anmutet – im Laufe der Jahre wurde er immer wieder erweitert und verändert. Ursprünglich nutzten die Mönche

von St. Petroc das Gelände zur Landwirtschaft. Aus dieser Zeit stammt noch die St. Hydroc's Church aus dem 15. Jahrhundert. Nach der zwangsweisen Auflösung des Klosters veräußerte die Kirche das Anwesen 1543 an eine private Familie.

Das Haus ist eingerichtet wie ein nobles Herrenhaus der viktorianischen Zeit – mit Holzverkleidung, reich verzierten Möbeln und teurem Porzellan. Eine Besonderheit ist die Sammlung von Uhren: Mehr als 40 ticken hier, darunter aufwendige Porzellanmodelle und eine Kuckucksuhr. Eindrucksvoll ist bereits das Torhaus am Eingang – es stammt aus dem Jahr 1651 und sticht prägnant durch seine Türmchen hervor. Ursprünglich sollte es mal ein Jagdhaus werden, doch dann entstand dieser fürstliche Eingangsbereich.

Pencarrow

Das georgianische Herrenhaus rund acht Kilometer nordwestlich von Bodmin wirkt so malerisch, dass es ein beliebter Ort für Hochzeitsfeiern ist.

Oben: Am Herrenhaus Lanhydrock ist der Garten streng formal.
Unten: Im umliegenden Park verwandeln im Mai Blue Bells ganze Waldflächen in blühende, blaue Teppiche.

Oben: Getreide, einer der Rohstoffe der St. Ausstell Brewery, trocknet so schneller.
Mitte: Alt, aber voller Lebensgeister: Dampflok der Bodmin Rail …
Unten: … und ein Freizeitlokführer, dem die Modelleisenbahn zu klein wurde.

Entstanden ist es um 1760, als die damaligen Besitzer ein älteres und kleineres Haus an dieser Stelle ausbauten und erweiterten ließen. Noch heute wird Pencarrow von der Familie Molesworth-St Aubin bewohnt, elf Zimmer und der Park können jedoch besichtigt werden. Sehenswert ist eine Sammlung von Ölgemälden, außerdem eine große Porzellanausstellung, u.a. mit Figuren aus Meißen. Dazu gibt es seltene Möbelstücke.

Die große Parkanlage um das Herrenhaus beinhaltet viele seltene Pflanzen, darunter allein 600 Sorten Rhododendron. Ungewöhnlich für diesen Landstrich ist auch der italienische Garten, der rund um eine Fontäne angelegt wurde. Direkt daneben gibt es einen der wenigen viktorianischen Steingärten Südenglands, der wie die gesamte Freifläche aus der Mitte des 19. Jahrhunderts stammt.

Bodmin and Wenford Railway

Damals noch Bodmin & Wadebridge Railway genannt, war die Eisenbahnlinie bei ihrer Eröffnung 1832 eine der ersten weltweit. Heute werden Teile davon auf einem rund zehn Kilometer langen Abschnitt zwischen Bodmin und Boscarne als Museumsbahn geführt, allerdings mit Anschluss an das nationale Bahnnetz – was bei solchen privaten Strecken sonst eher selten ist. Selten sind auch die Fahrzeuge: Die Bahn wird zu großen Teilen mit alten Dampfloks betrieben, die meist einen etwa 20 Kilometer langen Rundkurs durch weitestgehend idyllische Natur fahren. Deswegen ist die Strecke auch bei Trainspottern beliebt, bei Fotografen von Eisenbahnen. Am Bahnhof Bodmin General gibt es Parkplätze, weshalb sich dieser Haltepunkt zum Hauptbahnhof der insgesamt vier Stationen herauskristallisiert hat.

Infos und Adressen

SEHENSWÜRDIGKEITEN

Bodmin Jail. Das frühere Gefängnis ist heute ein Museum. Tgl. 9.30–17 Uhr, Eintritt 7,50 £, Berrycoombe Road, Bodmin, Tel. 012 08/762 92, www.bodminjail.org

Bodmin and Wenford Railway. Bodmin General Station, Fahrt 12 £, Lostwithiel Road, Bodmin, Tel. 012 08/735 55, www.bodminrailway.co.uk

Cornwalls Regimental Museum. Mo–Fr 9–17 Uhr, Eintritt 4 £, The Keep, Bodmin, Tel. 012 08/728 10, www.cornwalls-regimental museum.org

Lanhydrock House. März–Okt. Di–So 11–17 Uhr, Eintritt 11,30 £, Abseits der B 3268, Bodmin, Tel. 012 08/26 59 50, www.nationaltrust.org.uk/lanhydrock

Pencarrow. März–Sept. So–Do 11.15–15 Uhr, Eintritt 10,50 £, Bodmin, Tel. 012 08/84 13 69, www.pencarrow.co.uk

St. Petroc Church. Mo–Fr 11–15 Uhr, Priory Road, Bodmin, Tel. 012 08/738 67, www.st-petroc-bodmin.co.uk

Ein Café in Bodmins kleiner Fußgängerzone

Herrenhaus Lanhydrock

Town Museum. Apr.–Sept. Mo–Fr 10.30–16.30 Uhr, Sa 10.30–14.30 Uhr, Okt. Mo–Sa 10.30–14.30 Uhr, Eintritt frei, Mount Folly Square, Bodmin, Tel. 012 08/770 67, www.museumsincornwall.org.uk

ESSEN UND TRINKEN

Hole in the Wall. Uriger, aber etwas düsterer Pub. Tgl. 12–0 Uhr (So bis 23 Uhr), 16 Crockwell Street, Bodmin, Tel. 012 08/723 97

St. Tudy Inn. Rustikales Restaurant mit britischer Küche. Tgl. 11.30–23 Uhr, Church Road, St. Tudy, Bodmin, Tel. 012 08/85 06 56, www.tudyinn.co.uk

ÜBERNACHTEN

Lanhydrock Hotel and Golf Club. Wunderschönes Golfhotel etwas außerhalb der Stadt. Lostwithiel Road, Bodmin, Tel. 012 08/26 25 70, www.lanhydrockhotel.com

Tredethy House. Kleines, etwas plüschiges Bed & Breakfast. Helland Bridge, Bodmin, Tel. 012 08/84 17 07, www.tredethyhouse.com

INFORMATION

Bodmin Tourist Information Centre. Mo–Fr 8.45–16 Uhr, Sa 10–17 Uhr, Crinnicks Hill, Bodmin, Tel. 012 08/766 16, www.bodminlive.com

Mitte: Wer in und um das vermeintliche Schloss König Artus nicht im Stau stehen will, …
Unten: … sollte zum Besuch die Morgenstunden nutzen.

17 Tintagel
Die Heimat von König Artus

Tintagel an der Nordküste Cornwalls zeigt, dass es nicht immer die Ortschaften sind, die eine Region prägen – es ist in dieser Ecke Englands vor allem die Landschaft. Die zerklüfteten Klippen zählen zu den eindrucksvollsten im Südwesten des Landes. Dazu gibt es mit Tintagel Castle eine alte Burgruine, die Busladungen von Besuchern anzieht. In spektakulärer Lage überragt sie die Küste und gibt atemberaubende Ausblicke auf das Meer frei.

Wenn es eines Beweises für frühzeitige Tourismusmarketingstrategien bedarf, Tintagel (700 Einwohner) liefert ihn. Seit Jahrhunderten brüstet sich der Ort nun schon mit dem Schloss vor seinen Toren, in dem angeblich König Artus gezeugt wurde. Allein: Er wurde nie gezeugt. Denn allen wissenschaftlichen Studien zufolge hat König Artus nie gelebt. Er ist eine Figur aus der Sagenwelt, was freilich nicht jeder wahrhaben will. Deshalb zieht es das ganze Jahr über viele Touristen in den entlegenen Landstrich auf der Suche nach ein bisschen mystischer Vergangenheit. Die Land-

MAL EHRLICH

KÖNIG ARTUS ÜBER ALLES

Dafür dass König Artus nur eine Sagenfigur ist und sehr wahrscheinlich nie gelebt hat, steht er in Tintagel ein bisschen zu sehr im Mittelpunkt. Die Souvenirläden verkaufen rund um seinen Namen im Grunde nichts, was es nicht gibt. Dazu brüsten sich die zahllosen Hotels, Restaurants und Pubs mit dem sagenumwobenen König. Hier wäre weniger eindeutig mehr gewesen!

schaft hier oben ist traumhaft. Gleich nördlich von Tintagel liegt fußläufig Rocky Valley, ein zerklüfteter Küstenabschnitt, der sich für eine Wanderung in den Felsen anbietet.

Tintagel Castle

Viel steht nicht mehr von der alten Burg, die so intensiv mit König Artus in Verbindung gebracht wird. Doch selbst die Ruinen sind noch überaus sehenswert. Über eine schmale Landzunge und einen Steg geht es auf den mächtigen Felsvorsprung, auf dem die Überreste des Baus stehen. Nicht wundern: An Land befindet sich ein weiterer schlossähnlicher Bau, Camelot Castle, der jedoch sehr viel jüngeren Datums ist (Eröffnung 1899) und als Hotel genutzt wird.

Richard, der Earl of Cornwall (1209–1272), ließ Tintagel Castle um das Jahr 1233 erbauen. Ob es an selber Stelle zuvor schon eine Festung gegeben hat, ist nicht gesichert. Auch wenn bei Ausgrabungen in der Region Münzen und andere Dinge gefunden wurden – Anzeichen für ältere Bauwerke sind rar. Insofern scheint es beihnahe so, als ob die Burg eigens dafür entstand, um dem Mythos von Artus Leben einzuhauen. Viel zu sehen außer ein paar Mauern und einigen kostümierten Mitarbeitern gibt es vielleicht nicht. Doch die Lage und auch der Ausblick sind einzigartig. Im Zentrum befinden sich die Überreste einer Kapelle aus dem 12. Jahrhundert, die bereits vor Tintagle Castle hier stand. Eindrucksvoll ist auch Merlin's Cave, eine Grotte auf Meeresniveau, die bei Ebbe besucht werden kann.

King Arthur's Great Hall

Eigentlich war es einmal der Hauptsitz eines gemeinnützigen Vereins namens Order of the Fel-

AUTORENTIPP!

BUDE UND DER GEHEIMDIENST
Das Seebad Bude (9200 Einwohner) liegt nur wenige Kilometer von der Grenze zu Devon entfernt und doch weitab der üblichen Durchfahrtswege. Entsprechend ruhig ist es in der kleinen Stadt, obwohl sie zu den schönsten Cornwalls gehört. Sehenswert ist Bude Castle, ein Schloss aus dem Jahr 1850, das heute ein Geschichtszentrum beherbergt, wichtigste Attraktion sind aber die Strände. In die Schlagzeilen geriet Bude vor nicht allzu langer Zeit, weil hier der britische Geheimdienst eine Abhörstation betreibt: Aus Unterlagen der Snowdon-Enthüllungen wurde 2014 bekannt, dass offenbar sämtliche Daten eines Überseekabels abgefangen werden. Die Station war auch Teil des Echelon-Programms, mit dem bereits seit den Neunzigerjahren der Telekommunikationsverkehr überprüft wurde.

Bude. 30 km nordöstlich von Tintagel, www.visitbude.info

Mythos zum Anfassen: Thronsaal King Arthur's Great Hall

Oben: Old Post Office
Unten: Eine Darstellung von Excalibur in einem Glasfenster von King Arthur's Great Hall.

lowship of the Knights of the Round Table, später Sitz der örtlichen Freimaurer. Heute hat sich das wuchtige Haus zu einem beliebten Touristenziel entwickelt, da es im Kern über eine Halle verfügt, die die Zeiten König Artus besser kaum darstellen könnte: Neben einem Thron gibt es hier einen runden Tisch und eine ganze Reihe aufwendiger Buntglasfenster mit ritterlichen Szenen. Wer eintritt, wähnt sich um Jahrhunderte zurückversetzt. Dabei ist das Haus noch gar nicht so alt: Der Londoner Industrielle Frederick Thomas Glasscock ließ es 1933 bauen.

Old Post Office

Das alte Farmhaus aus dem 14. Jahrhundert beherbergte im 19. Jahrhundert das örtliche Postamt – weshalb es noch immer unter dem Namen Old Post Office bekannt ist. Teile der damaligen Ausstattung sind erhalten, außerdem sind Möbel aus dem 16. Jahrhundert ausgestellt. Eine Besonderheit ist das leicht gewellte Schieferdach, das in dieser Form selbst für Cornwall selten ist. Das Haus ist eines der wenigen, die noch zur mittelalterlichen Bausubstanz von Tintagel gehören.

Boscastle

Der kleine Hafenort Boscastle (900 Einwohner) sieben Kilometer nordöstlich von Tintagel lohnt einen kurzen Abstecher. Er liegt in einem schmalen Tal der Flüsse Jordan, Valency und Paradise. Im Mittelalter wurde hier primär Schiefer verschifft, inzwischen hat sich der National Trust weiten Teilen des Umlands angenommen und vermietet Ferienhäuser im Ort. Direkt an der Küste steht der Bostcastle Lookout, einst ein Wohnhaus, später Stützpunkt der Küstenwache auf ihrer Jagd nach Schmugglern. Das Museum of Witchcraft in Boscastle gibt Auskunft über allerlei Spuk und Magie.

Infos und Adressen

SEHENSWÜRDIGKEITEN

King Arthur's Great Hall. Eine ritterlich hergerichtete Halle aus dem 20. Jahrhundert Apr.–Okt. tgl. 10–17 Uhr, Fore Street, Tel. 018 40/77 05 26

Old Post Office. Farmhaus aus dem 14. Jahrhundert. Apr.–Sept. 10.30–17.30 Uhr, März/Okt. 11–16 Uhr, Eintritt 3,70 £, Fore Street, Tel. 018 40/77 00 24, www.nationaltrust.org.uk/tintagel-old-post-office

Tintagel Castle. Das sagenumwobene Schloss an der Küste soll der Zeugungsort König Artus sein. Apr.–Sept. tgl. 10–18 Uhr, Okt. tgl. 10–17 Uhr, Nov.–März Sa/So 10–16 Uhr, Eintritt 6,10 £, Castle Road, Tintagel, Tel. 018 40/77 03 28, www.english-heritage.org.uk/daysout/properties/tintagel-castle

ESSEN UND TRINKEN

Port William Inn. Gemütlicher Pub mit Restaurant und Gästezimmern am Strand. Britische Küche. Tgl. 10.30–23 Uhr (So bis 22.30 Uhr), Trebarwith Strand, Tel. 018 40/77 02 30, www.theportwilliam.co.uk

Terrasse des Port William Inn

Camelot Castle Hotel

Boscastle Farm Shop. Bauernhof mit Shop und Café direkt an der Küste. Tgl. 9–17 Uhr, Tresuck Farm, Boscastle, Tel. 018 40/25 08 27, www.boscastlefarmshop.co.uk

ÜBERNACHTEN

Camelot Castle Hotel. Camelot hat hier zwar nie übernachtet, aber ansonsten macht dieses Schloss seinem Namen alle Ehre: ein edles Hotel direkt am Meer. Tintagel, Tel. 018 40/77 02 02, www.camelotcastle.com

Atlantic View Hotel. Einfaches Bed & Breakfast an der Küste. Treknow, Tintagel, Tel. 018 40/77 02 21, www.atlanticviewhotel tintagel.co.uk

AKTIVITÄTEN

Cornish Heritage Safaris. Touren in Kleinstgruppen durch die Umgebung. Tel. 018 40/77 04 13, www.cornishheritagesafaris.co.uk

INFORMATION

Tintagel Visitor Centre. Tgl. 10.30–16 Uhr (im Sommer bis 17 Uhr), Bossiney Road, Tel. 018 40/77 90 84, www.visitboscastleand tintagel.com

18 Fowey

Der Hafen der Porzellanerde

Fowey ist ein idyllischer kleiner Hafenort an der Mündung des gleichnamigen Flusses, der sich zunehmend zu einem qualitativ hochwertigen Touristenziel entwickelt. Die Restaurants sind etwas besser als andernorts, die Geschäfte etwas edler. Gleichwohl ist es die Lage, die Fowey so besonders macht: Die an einen Hang gegossenen Häuser wirken von der Wasserseite aus wie ein Ölgemälde. Für Wanderer ist die Ortschaft eine gute Basis, um die Südküste zu erkunden.

Mitte: Die Fußgängerzone im Herzen von Fowey
Unten: Optisch dominiert die St. Fimbarrus Kirche das Ortsbild noch heute. Vom Hall Walk bekommt man diesen Blick.

Trotz seiner vergleichsweise geringen Größe ist Fowey (2200 Einwohner) über viele Jahrhunderte einer der bedeutendsten Häfen im Süden Cornwalls gewesen. Schon während des 14. Jahrhunderts begann man mit der Uferbebauung und ließ andere Häfen in puncto Umschlag weit hinter sich. Während des 19. Jahrhunderts entwickelte sich Fowey zum wichtigsten Exporthafen für Kaolin, der Porzellanerde, die in der Umgebung von St. Austell und östlich davon abgebaut wurde.

Heute schaukeln im Hafen ein paar Jachten und einige wenige Paddelboote im Wasser. Der große Handelsverkehr ist längst in andere Orte abgewandert – zumal Cornwall seine Bedeutung als Kaolinexporteur verloren hat. Die gedrungenen mittelalterlichen Häuser versprühen aber noch immer das Flair aus alten Hafenzeiten. Gut abgeschirmt von den wetterbedingten Wasserständen des Flusses liegen etwas erhöht die verwinkelten Einkaufsstraßen des Orts, im Wesentlichen Lostwithiel Street und Fore Street. In den alten, überwiegend weiß getünchten Gebäuden reihen sich kleine Läden aneinander, teils individuelle Geschäfte von örtlichen Kaufleuten, aber auch erstaunlich viele Einzelhandelsketten und Banken. Das mag zeigen, dass das kleine Fowey durch den Tourismus inzwischen zu einem nicht unbedeutenden Einzelhandelsstandort geworden ist.

St. Fimbarrus Church

Den Kern des Orts bildet die St. Fimbarrus Church aus dem 6. Jahrhundert. Sie musste 1150, 1328 und 1460 wieder aufgebaut werden, weil sie dreimal von französischen Piraten zerstört und geplündert worden war. Man sieht, was für ein lohnendes Angriffsziel von Seiten des Festlands Fowey in der Vergangenheit war, was jedoch auch auf einheimische Piraten zurückzuführen ist, die ihrerseits vor der Küste Frankreichs auf Beutezug gingen.

Erst im Jahr 1894 wurde die Chor-Sakristei eingebaut. Entsprechend vielfältig ist die Architektur der Kirche, die vom weithin sichtbaren Turm dominiert wird. Im Inneren lohnt unter anderem ein Blick zur von Holzbalken geprägten, geschwungenen Decke. Ihren Namen verdankt die Kirche dem Heiligen Finn Barr, dem ersten Bischof von Cork (550–633), der sie auf einer Pilgerreise nach Rom stiftete.

Direkt hinter der St. Fimbarrus Church befindet sich mit dem Place House ein schlossähnlicher Bau, der ursprünglich aus dem 16. Jahrhundert stammt. Er wurde jedoch zu Beginn des 19. Jahrhunderts ausgiebig umgebaut und erweitert. Das herrschaftliche Anwesen hat nie königliche Weihen erfahren – es ist seit vielen Jahrhunderten und bis heute das Domizil einer Kaufmannssippe. Die Familie Treffry wurde während des Mittelalters durch den Handel mit Zinn, Wolle und Fisch sehr

AUTORENTIPP!

DIE ANDERE FLUSSSEITE

Auf der gegenüberliegenden Seite des River Fowey wird Polruan immer gern vergessen – dabei ist die an einen Hang gebaute Ortschaft ein kleiner Juwel. Die schmalen Gassen schmiegen sich teilweise sehr steil vom Wasser die Küste hinauf, im Hafen schaukeln Boote. Dazu befindet sich an der Mündung des River Fowey mit dem Polruan Blockhouse quasi das Pendent zu St. Catherine's Castle auf der anderen Seite – beide Festungen dienten einst dem Schutz der Flussufer. Das Blockhouse stammt aus dem Ende des 14. Jahrhunderts, ist aber heute nur noch eine Ruine. Eine Fußgängerfähre verbindet Fowey mit Polruan. Wer das Auto mitnehmen möchte, muss einen großen Umweg in Kauf nehmen – die Autofähre verkehrt zwischen dem Norden Foweys und Bodinnick.

Polruan. www.polruan.org.uk, www.ctomsandson.co.uk

Oben: Wer mit Muße das Kommen und Gehen am Fowey River beobachten kann, darf sich glücklich schätzen.
Unten: Das Literary Center ist Gedenkstätte für eine große Literatin und Pilgerort vieler Fans.

wohlhabend. Place House kann nicht besichtigt werden, ist jedoch auch von außen sehenswert.

Fowey Festival

Jedes Jahr gedenkt Fowey seiner berühmtesten Bewohnerin: Daphne du Maurier (1907–1989). In einem einwöchigen Literatur- und Musikfestival, dem Fowey Festival of Words and Music, geht es nicht unbedingt nur um die Autorin, die lange Zeit in und um den Ort gelebt hat – doch ihr Werk hat den Ausschlag für die Initiierung der Veranstaltungsreihe gegeben. Autoren aus ganz England und dem Rest der Welt zieht es in der zweiten Maiwoche dann für Lesungen und andere kulturelle Veranstaltungen nach Fowey. Und die ganze Stadt macht mit, denn es gibt keinen zentralen Austragungsort.

Segeln steht jedes Jahr Mitte August im Fokus. Bei der traditionellen Fowey Royal Regatta wimmelen der River Fowey und die Bucht, in die er mündet, nur so von Segelbooten. Für das leibliche Wohl und mehr ist an Land gesorgt.

Infos und Adressen

SEHENSWÜRDIGKEITEN

St. Fimbarrus Church. Zentrale Kirche des Orts aus dem 15. Jahrhundert. Church Ave, Tel. 017 26/83 30 91, www.foweyparishchurch.org

ESSEN UND TRINKEN

Food for Thought. Gutes Fischrestaurant mit Muscheln & Co. in 1-A-Lage direkt am Hafen. Tgl. 12–15 Uhr und 18–23 Uhr, 4 Town Quay, Tel. 017 26/83 22 21, www.foodforthought.foweyrestaurants.com/

Sam's. Schrilles amerikanisches Diner mit guten Hamburgern. Tgl. 12–23 Uhr, 20 Fore Street, Tel. 017 26/83 22 73, www.samscornwall.co.uk/fowey

The Ship Inn. Traditioneller Pub mit englischer Küche. Tgl. 11–23 Uhr, Trafalgar Square, Tel. 017 26/83 22 30, www.shipinnfowey.com

ÜBERNACHTEN

Artist's House. Kleines, einfaches Bed & Breakfast. 40 Vicarage Meadow, Tel. 017 26/83 36 80, www.artists-house.co.uk

Fowey Hall. Wunderschönes Familienhotel oberhalb von Fowey mit tollem Blick und reichhaltigen Angeboten. Hanson Drive, Tel. 017 26/83 38 66, www.foweyhallhotel.co.uk/de

Bunt wie ein Lutschbonbon: Sam's

Auf der Terrasse des Galeon Inn sitzt man direkt über dem Fowey River.

VERANSTALTUNGEN

Fowey Festival of Words and Music. Literatur- und Musikfest zu Ehren von Daphne du Maurier, meist in der zweiten Maiwoche. www.foweyfestival.com

Fowey Royal Regatta. Jährliches Segelfest Mitte August. www.foweyroyalregatta.co.uk

AKTIVITÄTEN

Fowey Kajak Hire. Kajakverleih für individuelle Touren auf dem River Fowey. The Alcove, 47 Fore Street, Tel. 017 26/83 36 27, www.foweykayakhire.co.uk

Fowey River Trips. Ausflugsfahrten auf dem Fluss. 35 Windmill, Tel. 07 77/614 12 41, www.foweycruise.co.uk

INFORMATION

Fowey Tourist Information Centre. Mo–Sa 9.30–17 Uhr, So 10–16.30 Uhr, Daphne du Maurier Literary Centre, 5 South Street, Fowey, Tel. 017 26/83 36 16, www.fowey.co.uk

Mitte: St. Catherine's Point und dahinter Polruans Festung Blockhouse
Unten: Gutes Schuhwerk sollte bei der Wanderung jeder haben.

19 Gribbin Head Walk
Der South West Coast Path

Westlich von Fowey führt ein besonders schöner Abschnitt des einzigartigen Wanderwegs South West Coast Path die Küste entlang. Der Gribbin Head Walk misst nur sieben Kilometer, der gesamte South West Coast Path bringt es auf über 1000 Kilometer. Letzterer umrundet die Grafschaften Devon und Cornwall und geht bis nach Somerset und Dorset.

Ein guter Startpunkt ist der kleine Parkplatz des National Trust in der Prickly Post Lane westlich der Stadt. Von dort geht es auf einem Weg gut 500 Meter immer in Richtung Osten zur Küste, wo man auf den eigentlichen South West Coast Path stößt. Wer ohne Auto unterwegs ist, kann auch in Fowey loslaufen und einfach der Esplanade und Readymoney Road folgen. Beide Wegvarianten führen zu einer der schönsten Buchten der Umgebung: Readymoney Cove.

Readymoney

Die kleine Bucht mit ihrem erholsamen Strand ist von Bäumen und Teilen einer alten Mauer eingefasst. Oberhalb des Strands steht die weiß gestrichene und mit drei Spitzdächern versehene Readymoney Cottage. In dem Haus lebte die Autorin Daphne du Maurier (1907–1989) zwei Jahre lang mit ihren Kindern zu Beginn der Vierzigerjahre. Damals hatte sie mit »Jamaica Inn« (»Gasthaus Jamaika«), »Rebecca« und »Frenchman's Creek« (»Die Bucht des Franzosen«) bereits mehrere Romane veröffentlicht, »Jamaica Inn« und »Rebecca« waren von Alfred Hitchcock verfilmt worden. Mitte 1943 zog die Autorin wieder um.

Zum Gribbin Head

Ⓐ **Parkplatz des National Trust** – Es ist eine Seltenheit beim Denkmalschutzfonds, dass er einen Parkplatz ohne direkte Sehenswürdigkeit in der Nähe unterhält. Doch dieser dient primär für Wanderer auf dem Gribbin Head Walk – hier ist gewissermaßen der Weg die Sehenswürdigkeit!

Ⓑ **Readymoney Cove** – In dem weißen Haus an der Mündung des River Fowey in den Ärmelkanal hat die Autorin Daphne du Maurier eine zeitlang gewohnt, bevor sie sich in der Umgebung eine neue Bleibe suchte. Der schmale Strand ist noch heute sehenswert, das Haus kann nicht besichtigt werden.

Ⓒ **St. Catherine's Castle** – Altes Fort, das unter Heinrich VIII. zwischen 1538 und 1542 erbaut wurde, um den Hafen von Fowey zu schützen. Heute stehen von ihm nur noch gut erhaltene Ruinen.

Ⓓ **Coombe Haven** – In diesem Bereich gingen früher mit Vorliebe Schmuggler an Land, weil der Teil der Küste wenig überwacht wurde. Heute kommt man eher wegen der schönen Landschaft hierher.

Ⓔ **Polridmouth** – Auch in diesem Haus hat Daphne du Maurier eine zeitlang gelebt. Es wurde in ihrem Roman »Rebecca« verewigt, verfilmt von Alfred Hitchcock. Wobei der Film nicht hier gedreht wurde, sondern in den USA. Die Bucht ist wunderschön und ein guter Ort für eine kurze Rast.

Ⓕ **Gribbin Head** – Der äußerste Punkt des Rundgangs: Seit 1832 steht auf der Landspitze eine markante weiß-rote Bake. Sie soll den Seefahrern zur Orientierung dienen. In einem kleinen Schlenker führt der Weg nun wieder zurück nach Poldimouth. Wenn man dort nicht weiter dem South West Coast Path folgt, sondern den Weg links entlang des kleinen Waldstückchens nimmt, gelangt man zum Parkplatz des National Trust. Etwa 500 Meter entfernt liegt eine weitere Station im Leben du Mauriers: das alte Herrenhaus Menabilly.

AUTORENTIPP!

DER WEISSEN EICHEL FOLGEN
Der Gribbin Head Walk ist nicht der einzige schöne Abschnitt des South West Coast Path: Auf der insgesamt 1014 Kilometer langen Strecke zwischen Poole Harbour in Dorset und Minehead in Somerset – einmal um Cornwall und Devon herum – bieten sich etliche eindrucksvolle Abschnitte, unter anderem an der Südwestspitze Englands oder den Klippen des Exmoors. Der Weg gehörte ursprünglich zur Infrastruktur der Küstenwache, die zwischen den Leuchttürmen pendeln und Schmuggler ausfinding machen sollte. Umgekehrt werden ihn auch die Schmuggler genutzt haben. Nach und nach wurde der South West Coast Path zum längsten durchgängigen Wanderweg Großbritanniens ausgebaut und 1978 schließlich komplett eröffnet. Er ist durchgängig mit dem Symbol einer weißen Eichel gekennzeichnet.

South West Coast Path.
www.southwestcoastpath.com

Das malerische St. Catherine's Castle in Fowey

Auch wenn es in Fowey eine Vereinigung gibt, die sich dem Leben und Werk du Mauriers widmet, kann man Readymoney Cottage bislang nicht besichtigen.

St. Catherine's Castle

Nächster sehenswerter Punkt sind die Überreste des St. Catherine's Castle direkt an der Spitze von Readymoney Cove. Es wurde zwischen 1538 und 1542 gebaut, als König Heinrich VIII. (1491–1547) entlang der ganzen Südküste Befestigungsanlagen errichten ließ, um sein Land vor Invasionen aus Frankreich und Spanien zu schützen. Die Burg war so ausgerichtet, dass sie den Hafen von Fowey vor Angriffen bewahren konnte – wobei die Bezeichnung »Burg« in dem Zusammenhang etwas übertrieben erscheint: St. Catherine's Castle besteht aus einem Unterbau mit Kanonenfenstern und den Überresten eines kleinen Kastells darüber.

Die Küste

Die kleine Bucht Coombe Haven war vor Jahrhunderten eine beliebte Anlegestelle für Schmuggler. Polridmouth ist eine weitere idyllische Bucht, die abermals im Leben der Autorin Daphne du Maurier eine Rolle spielt: In dem steinernen Haus am Strand verbrachte sie so manchen Sommertag und ging mit Vorliebe schwimmen. Heute können Touristen das Cottage mieten.

Ein Stück weiter befindet sich eine markante Seezeichen-Bake. Der rot-weiß gestrichene obeliskähnliche Turm an der Spitze von Gribbin Head dient der Schifffahrt seit 1832 als Orientierung bei Tag, ähnlich einem Leuchtturm bei Nacht. An diesem Punkt geht es in einem Schlenker zurück nach Polridmouth, wo der Gribbin Head Walk zum Parkplatz des National Trust führt.

Infos und Adressen

SEHENSWÜRDIGKEITEN

Gribbin Head. Landspitze mit einer langen See-Bake. Immer zugänglich, kein Eintritt

St. Catherine's Castle. Burgruine am Meer. Immer zugänglich, kein Eintritt, South West Coast Path, Fowey, Tel. 01 17/975 07 00, www.english-heritage.org.uk/daysout/properties/st-catherines-castle

ESSEN UND TRINKEN

The Lifebuoy Café. Kleines Café in Fowey unweit der Route. Tgl. 8–17 Uhr, 8 Lostwithiel Street, Fowey, Tel. 0771/507 58 69, www.thelifebuoycafe.co.uk

Sam's on the Beach. Ein erstklassiges Fischrestaurant direkt am Meer, etwa 2,5 Kilometer entfernt von Gribbin Head. Es liegt nicht auf der Route, lohnt aber den Umweg oder die anschließende Anfahrt mit dem Auto. Tgl. 12–23 Uhr, The Old Lifeboat Station, 14 Polkerris, Par, Tel. 017 26/81 22 55, www.samscornwall.co.uk/on-the-beach/on-the-beach-home/

ÜBERNACHTEN

Coombe Farm. Bed & Breakfast in Seenähe und direkt am Parkplatz des National Trust. Lankelly Lane, Tel. 017 26/83 31 23, www.coombefarmbb.co.uk

Estuary Cottages. Mehrere und ganz unterschiedliche Ferienhäuser und Ferienwohnungen. Tel. 017 26/83 29 65, www.estuarycottages.co.uk

Menabilly Cottages. Großes Anwesen, auf dem eine Reihe von Cottages gemietet werden können, unter anderem Polridmouth. Tel. 017 26/80 81 50, www.menabilly.com

INFORMATION

Fowey Tourist Information Centre. Mo–Sa 9.30–17 Uhr, So 10–16.30 Uhr, Daphne du Maurier Literary Centre, 5 South Street, Fowey, Tel. 017 26/83 36 16, www.fowey.co.uk

Rettungsring für in Koffeinnot geratene Zeitgenossen: The Lifebuoy Cafe

Mitte: Im August ist jeder Quadratmeter Strand von Looe belegt.
Unten: In Looe wird zu Wasser und entlang den Kais promeniert.

20 Looe
Das Fischerdorf

Die Kleinstadt an der Gabelung des East und West Looe River hat sich bis heute ihre Reputation als Fischerdorf erhalten. Noch immer ziehen täglich Fischer in ihren kleinen bunten Booten hinaus aufs Meer, um erstklassigen Fang mit nach Hause zu bringen. Besucher kommen auch wegen der Strände, die seit dem Anschluss Looes an das Eisenbahnnetz im ganzen Land beliebt sind. In früheren Zeiten setzten die Einwohner auf Einnahmequellen ganz anderer Art: Looe war ein Angelpunkt für den Handel mit Neufundland.

In Großbritannien kennt man Looe (5200 Einwohner) seit einigen Jahren vor allem aus den Nachrichtensendungen: Die BBC reist mit Vorliebe hierhin, wenn Devon und Cornwall in den Wintermonaten wieder mal von einer Sturmflut heimgesucht werden. Das Wasser drückt sich dann bis in die Innenstadt, und Reporter stehen in Gummistiefeln vor laufenden Kameras, um im Frühstücksfernsehen zu berichten, dass sie gerade im Wasser stehen. Warum bloß immer Looe? Vermutlich weil es durch seine Lage zu beiden Seiten der Looe River eine eindrucksvolle Kulisse bietet.

Während im Osten des Orts – East Looe genannt – alle wichtigen Geschäfte und Behörden beheimatet sind, ist es auf der Westseite beschaulicher. Vom Kai ziehen sich schmale Gassen ins Landesinnere, in denen sich kleine Geschäfte tummeln. Haupteinkaufstraße ist die Fore Street mit den üblichen Filialen der High-Street-Einzelhandelsketten; sie beginnt an der Brücke über den Fluss, die beide Ortsteile verbindet.

Parallel verlaufen die Kais von Looe, wo sich den ganzen Tag über die Fischerkörbe stapeln und zu manchen Tageszeiten Boote im Wasser schaukeln. Flussabwärts, jenseits der Looe-Brücke, endet eine der kürzesten Linienverbindungen der britischen Eisenbahn: Die Looe Valley Line von First Great Western ist nur 14 Kilometer lang, und bindet den Ort in Liskeard an die Hauptstrecke nach Plymouth an.

Fischerei

Die Fischindustrie mag längst vom Tourismus als wichtigster Einnahmequelle verdrängt worden sein. Doch es gibt sie noch. Um die 60 Fischer ziehen jeden Tag von Looe aus aufs offene Meer, um auf Fang zu gehen. Vor allem Makrelen sind es, die an Land gebracht werden. Außerdem ist Looe der wichtigste Hafen im Südwesten für – Haifisch. Entsprechend viele Fish-&-Chips-Läden haben sich am Wasser angesiedelt. Der fettige und mit Malzessig beträpfelte Imbiss mag nicht jedermanns Sache sein, doch so frisch wie hier bekommt man ihn selten.

Old Guildhall Museum

Unweit des Flusses ist in einem Gebäude aus dem 15. Jahrhundert das Heimatmuseum untergebracht. Durch seine Holzbalkenkonstruktion ist das Haus eines der ungewöhnlichsten von Looe und war ursprünglich Sitz des Gerichts, das praktischerweise gleich einige Haftzellen anschloss. Wie in den meisten Heimatmuseen Englands enthält die Ausstellung einen Mix aus örtlicher Geschichte, maritimer Vergangenheit und mahnendem Andenken an den Zweiten Weltkrieg. An einem Tag bombardierten die Deutschen das beschauliche Looe Island – wohl, weil sie es aus der Luft für ein Schiff hielten. In der sehr hübschen

AUTORENTIPP!

EINE INSEL MIT LANGER GESCHICHTE

Die kleine Insel vor der Mündung der beiden Looe River hatte schon viele Namen: Ursprünglich nannte man sie St. Michael's Island, dann St. George's Island – heute heißt sie schlicht Looe Island. Während der Eisenzeit soll sie besiedelt worden sein, die Römer haben sie genutzt, um Zinn abzubauen. Lange Zeit war Looe Island in Privatbesitz, bis sie schließlich der Cornwall Wildlife Trust vermacht bekam. Der ernannte die Insel zum Naturschutzgebiet und lässt Besucher deswegen nur zu ausgesuchten Zeiten während der Sommermonate zu. Eine Überfahrt ist reizvoll, da hier meist absolute Ruhe herrscht und man die üppige Flora und Fauna auf einem ausgeschilderten Pfad erkunden kann.

Looe Island. Nur per Boot erreichbar, März–Sept., Überfahrt und Eintritt 10 £, gezeitenabhängig, Tel. 078 14/26 45 14, www.cornwallwildlifetrust.org.uk

Oben: Polperros Tourismus lebt von solchen Bildern.
Unten: Die Fore Street ist die Hauptschlagader des Lebens in Polperro.

Higher Market Street reihen sich weitere Geschäfte aneinander, insofern kann ein Abstecher zum Old Guildhall Museum nicht schaden.

Polperro

Der kleine Ort drei Buchten weiter in Richtung Westen ist deutlich beschaulicher als Looe, das durch seine vielen Geschäfte jede Menge Menschen aus der Region anzieht. Auch Polperro war einst ein Fischer- und Schmugglerhafen, doch auch hier sind es nun eher die Touristen, die zum Wirtschaftsfaktor geworden sind. Wer sein Auto (was ratsam ist) am Ortseingang stehen lässt, kann mit dem Village Horse Bus zum Hafen fahren – und wird sehen, dass es sich beim Horse Bus tatsächlich um eine Pferdekutsche handelt.

Die schmalen Gassen sind reizvoll, sehenswert ist das kleine Museum of Smuggling and Fishing, das einiges über die Schmugglervergangenheit Polperros preisgibt. Ganz wichtig: Da der Ort sehr stark von Tagesbesuchern frequentiert wird, hat man mehr von ihm, wenn man in der Nebensaison oder gegen Abend kommt.

Infos und Adressen

SEHENSWÜRDIGKEITEN

Old Guildhall Museum. Heimatmuseum von Looe. Apr.–Okt. tgl. 11–16 Uhr, Eintritt 1,80 £, Higher Market Street, Tel. 015 03/26 37 09, www.eastlooetowntrust.co.uk

Polperro Museum of Smuggling and Fishing. Das Museum im Nachbarort Polperro gibt Auskunft über die Geschichte der Region als Standort von Schmugglern. Apr.–Okt. tgl. 10.30–16.30 Uhr, Eintritt 2 £, The Warren, Polperro Harbour, Tel. 015 03/27 30 05, www.heritagepress.polperro.org/museum.html

ESSEN UND TRINKEN

The Blue Peter Inn. Uriger Pub am Hafen von Polperro. Tgl. 11.30–23 Uhr, So ab 11 Uhr. Quay Road, Polperro, Tel. 015 03/27 27 43, www.thebluepeterinn.yolasite.com

The Kitchenside Bakery. Hübsche kleine Teestube mit Bäckerei. Leckere Scones! Di–So 10.30–16 Uhr, Bay House, Higher Market Street, Tel. 015 03/26 34 38

Pasty von Sarah. Auch gut für den Strand.

Wahres Glück. Ich komm gleich nach.

ÜBERNACHTEN

Fieldhead Hotel. Hübsches, einfaches Hotel am Meer. Portuan Road, Tel. 015 03/26 26 89, www.fieldheadhotel.co.uk

Hannafore Point Hotel. Großes Hotel am Meer im traditionellen englischen Stil. Marine Drive, Tel. 015 03/26 32 73, www.hannaforepointhotel.com

EINKAUFEN

Sarah's Pasty Shop. Leckere Cornish Pasties aus eigener Herstellung. Mo–Sa 9–16 Uhr, Juli/Aug. auch So 10–16 Uhr. 2 Buller Street, Tel. 015 03/26 39 73, sarahspastyshop.com

Purely Cornish Farm Shop. Ein Lebensmittelgeschäft mit Produkten aus Cornwall. 18 Fore Street, Tel. 015 03/26 26 80, www.purelycornish.co.uk

INFORMATION

Looe Tourist Information Centre. Apr.–Sept. tgl. 10–17 Uhr, Fore Street, Tel. 015 03/26 20 72, www.visit-southeastcornwall.co.uk

21 Liskeard
Die Kupferstadt

Die Pike Street wirkt an einem Nichtmarkttag wie ausgestorben. Rechts die Guildhall

Die kleine Marktstadt am südlichen Ende des Bodmin Moors hat für die Menschen der Umgebung eine weitaus größere Bedeutung als für den Tourismus. Aber gerade dies macht sie zu einem interessanten Ziel abseits der üblichen Besucherattraktionen. Die Innenstadt verfügt über einen hübschen Einzelhandelsbereich. Außerdem enden vor Liskeard zwei wichtige Verkehrsverbindungen vergangener Tage: Der Liskeard and Looe Union Canal und die parallel dazu verlaufende Eisenbahnstrecke nach Looe durch das landschaftlich schöne Looe Valley.

Die zum Teil repräsentative Architektur im Zentrum von Liskeard (9000 Einwohner) hat historische Gründe: Die Stadt war im 18. und 19. Jahrhundert – wie so viele andere im Südwesten Englands – durch den Kupferbergbau zu beachtlichem Reichtum gekommen. Georgianische Häuserfassaden säumen deswegen noch heute viele Straßen, dazwischen die kleineren Behausungen der Handwerker aus noch früheren Zeiten. Denn Liskeards Vergangenheit lässt sich bis zum Jahr 1240 zurückverfolgen, als der Ort die Erlaubnis erhielt, einen Markt abzuhalten. Damit entwickelte er sich zu einem merkantilen Zentrum der ganzen Region. Den Viehmarkt gibt es bis heute: Immer dienstags ist er in den ganz gewöhnlichen Wochenmarkt der Innenstadt integriert.

Vielleicht gerade weil Liskeard nicht als der touristische Höhepunkt Cornwalls gilt, wirkt die Stadt sehr authentisch. Die meisten Läden befinden sich zwischen Pike Street und Cannon Hill. Wobei man nicht gerade die jüngsten Modetrends und angesagtesten Marken in den Schaufenstern erwarten sollte: Viele Geschäfte sind inhabergeführt und recht bodenständig.

Sehenswert, wenngleich nicht zugänglich, sind die von einem Uhrturm geprägte Guildhall (1858) in der Fore Street und die Public Hall (1890) in der West Street, heute ein Veranstaltungszentrum. Das prominente Webb's House (1833) am Barras Place beherbergte ursprünglich das erste Hotel am Platze, das von zahlreichen Politikern und anderen Berühmtheiten aufgesucht wurde. Inzwischen ist es ein Bürohaus und Heimat der örtlichen Wochenzeitung »The Cornish Times«.

Liskeard Museum

Wer sich über die Bergbauvergangenheit Liskeards informieren möchte, hat mit dem örtlichen Museum eine gute Adresse. Es ist im Gebäude einer früheren Bank in der Innenstadt untergebracht und dokumentiert anhand von Karten, alten Fotografien und Modellen den Aufstieg einer ganzen Region um Zentrum des Kupferbergbaus. Prähistorische Funde und Relikte aus dem Englischen Bürgerkrieg (1642–1649) beleuchten auch andere historische Fixpunkte der Stadt.

Stuart House

Das mittelalterliche, mit Schieferplatten verkleidete Gebäude in der Barras Street ist ein Zentrum lokale Künstler und wird von einer Stiftung unterhalten. Mit regelmäßigen Kunst- und Kunsthandwerkausstellungen gibt diese Kostproben ihres Tuns und Wirkens, außerdem erinnert eine Dauerausstellung an einen berühmten Übernachtungsgast: Es war König Karl I. (1600–1649) höchstpersönlich, der 1644 hier schlief. Er hielt sich in

AUTORENTIPP!

DIE ALE-RAILWAY

Die gut 13 Kilometer lange Bahnstrecke zwischen Liskeard und Looe führt durch eine malerische Landschaft, die auch etliche Möglichkeiten für Wanderungen bietet. Die Züge fahren entlang des alten Liskeard-und-Looe-Union-Kanals, den sie von 1860 an als Gütertransportweg ersetzt haben. Heute ist die Looe Valley Railway Line nur noch eine Stichstrecke für den Personenverkehr und ermöglicht in Liskeard das Umsteigen auf die Hauptverbindung nach Plymouth. Eine Fahrt dauert rund 30 Minuten. Wer noch einen anderen Anreiz zum Bahnfahren benötigt, kann sich auch einfach an den Looe Valley Ale Trail halten – der passiert diverse Pubs, die allesamt frisches Ale ausschenken.

Looe Valley Railway Line. Tgl. ca. einmal pro Stunde, pro Strecke 4 £, www.firstgreatwestern.co.uk, www.railaletrail.com/looemap.htm

Barras Place ist der Hauptplatz Liskeards.

Oben: Und bis in alle Ewigkeit: Trethevy Quoit
Unten: Einfach simpel: die Schieferfassade des Stuart House

Cornwall während des Englischen Bürgerkriegs auf. Daher auch der Name Stuart House – die Stuarts waren zu jener Zeit die über Großbritannien herrschende Dynastie.

Trethevy Quoit

Der rund 5500 Jahre alte Dolmen liegt bei St. Clear fünf Kilometer nördlich von Liskeard. Fünf große Steine sind bedeckt von einer schräg liegenden Steinplatte. Sie wiegt um die 20 Tonnen, was einiges darüber aussagt, wie geschickt Konstrukteure zu damaliger Zeit gewesen sein mussten. Ursprünglich wurde der Dolmen mutmaßlich mit sechs tragenden Steinen gebaut, einer liegt zerbrochen im Inneren. Das wiederum lässt vermuten, dass die Steinplatte ein vergleichsweise gerades Dach bildete. Forscher gehen davon aus, dass das Grab wie üblich von einem Erdhügel aus sechs Meter Durchmesser bedeckt war, der aber im Laufe der Jahrtausende erodiert ist.

In diesem Teil Cornwalls ist Trethevy Quoit eines von mehreren Relikten aus der Jungsteinzeit. Zugleich gilt es als eines der ältesten Bauwerke im Südwesten Englands. Einwohner nennen den Dolmen »Haus des Giganten«.

Infos und Adressen

SEHENSWÜRDIGKEITEN

Liskeard Museum. Das Museum gibt Aufschluss über die Bergbauvergangenheit des Orts. Mo–Fr 11–16 Uhr, Sa 11–13.30 Uhr, Eintritt frei, Foresters Hall, 1 Pike Street, Tel. 015 79/34 60 87, www.liskeardmuseum.org

Stuart House. Mittelalterliches Gebäude, das heute ein Kulturzentrum beinhaltet. Mo–Fr 9.30–15.30, Sa 9.30–12.30 Uhr, Eintritt frei, Barras Street, Tel. 015 79/34 73 47, www.stuarthouse.org.uk

Trethevy Quoit. Dolmen nörlich von Liskeard. Tgl. geöffnet, Eintritt frei, B 3254, St. Clear, www.english-heritage.org.uk/daysout/properties/trethevy-quoit/

ESSEN UND TRINKEN

Everest Tandoori. Restaurant mit indischen Gerichten. Tgl. 12–23 Uhr, Webbs House, Pike Street, Tel. 015 79/34 30 13

Hauseingang in der Barras Street

Über den Dächern von Liskard

The Crows Nest Inn. Uriger Pub direkt am Wasser in einem Haus aus dem 16. Jahrhundert. Di–So 12–23 Uhr, Darite, Tel. 015 79/34 59 30, www.staustellbrewery.co.uk/pubs

ÜBERNACHTEN

Pencubbit Country Guest House. Wunderschöne Pension im Grünen mit geschmackvollen Zimmern. Lamellion Cross, Tel. 015 79/34 26 94, www.pencubitt.com

Premier Inn. Tolles Budget-Hotel etwas außerhalb, sehr sauber um komfortabel. Liskeard Retail Park, Haviland Road, Tel. 08 71/527 86 08, www.premierinn.com/en/hotel/LISBAR/liskeard

EINKAUFEN

Trago Mills. Eigentlich nur ein Markt mit Alltagsgegenständen und vielen Produkten aus Cornwall – aber in traumhafter Lage zwischen Liskeard und Bodmin. Twowatersfoot, Liskeard, Tel. 015 79/34 88 77, www.trago.co.uk

INFORMATION

Liskeard Information Centre. Mo–Fr 10.30–16 Uhr, Sa 10.30–13.30 Uhr, Foresters Hall, Pike Street, Tel. 015 79/34 91 48, www.visitliskeard.co.uk

Durch diesen Torbogen schritten schon unter den Normannen Burgbesucher.

22 Launceston

Die ehemalige Hauptstadt

Bis 1835 war Launceston die Hauptstadt Cornwalls, bevor dieser Status an Bodmin auf der anderen Seite des Bodmin Moors überging. Doch die ganze Architektur der Stadt wirkt heute noch ähnlich repräsentativ wie es damals ihre Bestimmung war. Inzwischen lebt Launceston von seiner Lage am Tamar-Tal, das bei Wanderern sehr beliebt ist. Der Fluss Tamar formt über weite Strecken die Grenze zwischen Cornwall und Devon.

Wie manch anderer britische Ort hat auch Launceston (7000 Einwohner) einen ungewöhnlich auszusprechenden Namen: Die Einwohner nennen die Kleinstadt an der Grenze zu Devon nämlich kurz »Launson« oder auch »Launston«. Das wissen mitunter nicht mal Briten aus anderen Teilen des Landes, denn die frühere Hauptstadt Cornwalls spielt heute längst eine eher untergeordnete Rolle – wie viele Orte in der südwestlichen Grafschaft. Über Bodmin gingen die Hauptstadtrechte nach Truro über, und heute haben die Einwohner ihre einst bevorzugte Rolle längst vergessen.

MAL EHRLICH

TAMAR OTTER AND WILDLIFE CENTRE

Die Natur in und um das Tamar-Tal ist wirklich schön, und dazu gehören natürlich auch Tiere. Das eher provisorisch aufgezogene Tamar Otter and Wildelife Centre widmet sich in aller Ausführlichkeit den kleineren unter ihnen, für ruheliebende Wanderer bietet es hingegen wenig Reize. Wer also nicht an Otter & Co. wirklich interessiert ist, kann sich einen Besuch getrost sparen.

Gleichwohl ist die Stadt nach wie vor sehr hübsch: Rund um die alte Burg Launceston Castle hatte sich einst das Zentrum entwickelt, und noch heute thront die Ruine des normannischen Bauwerks majestätisch über allem. Das führte zu einer nicht unbedeutenden Rolle während des Englischen Bürgerkriegs (1642–1649). Damals galt Launceston als eine Hochburg der Royalisten.

Während des Mittelalters war Launceston die einzige Stadt Cornwalls, die von einer Stadtmauer eingefasst war – was ihre frühere Bedeutung unterstreicht. Von den drei Stadttoren ist nur noch der Southgate Arch erhalten, das Südtor. Von ihm aus erstreckt sich in Richtung Norden und Westen die kleine Innenstadt mit ihren schmalen, geschwungenen Straßen und vielen inhabergeführten Läden. Der Name Launceston stammt übrigens vom kornischen Lannstevan, was so viel bedeutet wie die Kirchenanlage von St. Stephen. Gemeint ist ein Kloster, das sich vor Jahrhunderten im Nordwesten des heutigen Stadtgebiets befand. Der Straßenname St. Stephen's Hill erinnert noch daran. Die Burg und die sie umgebenden Gebäude wurden damals Dunheved genannt. Erst später entwickelte sich hier das heutige Stadtzentrum.

St. Mary Magdalene Church

Das schöne Gebäude der St. Mary Magdalene Church in der Church Street ist wegen seiner aus Granit geschlagenen Fassade sehenswert und für britische Verhältnisse ungewöhnlich. Der Turm mit seiner achteckigen Uhr aus dem späten 13. Jahrhundert gehört zu den ältesten Teilen der Kirche und stammt noch von einem Vorgängerbau. Um ihn herum entstand zwischen 1511 und 1540 das neue Kirchengebäude. An der Ostseite ist eine Figur der namensgebenden Maria Magdalena zu sehen.

AUTORENTIPP!

IM BALLON ÜBER CORNWALL

Ballonfahren ist in Großbritannien ein beliebter Zeitvertreib – unter anderem, da aus dem Südwesten des Landes viele der in Europa genutzten Heißluftballone stammen. Eine Fahrt ist mit rund 100 Pfund zwar nicht gerade ein günstiges Vergnügen, aber in jedem Fall eines mit bleibenden Erinnerungen. Von Launceston aus werden Touren angeboten, bei denen man je nach Fahrtrichtung bis ins Dartmoor und ins Bodmin-Moor blicken kann. Die Stille so weit oben wird nur ab und zu vom Geräusch des Gasbrenners unterbrochen, der die Luft im Ballon für den Aufstieg anheizt. Da diese Fahrten oft ausgebucht sind und vor allem wetterabhängig, sollten sie dringend rechtzeitig vor der Anreise online gebucht werden.

Aerosaurus Balloons. Homeleigh Garden Centre, Dutson, Tel. 015 66/77 31 47, www.ballooning.co.uk

Detail der fein gearbeiteten Fassade der St. Mary Magdalene Kirche

AUTORENTIPP!

EIN PARK MIT BERGBAU-TRADITION

Der gut 150 Hektar große Park Kit Hill liegt in einer der imposantesten Ecken Ost-Cornwalls. Die Heidelandschaft war früher vom Bergbau geprägt, was die Ruinen South Kit Hill Mine sowie Summit Stack erklärt. Die hier einst arbeitenden Dampfmaschinen pumpten das Wasser aus den Schächten. Die Minen sind längst geschlossen, und das ganze Gebiet ist unter den Schutz der UNESCO gestellt. Eindrucksvoll ist der Ausblick von den höher gelegenen Punkten, der bei gutem Wetter bis ins Exmoor und ins Bodmin Moor reicht, beispielsweise rund um den Steinbruch, aus dem über viele Jahre Granit gewonnen wurde. Erkunden sollte man Kit Hill am besten zu Fuß – die Wanderwege bieten sich ideal dafür an.

Kit Hill. A 388, 20 Kilometer südlich von Launceston. www.cornwall.gov.uk

Launceston Castle

Die normannische Burg ist zwar heute nur noch eine Ruine – doch hoch auf einem Hügel gelegen dominiert sie die Stadt noch immer. Der breite runde Turm stammt aus dem 13. Jahrhundert und wurde im Auftrag von Richard, dem Earl of Cornwall (1209–1272), erbaut. Auf einer kleinen Treppe kann er erklommen werden, oben bietet sich ein wunderbarer Ausblick auf die Stadt.

Teile der Burg stammen aber noch aus deutlich früheren Zeiten, zurückverfolgen lässt sich ihre Geschichte bis ins Jahr 1067. Eine Ausstellung hat die lokalen Gegebenheiten der vergangenen 1000 Jahre aufgearbeitet. Innerhalb dieses Zeitraums wurde die Festung immer wieder auch als Gefängnis genutzt, doch Mitte des 19. Jahrhundert riss man eine nachträglich angebaute Haftanstalt ab und funktionierte das Gelände als Park um.

Auch in der jüngeren Geschichte spielte Launceston Castle noch eine bedeutende Rolle: Prince Charles wurde hier 1973 zum Duke of Cornwall ernannt. Was einiges über (marode) royale Bräuche aussagt – zumal auch seine Berufung zum Prince of Wales 1969 in einem nicht mehr vollständig erhaltenen Schloss stattfand, in Caernarfon in Nord-Wales.

Lawrence House

Das 1753 im Georgianischen Stil errichtete Gebäude beinhaltet heute ein Museum, das sich mit wichtigen Etappen der Stadtentwicklung auseinandersetzt. Interessant ist die Verbindung Laucestons zu Australien: Im Jahr 1787 segelte Philip Gidley King (1758–1808) aus dem Ort als Leutnant der »HMS Sirius« mit der ersten Häftlings-

flotte dorthin zu dem Zweck, den gerade für sich beanspruchten Kontinent zu besiedeln. King wurde später der dritte Gouverneur von New South Wales. Ein Raum des Museums erinnert an ihn genauso wie an die Schwesterstadt Launceston auf der australischen Insel Tasmanien. Nachdem die Briten Australien zunehmend besiedelt hatten, nutzten sie in Erinnerung an ihre Heimat häufig dieselben Ortsnamen. Lawrence House steht in der Castle Street, deren Gebäude zu den schönsten der Stadt gehören, und ist schon deswegen einen Besuch wert.

Launceston Steam Railway

Die Museumsbahn wird mit alten Dampflokomotiven betrieben und führt auf einer rund vier Kilometer langen Strecke durch die rundum grüne Landschaft vor Launceston bis nach Newmills. Genutzt werden die Gleise der früheren North Cornwall Railway, einer Bahn zwischen Helwill und Padstow, die in den Sechzigerjahren aus Kostengründen stillgelegt wurde. Seit 1983 fahren die Museumsloks – auf einer immer weiter instand gesetzten Strecke, wenngleich im regelmäßigen Takt nur während der Hochsaison im Sommer. Ein weiterer Ausbau der Strecke ist geplant. Der heutige Bahnhof befindet sich in der Thomas Road im Norden der Innenstadt – unweit vom früheren

Oben: In Launcestons Altstadt geht es gemächlich zu.
Unten: Ganz die Normannen. Burgruine Launceston

Oben: Die Elemente im ständigen Spiel: Blick von Kit Hill nach Nordwesten
Mitte: Blick über das Tamar Valley
Unten: Calstock ist Ausgangspunkt von Kanutouren auf dem Tamar

Haltepunkt, der jedoch inzwischen zu einer Industriefläche umgewandelt wurde.

Tamar Valley

Kenner unter den britischen Outdoor-Fans packen an den Wochenenden ihr Mountainbike ins Auto oder in den Zug und fahren ins Tamar Valley – während sich die anderen Wochenendbesucher im Stau auf den Hauptstraßen weiter in den Südwesten Cornwalls quälen. Das Tal des Grenzflusses zwischen Devon und Cornwall ist so etwas wie der Geheimtipp unter den Naturfreunden. Wanderwege und Radstrecken führen durch abwechslungsreiche Landschaften, dazu gibt es vielerorts die Möglichkeit für Kanufahrten, Reitausflüge oder zum Fischen.

Höhepunkt in jeder Hinsicht ist das Calstock Viadukt nahe dem gleichnamigen Ort im Süden des Tamar Valley. Die Brücke führt eine Eisenbahnlinie in fast 37 Meter Höhe über das Tal. Die Landschaft ist geprägt von Bäumen, grünen Wiesen und allerlei für Cornwall typischen Blumen. Kaum zu glauben, dass auch diese Region – wie so viele im Südwesten – einst eine reine Bergbaugegend war. Deswegen gehört das Tamar Valley auch zu jenem Gebiet, das die UNESCO als historischen Minenstandort unter besonderen Schutz gestellt hat.

Infos und Adressen

SEHENSWÜRDIGKEITEN

Launceston Castle. Burg aus dem 13. Jahrhundert. Apr.–Sept. tgl. 10–18 Uhr, Okt. tgl. 10–17 Uhr, Eintritt 3,70 £, Castle Lodge, Tel. 08 70/333 11 81, www.english-heritage.org.uk/daysout/properties/launceston-castle

Lawrence House. Georgianisches Stadthaus, das einiges über das herrschaftliche Leben früherer Zeiten aufzeigt. Apr.–Okt. Mo–Fr 10.30–16.30 Uhr, Eintritt frei, 9 Castle Street, Tel. 015 66/77 32 77, www.nationaltrust.org.uk/lawrence-house/

St. Mary Magdalen Church. Mo–Sa 9–16 Uhr, Church Street

ESSEN UND TRINKEN

Eliot Arms. Uriger alter Pub mit englischer Küche. Mo–Sa 11.30–23 Uhr, So 12–22.30 Uhr, East Park, Tregadillett, Tel. 015 66/77 20 51

Jericho's. Brasserie mit einfachen Gerichten zwischen Burger und Salat. Mo–Sa 9–17 Uhr, So 10–16 Uhr. 4 Northgate Street, Tel. 015 66/77 00 80, www.jerichos-brasserie.co.uk

Wohnzimmer im Lawrence House

Das Eagle House Hotel

ÜBERNACHTEN

Eagle House Hotel. Etwas plüschiges Hotel in einem schönen Gebäude. Castle Street, Tel. 015 66/77 44 88, www.eaglehouselaunceston.co.uk

Beechgrove. Sehr komfortables Bed & Breakfast mit modernen Zimmern. 47 A Dunheved Road, Tel. 015 66/77 94 55, www.beechgrovecornwall.co.uk

EINKAUFEN

Butter Market. Großer Markt in der Innenstadt mit lokalen Produkten am ersten Samstag im Monat, 9–15 Uhr, Town Square

AKTIVITÄTEN

Launceston Steam Railway. Juli–Sept. tgl. außer samstags, Apr.–Juni unregelmäßig, Rundfahrt 9,50 £, St. Thomas Road, Tel. 015 66/77 56 65, www.launcestonsr.co.uk

INFORMATION

Launceston Tourist Information. Mo–Fr 9–17 Uhr, Sa 10–16 Uhr, White Hart Arcade, Broad Street, Tel. 015 66/77 23 21, www.visitlaunceston.co.uk

Tamar Valley Tourism. Tel. 015 79/37 08 35, www.welovethetamarvalley.co.uk

DEVONS SÜDKÜSTE

Vorangehende Doppelseite: Barbican in Plymouth
Mitte: »Well connected«: Im Hafen des Royal Williams Yard legen auch die Fährschiffe vom Barbican an.
Unten: Coole Restaurierungsobjekte: Fischerhäuser entlang der Cremyll Street

23 Plymouth
Die Stadt der Seefahrt

Die größte Stadt Devons ist zugleich die letzte auf dem Weg nach Cornwall: Plymouth im äußersten Südwesten der Grafschaft gilt als heimliche Hauptstadt – auch wenn eigentlich Exeter diese Aufgabe zukommt. Die Stadt war maßgeblich an der Entwicklung Englands zu einer Nation von Seefahrern beteiligt: Bis heute ist sie Heimat des größten Marinestützpunktes Großbritanniens und sogar Westeuropas.

Es ist für Neuankömmlinge mitunter nicht ganz einfach, einen Draht zu Plymouth (260 000 Einwohner) zu finden: Wer mit der Bahn anreist, sieht sich zunächst der eher trostlos anmutenden Innenstadt mit ihrem Sammelsurium aus Einzelhandelsketten gegenüber. Plymouth war in den Fünfzigerjahren die erste britische Stadt, in der eine Fußgängerzone eingerichtet wurde. Entsprechend »oll« mutet diese inzwischen an.

Man muss sich schon zum Wasser aufmachen, um das wahre Plymouth zu entdecken, jenes, das

MAL EHRLICH

PLYMOUTH INNENSTADT

Es gibt Städte, die durch ihre historische oder hochmoderne Innenstadt bestechen – Plymouth gehört nicht gerade dazu. Das Zentrum wurde nach dem Krieg mehr als lieblos wieder aufgebaut und versprüht einen ähnlichen Charme wie die Siebzigerjahre-Betonsiedlungen, die zur selben Zeit überall in Europa entstanden. So viel man sich in Plymouth auch ansehen kann: Auf einen Bummel durch die Innenstadt können Sie getrost verzichten.

noch immer einen Hauch von Seefahrtgeschichte atmet. Denn nicht nur die britische Marine ist hier seit Langem ansässig – auch zahlreiche große Seefahrer brachen von dieser Stadt auf, um ferne Länder zu erkunden. Am bekanntesten dürfte Sir Francis Drake (1540–1596) sein, der 1577 von Plymouth zu seiner Weltumseglung startete. Auch James Cook (1728–1779) und Charles Darwin (1809–1882) stachen hier in See, und im Jahr 1588 zog die Marine in den Kampf gegen die spanische Armada.

Barbican und Sutton Harbour

Das historische Hafenviertel ist die mit Abstand schönste Ecke in Plymouth, wo die kleinen Häuser mit ihren Butzenfenstern den Charme der alten Stadt am Meer versprühen. Mehr als 100 dieser Gebäude stehen unter Denkmalschutz. Die Kais entlang der vergleichsweise flachen Lagerhäuser sind bis heute über und über mit Schiffen belegt – wenn inzwischen auch eher mit kleinen Jachten als mit großen Handelsschiffen.

Das Viertel bietet sich an, um durch die schmalen Straßen zu bummeln oder am Sutton Habour auf einen Kaffee oder ein Pint Bier einzukehren. Zum Beispiel im China House – das Gebäude am Wasser beherbergt inzwischen ein Restaurant, doch im 18. Jahrhundert begann hier die erste Porzellanproduktion Englands. Auf der anderen Seite des Hafens kann man im Elizabethan House der großen Seefahrttradition nachspüren. Das Wohnhaus eines Kapitäns ist mit Möbeln aus dem 16. und 17. Jahrhundert eingerichtet und verfügt über eine beachtenswerte Treppe.

Eine andere Treppe erinnert ebenfalls an vergangene Zeiten: Die Mayflower Steps zeugen von der Phase der Auswanderung nach Amerika und Aus-

AUTORENTIPP!

PLYMOUTH GIN

In Großbritannien war er das immer, doch auch im Rest Europas ist Gin in den vergangenen Jahren wieder zum absoluten Modegetränk geworden. Die kleine Black Friars Distillery im Barbican-Viertel von Plymouth stellt mit dem Plymouth Gin eine vielfach beliebte Sorte her. Einst war das Gebäude ein Kloster, doch bereits seit 1793 wird an dieser Stelle Gin destilliert. Besucher können die Produktionsstätte besichtigen, wobei sich aufgrund der Nachfrage eine rechtzeitige Buchung via Internet empfiehlt. Der kleine Betrieb täuscht übrigens wie bei so vielen Spirituosenproduzenten: Plymouth Gin gehört längst zu einem internationalen Konzern, der V&S Group, die auch den Absolut-Wodka produziert.

Black Friars Distillery. Mo–Sa 10–17 Uhr, So 11–16.30 Uhr, Eintritt 7 £, 60 Southside Street, The Barbican, Tel. 017 52/66 52 92, www.plymouthgin.com

Oben: Smeaton's Tower auf den Klippen der Hoe
Unten: Fußgänger auf der Southside Street

tralien. Viele Briten sind am Hafen auf der Suche nach einem besseren Leben auf das gleichnamige Schiff gestiegen.

Abends entfaltet das Barbican-Viertel übrigens seinen ganzen Charme: Ein Kneipenzug durch die vielen kleinen Pubs ist die perfekte Art, um das ursprüngliche Plymouth kennenzulernen.

Plymouth Hoe

Unweit des Barbican-Viertels tut sich mit dem Plymouth Hoe ein Kontrast auf, wie er größer nicht sein könnte: Auf der Anhöhe oberhalb der Klippen ist ein großer Park entstanden, in dem mitten in der Stadt ein echter Leuchtturm steht. Der Smeaton's Tower von 1759 ist ein weithin sichtbares Wahrzeichen geworden. Eigentlich stand er bis 1877 vor der Südküste Cornwalls – dort, wo heute der Eddystone-Leuchtturm seinen Dienst tut. Nach dem Abbau brachte man ihn nach Plymouth, wo er nun an seinen Konstrukteur John Smeaton erinnert. Zur Hauptferienzeit können Besucher die 93 Stufen erklimmen. Die Aussicht ist freilich vom Park selbst schon sehr schön. Eine Statue erinnert an Sir Francis Drake – sie ist eine Kopie jener, die in seiner Geburtsstadt Tavistock steht. Auf dem großen Platz werden mehrfach im Jahr Marineparaden und Open-Air-Konzerte abgehalten.

Wer aufs Meer blickt, erkennt unweit der Küste einen großen Flecken: Drake's Island, früher St. Nicolas Island, ist eine 2,6 Hektar große Insel in der Bucht vor Plymouth. Für Besucher ist sie leider tabu: Über viele Jahre gehörte sie dem Verteidigungsministerium, nach dem Zweiten Weltkrieg nutzte sie die Stadt für Jugendfreizeiten. Derzeit gibt es Pläne, Drake's Island mit Wohnungen und einem Hotel zu bebauen.

Rundgang durch Plymouth

Der Rundgang führt durch die historisch bedeutsamen Teile von Plymouth. Startpunkt ist der Hafen – von hier aus entwickelte sich die Stadt zu einem der großen britischen Zentren der Seefahrt.

A The China House – In die einstige Porzellanmanufaktur ist inzwischen ein Restaurant eingezogen. Beginnen Sie den Rundgang auf dieser Seite des Hafens.

B National Marine Aquarium – Es ist das größte Aquarium Großbritanniens mit vielen einheimischen und exotischen Fischen. Empfehlenswert nicht nur bei Regenwetter!

C The Barbican – Das alte Hafenviertel ist mit seinen engen Gassen und mittelalterlichen Gebäuden ein Juwel innerhalb der Stadt. Mehr als 100 Häuser stehen unter Denkmalschutz. Die vielen kleinen Läden, Pubs und Cafés bieten sich für einen ausgiebigen Bummel an.

D Elizabethan House – Hier kann man sehen, wie in den goldenen Zeiten des Hafens gelebt wurde. Das Haus gehörte einst einem Kapitän.

E Quay Road – Vor allem abends kommt in der Quay Road maritimes Flair auf. Aber auch tagsüber kann man wunderbar die Boote auf dem Wasser beobachten.

F Black Friars Distillery – In dem Betrieb wird seit Jahrhunderten der bekannte Plymouth Gin hergestellt. In Führungen wird erklärt, wie.

G Royal Citadel – Die beeindruckende Festung aus dem 17. Jahrhundert wird noch immer vom Militär genutzt. An bestimmten Tagen kann sie besichtigt werden.

H Smeaton's Tower – Der Leuchtturm stand ursprünglich vor der Küste Cornwalls. Er wurde dort gegen einen neuen ausgetauscht und nach Plymouth gerbracht.

I Plymouth Hoe – Der Park hoch über der Stadt ist ein beliebter Treffpunkt für Alt und Jung. Im Sommer finden hier Veranstaltungen des Militärs und Open-Air-Konzerte statt. Vom Park aus erkennt man auf dem Meer Drake's Island, eine Insel, die lange Zeit von der Marine genutzt wurde.

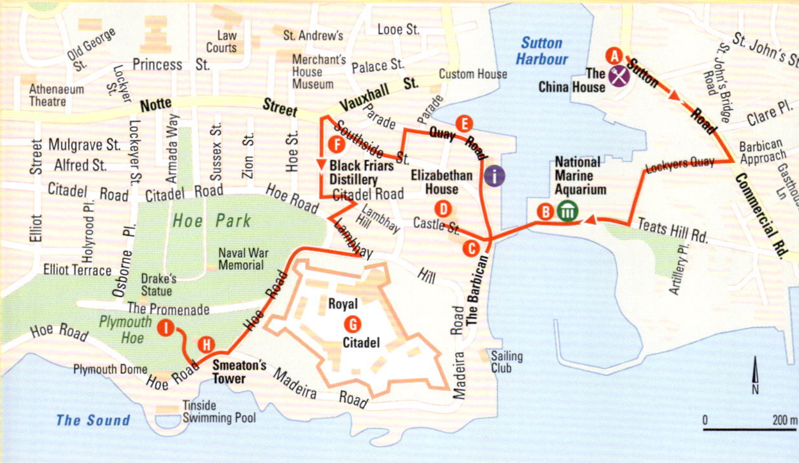

AUTORENTIPP!

DIE KÖNIGLICHE BACKSTUBE

Einst wurden in dem Gebäude auf dem früheren Militärgelände Royal Williams Yard Schweine geschlachtet – und bis heute versprüht die riesige Halle den Charme der Großproduktion. Das ist aber längst nicht mehr so: Royal William Bakery heißt der Betrieb schlicht, der sich hier angesiedelt hat, und er hält, was der Name verspricht: In der Bakery werden den ganzen Tag über vor den Augen der Besucher leckere Brote und Kuchen gebacken, die gleich an großen Tischen angeboten werden – man nimmt sich, was man möchte, zahlt anschließend bei einem der herumlaufenden Mitarbeiter und isst vor Ort in geselliger Umgebung. Große Backkunst in großartiger, historischer Umgebung!

The Royal William Bakery. Tgl. 8.30–16 Uhr,The Slaughter House, Royal Williams Yard, Tel. 017 52/26 54 48, www.royalwilliambakery.com

Royal Citadel

Die mächtige Festung aus dem 16. und 17. Jahrhundert thront am östlichen Ende des Plymouth Hoe hoch über der Stadt. Sie wird bis heute militärisch genutzt, kann aber nach Sicherheitschecks in den Sommermonaten besichtigt werden. Durch das fürstliche Haupttor (1670) im Barockstil gelangt man ins Innere der Anlage. Diese setzt sich zusammen aus den Überresten eines Forts aus der Zeit von Francis Drake und der »neuen« Festung (1664–1670. Sehenswert ist auch die in Zacken verlaufende Außenmauer, die das Fort über Jahrhunderte vor Angreifern schützte. Das integrierte Fisher's Nose Blockhouse ist eines der ältesten Gebäude von Plymouth überhaupt – es stammt aus der Zeit um 1500. Die Festung wurde nur ein einziges Mal in ihrer Existenz beschädigt: während der Angriffe der Deutschen im Zweiten Weltkrieg. Doch selbst damals hielten sich die Schäden in Grenzen.

Royal William Yard

Das frühere Militärgelände ist ein gutes Beispiel für die erfolgreiche Umnutzung eines ganzen Areals. Wo früher Schiffe und Einheiten versorgt wurden, hat sich ein neues, wenngleich eher ruhiges Ausgeh- und Kunstviertel entwickelt. Am alten Hafenbecken zur Mündung des Tamar-Flusses liegen kleine Yachten im Wasser. Davor haben sich in den alten Lager- und Schlachthäusern nette Cafés und Restaurants angesiedelt. In der früheren Großbäckerei sind moderne Apartments entstanden. Eine Fähre verbindet den Royal Wiliams Yard mit dem Barbican-Viertel – auf diese Weise lässt sich ein Streifzug durch das historische Plymouth optimal mit einem Ausflug auf dem für die Entwicklung der Stadt so wichtigen Wasser verbinden.

National Marine Aquarium

Das größte Aquarium Großbritanniens ist am Hafen und Fischmarkt von Plymouth untergebracht. Zu sehen sind nicht nur Fische aus der Region, sondern aus allen Teilen der Welt. Wie meist in diesen Aquarien gibt es riesige verglaste Fischbecken und sogar die Möglichkeit, unter einem solchen hindurchzuwandern – vor allem Kinder werden auf ihre Kosten kommen. Aber auch für Erwachsene kann ein Besuch des National Marine Aquarium ein guter Zeitvertreib sein, wenn das Wetter mal nicht so mitspielt.

Mount Edgcumbe

Eigentlich befindet man sich auf dieser Seite des Tamar-Flusses bereits in Cornwall, auch wenn Mount Edgcumbe nur eine kurze Fährfahrt vom Barbican-Viertel (Mayflower Steps) entfernt ist. Doch weite Teile des Geländes gehören noch zur Stadt Plymouth. In dem großzügigen Park steht ein berühmtes Herrenhaus aus dem 16. Jahrhundert. Es war über Jahrhunderte Stammsitz der Familie Edgcumbe, daher auch der Name des Anwesens. Hier wurden in den vergangenen Jahren zahlreiche Rosamunde-Pilcher-Romane verfilmt. Im Inneren des nach dem Zweiten Weltkrieg in seinen Originalzustand zurückversetzten Gebäudes sind seltene Wandteppiche aus dem 16. Jahrhundert zu sehen sowie Porzellan aus dem 18. Jahrhundert aus der Plymouth-Produktion.

Der Park ist in ganz unterschiedliche Bereiche aufgeteilt. Wunderschön ist der Italienische Garten mit seiner Orangerie von 1760. Hier gibt es inzwischen auch ein Restaurant. Im Englischen Garten ist das Sommerhaus ein beliebtes Fotomotiv. Vom White Seat aus hat man einen traumhaften Ausblick auf den Tamar River.

AUTORENTIPP!

SALTRAM HOUSE

Das Herrenhaus rund acht Kilometer von Plymouth entfernt ist ein perfektes Beispiel für den Georgianischen Baustil. Es stammt aus dem frühen 16. Jahrhundert und war mehr als 300 Jahre lang Stammsitz der Parker-Familie. Zeitweise vermietete sie es an König Georg III. (1738–1820). Das Gebäude wurde mehrfach umgebaut und erweitert, sodass es heute aus vier Flügeln besteht. Innen ist es eines der am prachtvollsten eingerichteten Herrenhäuser Devons. Im Park stehen einige interessante Gebäude, unter anderem das achteckige Castle, ein kleines Sommerhaus aus dem 18. Jahrhundert. Saltram House war 1995 Drehort des Films »Sinn und Sinnlichkeit« mit Hugh Grant und Emma Thompson.

Saltram House. März–Okt. Sa–Do 12–16.30 Uhr, Eintritt 10 £, Plympton, Plymouth, Tel. 017 52/33 35 00, www.nationaltrust.org.uk/saltram/

Blick über die Mayflower Marina auf den Royal William Yard

Infos und Adressen

SEHENSWÜRDIGKEITEN

Elizabethan House. Apr.–Sept. Di–Sa 10–12 und 13–17 Uhr, Eintritt 2,60 £, New Street, Tel. 017 52/30 47 74, www.plymouth.gov.uk

Mount Edgcumbe. Altes Herrenhaus in einem wunderschönen Park auf der anderen Seite des Tamar River. Apr.–Sept. So–Do, 11–16.30 Uhr, Eintritt 7,20 £, Cremyll, Torpoint, Tel. 017 52/82 22 36, www.mountedgcumbe.gov.uk

National Marine Aquarium. Das größte Aquarium Großbritanniens ist vor allem für Kinder ein Spaß. Okt.–März tgl. 10–17 Uhr, Apr.–Sept. tgl. 10–18 Uhr, Eintritt 13,75 £, Rope Walk, Coxside, Tel. 08 44/893 79 38, www.national-aquarium.co.uk

Royal Citadel. Beeindruckendes Fort aus dem 17. Jahrhundert. Apr.–Sept. Di/Do 14.30 Uhr, Eintritt 4 £, The Hoe, Tel. 017 52/30 63 30, www.english-heritage.org.uk/daysout/properties/royal-citadel-plymouth

Im Elizabethan House

Royal Wiliams Yard. Das alte Militärgelände ist heute ein hübsches Restaurantviertel. An jedem ersten Sonntag im Monat gibt es einen Bauernmarkt. www.royalwilliamyardharbour.co.uk

Smeaton's Tower. Der Leuchtturm aus dem Jahr 1759 stand ursprünglich vor der Küste Cornwalls. Apr.–Sept. Di–So 10–16.30 Uhr, Okt.–Nov./Feb.–März Di–Sa 10–15 Uhr, Dez./Jan. nur Sa 10–15 Uhr, Eintritt 2,60 £, Plymouth Hoe, Tel. 017 52/30 47 74, www.plymouth.gov.uk

ESSEN UND TRINKEN

Pilgrims Ice Cream Shop. Eisdiele am Hafen mit leckerer Eiscreme aus Devon. Tgl. 10–18 Uhr, 9 The Barbican, Tel. 017 52/26 51 05

The China House. Gediegene englische Küche in historischen Gemäuern. Tgl. 12–23 Uhr, Sutton Wharf, Tel. 017 52/66 15 92, www.vintageinn.co.uk/thechinahouseplymouth

The Glassglowing House. Moderne britische Küche mit Blick auf den Sutton Harbour, verwendet werden lokale Produkte. Mo–Fr 12–14.30 und 17.30–22 Uhr, Sa/So 9–21.30 Uhr, 20 Sutton Harbour, Tel. 017 52/22 85 56, www.glassblowinghouse.co.uk

The Mannamead. Großer Pub mit etlichen Biersorten und einfachem, günstigem Pub-Essen. Tgl. 8–23 Uhr, 61–63 Mutley Plain, Tel. 017 52/82 56 10

The Ship. Rustikaler Pub direkt am Hafen. So–Do 11–23 Uhr, Fr/Sa 11–23.30 Uhr, 4 Quay Road, The Barbican, Tel. 017 52/66 76 04, www.theshipplymouth.co.uk

ÜBERNACHTEN

Barbican Reach B&B. Kleine Pension im Barbican-Viertel. 225 Citadel Road East, Tel. 017 52/22 00 21

Boringdon Hall Hotel. Luxuszimmer in einem burgähnlichen Anwesen außerhalb von Plymouth – dafür ganz im Grünen. Ein Erlebnis! Colebrook Plympton, Tel. 017 52/34 44 55, www.boringdonhall.co.uk

Future Inn. Modernes, relativ günstiges Hotel am Stadtrand. 1 William Prance Road, Plymouth International Business Park, Tel. 017 52/70 10 00, www.futureinns.co.uk/plymouth

Number One. Hübsche, alte Villa am Plymouth Hoe mit Bed-and-Breakfast-Zimmern. 1 Windsor Villas, Lockyer Street, Tel. 017 52/21 29 81, www.numberoneplymouth.co.uk

Premier Inn Lockyers Quay. Eine englische Budget-Hotel-Kette, die mit dem Lockyers Quay einen sehr exponierten Standort bietet. Einfache, aber moderne Zimmer direkt am Hafen.1 Lockyers Quay, Coxside, Tel. 08 71/527 88 80, www.premierinn.com

St. Mellion International. Luxuriöses Hotel mit Spa-Bereich rund 20 Minuten außerhalb von Plymouth ganz im Grünen. St. Mellion, Saltash, Tel. 015 79/35 13 51, www.st-mellion.co.uk

EINKAUFEN

Edward's Fudge Kitchen. Hausgemachtes Fudge nach Devon-Art – süß und zart, wie es sein muss. Tgl. 10–17 Uhr, 47 Southside Street, Barbican, Tel. 018 03/85 26 71, www.edsfudge.co.uk

Celia Duncan Art Works. Galerie mit comicähnlichen, sehr farbenfrohen Bildern. Mi–Sa 11–14.45 Uhr, 11 Southside Street, The House That Jack Built, Barbican, Tel. 077 65/36 37 46, www.celiaduncan-artworks.com

Drake Circus. Großes Einkaufszentrum im Zentrum von Plymouth. Mo–Sa 9–18 Uhr (Do bis 20 Uhr), So 10.30–16.30 Uhr, 1 Charles Street, Tel. 017 52/22 30 30, www.drakecircus.com

Mayflower Stamps and Coins. Antiquitätengeschäft im New Street Centre. Mo–Sa 10–15.30 Uhr, 27 New Street Shopping Arcade, Barbican, Tel. 079 89/30 66 35, www.27newstreet.co.uk

The Old Quay Tuck Shop. Süßigkeiten wie in alten Zeiten! Tgl. 10–17 Uhr, 26 New Street, Barbican

VERANSTALTUNGEN

Port of Plymouth Regatta. In der letzten Juliwoche zieht die Hafenregatta Besucher aus aller Welt an. www.plymouthregatta.co.uk

INFORMATIONEN

Tourist Information Centre. Mo–Sa 9–17 Uhr, So 10–16 Uhr, Mayflower, 3–5 Barbican, Tel. 017 52/30 63 30, www.visitplymouth.co.uk

In der Seco Lounge im Royal William Yard

Mitte: Shuttle für Hotelgäste auf Burgh Island
Unten: Die Strände Bigburys sind auch bei Tagesbesuchern sehr beliebt.

24 Burgh Island

Die unbekannte Insel

Die kleine Insel vor der Südküste Devons ist ein verstecktes Juwel. Sie bietet steile Küsten, eine großartige Aussicht von der Spitze – und vor allem eines: das Burgh Island Hotel, in dem berühmte Gäste wie die Krimiautorin Agatha Christie ein- und ausgingen. Und auch die Anreise ist besonders: Bei Ebbe kann man Burgh Island von Bigbury-on-Sea zu Fuß erreichen, bei Flut fährt ein Seetraktor durchs Wasser.

Nur 200 Meter liegt Burgh Island von der Küste Devons entfernt – und doch wähnt man sich in einer anderen Welt. Bereits 1000 v. Chr. war die Insel besiedelt. Später lebten auf ihr Mönche in einer Abtei, Fischer gingen dem Sardinenfang nach. Heute kommen vor allem Tagesgäste für kleine Wanderungen – und natürlich die Gäste des einzigen Hotels auf der Insel, des Burgh Island Hotel.

Burgh Island Hotel

Es dürfte für die meisten der eigentliche Grund sein, um Burgh Island einen Besuch abzustatten: Das Bugh Island Hotel, ein majestätisch anmutender Art-déco-Bau aus dem Jahr 1929, gilt als ein ganz besonderer Ort. Schon Agatha Christie (1890–1976), die mit dem Gründer Archie Nettleford befreundet war, übernachtete immer wieder in dem Hotel und entwickelte mehrere ihrer Romane, unter anderem »Das Böse unter der Sonne«. Mehrfach wurde die Insel auch für Verfilmungen ihrer Krimis genutzt. Später ist die Autorin in dem Hotel verewigt worden. Eines der 25 individuell eingerichteten Zimmer trägt ihren Namen. Auch die meisten anderen orientieren sich an berühmten Gästen des Hauses.

Bereits 1932 wurde das Hotel erweitert und 2006 komplett im Stil der Dreißigerjahre saniert. Eines gibt es bis heute nicht: Fernsehgeräte auf dem Zimmer – nicht, um zu sparen (dafür verfügt jeder Raum über WLAN), sondern um die Ruhe genießen zu können. Hübsch ist vor allem die Peacock Bar – die Hotelbar –, die von einer großen Glaskuppel im Stil eines Pfaus geprägt ist. Auch der Mermaid Pool, ein Naturschwimmbad, ist ein Erlebnis.

Pilchard Inn

Der äußerlich recht schlicht wirkende Pub stammt aus dem Jahr 1336 und reiht sich damit in jene Kneipen ein, denen nachgesagt wird, die ältesten im Vereinigten Königreich zu sein. So oder so – innen in dem weiß bemalten Steingebäude ist es vor loderndem Kaminfeuer bei jedem Wetter urgemütlich, außen kann man bei gutem Wetter an einem der langen Tische Platz nehmen. Früher kehrten hier primär Fischer und Schmuggler ein. Einer von ihnen war Tom Crocker, ein berüchtigter Pirat, der an der Tür des Pubs erschossen worden sein soll. Einer Legende nach spukt er nun immer in der dritten Augustwoche auf der Insel herum.

Die Ruinen

An der Südseite der Insel stehen mit einer kleinen mittelalterlichen Kapelle noch einige Ruinen der früheren Mönchsiedlung hoch über dem Meer. Der Weg lohnt sich, hat man von hier oben doch einen traumhaften Ausblick. Wie lange die Mönche auf Burgh Island lebten, ist nicht bekannt. Überliefert ist allerdings, dass sie für ihr leibliches Wohl Honigwein produzierten.

Infos und Adressen

ESSEN UND TRINKEN

Peacock Bar. Die Hotelbar im Stil der Dreißigerjahre ist wegen ihrer Glaskuppel ein Erlebnis. Tgl. 18–23 Uhr, Burgh Island Hotel, Bigbury-on-Sea, Tel. 015 48/81 05 14, www.burghisland.com

Pilchard Inn. Ein jahrhundertealter Pub, der hervorragende britische Küche bietet. Spezialität: Austern! Tgl. 11–23 Uhr, Tel. 015 48/81 05 14, www.burghisland.com

ÜBERNACHTEN

Burgh Island Hotel. Das Art-déco-Hotel thront majestätisch am Ufer der Insel – und bietet allen nur erdenklichen Komfort. Bigbury-on-Sea, Tel. 015 48/81 05 14, www.burghisland.com

AKTIVITÄTEN

Wandern. Ein früherer Besitzer der Insel war leidenschaftlicher Wanderer, weshalb es ein vergleichsweise großes Netz an Wegen auf Burgh Island gibt. Schilder weisen den Weg.

Sea Traktor. Das skurrile Gefährt bringt Gäste bei Flut leidlich trocken zur Insel und zurück. Für Hotelgäste kostenlos, sonst 2 £.

25 Kingsbridge

Das Zentrum der South Hams

Das wichtige Geschäftszentrum für die South Hams, das Gebiet südlich des Dartmoors, ist eine alte Marktstadt. Bis heute bauen hier Händler an etlichen Tagen ihre Stände auf. Und auch sonst zieht es die Menschen aus der Region vor allem wegen der Einkäufe an den Kai des Kingsbridge Estuary. Die Auswahl an Geschäften ist größer als in der Umgebung, die Atmosphäre wirklich beschaulich.

Der Name der Stadt stammt von einer alten Brücke, die zwei königliche Anwesen miteinander verband, Alvington und Chillington. Im 13. Jahrhundert entwickelte sich hier eine kleine Marktstadt, die später durch die Wollindustrie zu gewissem Reichtum gelangte. Hinzu kam der Handel auf dem Wasser über das Kingsbridge Estuary. Sogar Schiffe baute man in Kingsbridge. Die Eisenbahn brachte Touristen und Güter. Inzwischen ist die Strecke jedoch ebenso stillgelegt wie der alte Bahnhof.

Heute kommen die Menschen entweder zum Einkaufen oder für einen Urlaub: Die Landschaft rund um Kingsbridge biete sich hervorragend für Wanderungen an. Außerdem zieht es Wassersportler hierher, die weiter südlich an der Küste zum Surfen und Tauchen gehen. Oder einfach auf dem Kingsbridge Estuary bleiben, um gemächlich zu segeln oder zu rudern.

Die Innenstadt

Die alte Marktstadt ist geprägt von historischen Gebäuden, aus denen die Shambles besonders

Mitte: Manchmal lässt die Heckenlandschaft Devons weit blicken: hier über den Kingsbridge Estuary
Unten: Doppelt schön anzusehen: Oldtimer und Fore Street

hervorstehen: Die Häuserfront mit einer überdachten Kolonnade stammt aus dem späten 13. Jahrhundert und steht längst unter Denkmalschutz. Direkt daneben befindet sich das alte Rathaus mit seinem kleinen Uhrturm. Das viereckige Konstrukt weist eine Besonderheit auf: Es verfügt nur über drei Uhren – die vierte Seite ist leer. Sie zeigt in Richtung des früheren Armenhauses, und offenbar sollten die dortigen Bewohner nicht einfach so die Uhrzeit ablesen können. Heute beinhaltet die Town Hall ein Kino, eines der wenigen in England, das sich noch in privater Hand befindet.

Rundherum liegen an der Fore Street die wichtigsten Geschäfte der Stadt – viele übrigens noch Inhabergeführt. Der Drang der Innenstädte zu den immer gleichen Ladenketten hat sich noch nicht durchgesetzt. Die Ladenstraße zieht sich teilweise steil hinunter bis zur Promenade am Kingsbridge Estuary. Geprägt ist sie überwiegend von kleinen Häusern im Georgianischen Stil. Ein hübsches Ambiente, selbst für jene, die eigentlich gar nichts einkaufen möchten.

St. Edmund's Church

Fast ein bisschen verbaut von den Shambles befindet sich in der Innenstadt von Kingsbridge die 1414 erbaute St. Edmund's Church. Im 19. Jahrhundert wurde sie im neogotischen Stil umgebaut, auch installierte man die heutige Orgel. Der Turm beinhaltet insgesamt acht Glocken. Bereits im 13. Jahrhundert hat es an dieser Stelle eine Kapelle gegeben.

Cookworthy Museum

Die alte Grundschule von Kingsbridge ist zu einem Museum umfunktioniert worden. Benannt ist es

AUTORENTIPP!

KAFFEE, NICHT TEE

Wer sagt, dass Briten nur Tee trinken? An vielen Stellen im ganzen Land sind in den vergangenen Jahren kleine Coffee Shops entstanden, die Wert auf hervorragenden Kaffee auf Espressobasis legen. Die Coasters Coffee Company in Kingsbridge ist so ein Fall: Das Café am Abbots Quay bietet vom Americano bis zum Caffè Latte zig Varianten des Getränks an, außerdem immer frische Kuchensorten. Dabei legen die Inhaber Wert auf einen Betrieb im Einklang mit der Umwelt und Natur: So viele Zutaten wie möglich werden vor Ort erworben, sie recyclen alles Denkbare, außerdem geht der Kaffeesatz an private Gärtner.

Coasters Coffee Company. Mo–Fr 8.30–18 Uhr, Sa 8.30–17 Uhr, Abbots Quay, Prince of Wales Road, Kingsbridge, Tel. 015 48/85 30 04, www.facebook.com/coasterscoffee

Oben: Auf der Kingsbridgefähre kann man bequem nach Salcombe kommen.
Unten: Zeitlos schön: das Rathaus

nach William Cookworthy (1705–1780), der als Begründer der Porzellanindustrie in England im 18. Jahrhundert gilt. Er wurde 1705 in Kingsbridge geboren, auch wenn er seine beruflichen Tätigkeiten schon früh nach Plymouth verlagerte. Das Museum widmet sich aber überwiegend der Geschichte der Stadt, weniger den Entwicklungen Cockworthys und zeigt nur einige wenige Beispiele für britisches Porzellan. Darüber hinaus bietet es Einwohnern gezielt Hilfestellung bei der Ahnenforschung an. Hübsch ist der Garten am Museum.

Kingsbridge Estuary

Der malerische Meeresarm trägt auch den Namen Salcombe Estuary – denn dort mündet er in den Ärmelkanal, während er bei Kingsbridge in einem kleinen Hafen beginnt. Das Gewässer schlängelt sich durch die idyllische Landschaft South Hams und ist vor allem bei Seglern beliebt, die sich gemächlich in Richtung See treiben lassen. Entlang des Ufers gibt es Möglichkeiten für Wanderungen. Kingsbridge Estuary gilt als Besonderheit, da er keine der üblichen Flussmündungen darstellt, die ins Meer fließen, sondern lediglich unterschiedliche kleine Flüsse aufnimmt. Durch die Gezeiten speist er sich so überwiegend aus Meerwasser.

Infos und Adressen

SEHENSWÜRDIGKEITEN

Cockworthy Museum. Heimatmuseum in der alten Grundschule von Kingsbridge. März–Okt. Mo–Sa 10.30–17 Uhr (Okt. bis 16 Uhr). Eintritt 2,50 £,108 Fore Street, Tel. 015 48/85 32 35, www.kingsbridgemuseum.org.uk

Start Point Lighthouse. Alter Leuchtturm an der spektakulären Küste vor Kingsbridge. Unterschiedliche Öffnungszeiten, Sa geschlossen, Eintritt 4 £, Stokenham, Tel. 018 03/77 18 02, www.trinityhouse.co.uk

ESSEN UND TRINKEN

Avon Mill. Gemütliches Café in einer alten Mühle mit hausgemachten Kuchen. Tgl. 10–17 Uhr, Station Road, Loddiswell, Tel. 015 48/55 00 66, www.avonmill.com/cafe/

Kerala Delicacies. Indisches Restaurant in modernem Ambiente und erstklassigen Speisen. Tgl. 12–14 Uhr und 18–23 Uhr, Market Arcade, Fore Street, Tel. 015 48/85 88 55, www.keraladelicacies.co.uk

Die letzten Vorbereitungen im Kerala Delicacies

Beliebt: Creeks End Bar am Hafen

The Old Bakery. Kleines idyllisches Café und Restaurant mit frischen Kuchen und Brotsorten sowie leckeren kleinen Gerichten. Tgl. 9–22 Uhr, The Promenade, Tel. 015 48/85 57 77, www.theoldbakerykingsbridge.co.uk

ÜBERNACHTEN

King's Arms Hotel. Alteingesessenes Hotel mit traditionellem britischem Charme. 93 Fore Street, Tel. 015 48/85 20 71, www.kingsarmskingsbridge.co.uk

Seaflowers. Modernes Bed&Breakfast in Hotelqualität mit Blick direkt auf den Frogmore Creek. Frogmore, Tel. 015 48/53 11 07, www.seaflowers.co.uk

EINKAUFEN

Märkte. An der alten Town Hall öffnen Händler an fast jedem Tag unter einem anderen Motto ihre Stände – vom Blumen- bis zum Bauernmarkt. Town Square, Tel. 018 03/86 12 02

INFORMATION

Kingsbridge Tourist Information Centre. Mo–Sa 9–17 Uhr, The Quay, Tel. 015 48/85 31 95, www.welcomesouthdevon.co.uk

Mitte: Blick über die Dächer …
Unten: … und in die Fore Street der Downtown von Salcombe

26 Salcombe

Devons südlichste Stadt

Die südlichste Stadt Devons ist ein beliebtes Ziel für Wasserfreunde und Wanderer. Sie liegt direkt an der Mündung des Kingsbridge Estuary ins Meer und war über Jahrhunderte ein Zentrum für Werften und den Handel per Schiff. Noch heute liegen vor der Küste etliche versunkene Frachter, aus denen Taucher immer wieder kleine Schätze bergen.

Die schmalen Häuser und engen Gassen am Hafen von Salcombe (2000 Einwohner) zeugen bis heute von der merkantilen Vergangenheit des Orts. Vor allem Obst von den Azoren, vom Mittelmeer und aus der Karibik brachten die Schiffe über Jahrhunderte hierher nach Devon. Doch wie überall wurde der Wettbewerb härter – und der kleine Hafen musste passen. Viel von dem Trubel, der hier lange Zeit geherrscht haben muss, lässt sich bis heute erahnen. Ansonsten ist aus Salcombe ein idyllisches Hafenstädtchen geworden. Bereits seit dem Ende des Ersten Weltkriegs entwickelte es sich mehr und mehr zu einem Urlaubsziel.

MAL EHRLICH

SCHIESSEN MUSS NICHT SEIN

Man mag über Schusswaffen denken, was man will – Touristen zu einem Kurs in der »Schießschule«, der Shooting School, einzuladen, gehört sich nicht. Salcombe wirbt damit, auf dieser Farm mit Luftgewehren zu trainieren – angeblich als »Spaß für die ganze Familie«. Am Ende ist es eine subtile Methode, schon Kinder und Jugendliche an Waffen heranzuführen. Ersparen Sie es sich und Ihrer Familie!

Wer heute zwischen Robinsons Row und Union Street entlangschlendert, spürt am besten die maritime Atmosphäre der kleinen Stadt. Die Haupteinkaufsstraße Fore Street und die sich anschließende Cliff Road ziehen sich entlang des Wassers bis zum südlichen Ende Salcombes. Beim Blick zum Ufer ist zu erkennen, dass längst eine adäquate Alternative zum Frachtverkehr gefunden wurde: An vielen Stellen des Hafens liegen teure Jachten vor Anker. Salcombe ist durch sein pittoreskes Äußeres und durch seine Nähe zum Meer ein beliebter Aufenthaltsort von Bootsbesitzern geworden.

Das führt auch dazu, dass sich hier viele wohlhabende Briten im Alter niederlassen: Salcombe gehört zu jenen Küstenorten Großbritanniens, in denen die höchsten Immobilienpreise verlangt werden. 2014 stand die Stadt einer Untersuchung zufolge sogar an der Spitze: Ein Drei-Zimmer-Apartment mit Meerblick kostete um die 1,7 Millionen Pfund. Die Einwohner nennen Salcombe infolgedessen inzwischen scherzhaft »Chelsea on Sea« – in Anlehnung an den teuren Londoner Stadtteil.

Kurioserweise entstand der Ort ursprünglich gar nicht am Wasser: Aus Angst vor den Naturgewalten und später vor den Angriffen von Piraten siedelte man mehr im Landesinneren und verlagerte das Zentrum erst in Richtung Hafen, als der Handel aufblühte.

Maritime Museum

Das kleine Museum ist der beste Ort, um mehr über die maritime Vergangenheit der ganzen Region zu erfahren. Ein Raum befasst sich mit Funden aus den Schiffswracks vor der Küste Salcombes, darunter welche aus der Bronzezeit, die hier

AUTORENTIPP!

IMMER ENTLANG DER KÜSTE

Die Gegend rund um Salcombe ist bekannt für ihre dramatische Küstenlandschaft. Ein besonders schöner Abschnitt liegt zwischen East Soar und Bolt Head, die ein Wanderpfad verbindet. Die rund sieben Kilometer lange Route überschneidet sich zum Teil mit dem South West Coast Path. Sie beginnt am National-Trust-Parkplatz von East Soar und verläuft immer entlang der Küste, die seit vielen Jahrhunderten als Weidegebiet dient. Zwischendurch besteht die Mögichkeit, zu einem der Strände abzuzweigen und sich dort eine kurze oder längere Verschnaufpause zu gönnen. Wer dem Weg weiter folgt, gelangt bis nach Salcombe. Wunderschöne Ausblicke garantiert!

Bolt Head Walk. www.nationaltrust.org.uk/salcombe-to-hope-cove

Bei Bolt Head dümpeln Boote am Salcombe Estuary.

AUTORENTIPP!

MIT DEM KAJAK AUF DEM MEER

Es ist ein Erlebnis der besonderen Art – wenngleich nicht jedermanns Sache: Sea Kayak, Kajakfahren auf dem Meer, erfordert schon etwas mehr Geschick, als einem diese Sportart gemeinhin auf Flüssen abverlangt. Die Südküste vor Salcombe eignet sich hervorragend dafür. Direkt am Meer, neben dem ebenfalls empfehlenswerten »Bo's Beach Café«, hat sich South Sands Sailing angesiedelt, ein Anbieter verschiedener Wassersportarten, der unter anderem Sea Kayak im Programm hat. Neben kompletten Kursen sind auch Halb- und Ganztagesausflüge mit den Booten im Angebot. Eines sollten Sie im Auge behalten: Eine wesentliche Voraussetzung für Sea Kayak ist, dass Sie gut schwimmen können.

South Sands Sailing. Mo–Sa 9–17 Uhr, So 10–16 Uhr, The Old Lifebout House, South Sands, Salcombe, www.southsandssailing.co.uk

in einem der ältesten Wracks Westeuropas entdeckt worden sind. Traurige Berühmtheit erlangte das Rettungsbootsunglück vom 27. Oktober 1916, das anhand von Modellen und Bildern erläutert wird. Damals starben 13 Rettungskräfte beim Versuch, einem sinkenden Schiff zu Hilfe zu eilen. Darüber hinaus sind in dem Museum Fotos und Schiffsmodelle zu sehen, die einen Einblick in das Leben des Orts vor vielen Jahrzehnten geben. Für Kinder gibt es einen Piratenspielraum.

Fort Charles

Die Ruinen des alten Forts thronen über dem Hafen von Salcombe. Unter Einheimischen wird es auch gern Salcombe Castle genannt. Das Fort steht auf einem Felsvorsprung im Wasser und kann zumindest bei Ebbe gut zu Fuß erreicht werden. Allerdings sollte man tunlichst auf den Wasserstand achten, um auch wieder unversehrt zurück an Land zu gelangen.

Fort Charles wurde Anfang des 16. Jahrhundert erbaut, um den Kingsbridge Estuary vor Piraten aus Spanien und Frankreich zu schützen. Während des Englischen Bürgerkriegs im 17. Jahrhundert verschanzten sich hier die Königstreuen im Kampf gegen die Parlamentarier. Als sie abzogen, ließ das Parlament das Fort in Teilen zerstören. Die Überreste, darunter ein Teil eines Turms, stehen bis heute in Salcombe.

Fähren

Zwei Fähren verbinden Salcombe mit dem anderen Ufer: Die East-Portlemouth-Fähre fährt täglich mindestens alle halbe Stunde vom Ferry Pier bzw. Whitestrand auf die andere Seite des Estuary, und zwar zum wunderschönen Strand von East Portlemouth. Beim Blick auf die Stadt lässt es sich

hier wunderbar entspannen. Auch die South-Sands-Fähre setzt auf die andere Seite über, bei ihr ist jedoch mehr der Weg das Ziel: Das kleine Schiff fährt alle halbe Stunde zu einem Seetraktor am anderen Ufer, von dem aus es an Land geht – ebenfalls zu einem netten Strand. Selbst wer nicht zum Strand möchte, wird bei der Überfahrt seinen Spaß haben.

Strände

Der Süden Devons ist für seine schönen Strände bekannt, und auch rund um Salcombe sind mehrere davon zu finden. Es ist wie häufig in Großbritannien: Gegen die Sandflächen Südeuropas, Asiens oder Australiens kommen jene der Britischen Inseln natürlich nicht an; doch auch hier lässt es sich bestens entspannen, und meist hat man auch einen schönen Ausblick. Neben South Sands und North Sands gegenüber von Salcombe gibt es auch noch Sunny Cove, Mill Bay, Small's Cove, Fisherman's Cove und Cable Cove. Bei Cable Cove kommt ein Seekabel aus Europa an, deswegen der Name.

Overbeck's Museum

Der skurrile Erfinder Otto Overbeck (1860–1937) lebte zu Beginn des 20. Jahrhunderts in dem schönen edwardianischen Gebäude oberhalb des

Oben: Fort Charles – als zerfließen die Hänge im Wasser des Salcombe Estuary.
Unten: Der Strand an der Mill Bay ist an schönen Tagen gut besucht.

Oben: Blick über die Grenzen des Overbeck Garden hinaus …
Unten: … und in die Blüte eines Gummibaums

Estuary. Heute befindet sich unter anderem ein Museum darin, das auch einige Erfindungen des Briten zeigt – unter anderem seinen Rejuvenator, ein Konstrukt, das Krankheiten mittels Strom heilen sollte. So recht durchgesetzt hat sich die Maschine bekanntlich nicht. Zu sehen ist auch ein Polyphon, eines jener Geräte, das aus mit kleinen Löchern versehenen Metallscheiben Musik erzeugt. Sie wurden Ende des 19. Jahrhundert von Leipzig in weite Teile Europas exportiert. Das Exemplar in Overbeck's Museum wird immer wieder getestet – mit teils erstaunlicher Klangqualität.

Overbeck lebte von 1928 bis zu seinem Tod in dem Haus. Er hinterließ es ausdrücklich als Anwesen für die Öffentlichkeit und bestimmte in seinem Testament, dass auch eine Jugendherberge eingerichtet werden möge – sie wurde es und ist bis heute geöffnet. Imposant ist neben dem Gebäude mit seinem beeindruckenden Inneren vor allem der Park rundherum: Das rund drei Hektar große Areal umfasst einen riesigen subtropischen Garten. Der britische Denkmalschutzfonds National Trust hat sich des Geländes angenommen.

Bolt Head

Während des Zweiten Weltkriegs hatte die Royal Air Force südlich von Salcombe einen Stützpunkt. Von der Anlage ist wenig übrig geblieben, stattdessen ist die Gegend entlang der Küste wieder der Natur überlassen – und den Wanderern, die entlang des South West Coast Path vorbeiziehen. Ein großer Bunker steht noch immer in Bolt Head. Die britische Regierung hatte ihn für Notfälle bis 1994 instand gehalten. Die grasbewachsene Landebahn wird nach wie vor vereinzelt von Freizeitfliegern genutzt, denn ein Flugclub hat hier seine Basis.

Infos und Adressen

SEHENSWÜRDIGKEITEN

Maritime Museum. Apr.–Okt. tgl. 10.30–12.30 und 14.30–16.30 Uhr, Eintritt 1,50 £, The Old Council Hall, Market Street, Tel. 015 48/84 30 80, www.salcombemuseum.org.uk.

Overbeck's Garden & Museum. Das alte Herrenhaus an der Mündung des Estuary ist umgeben von einem prachtvollen Garten. Und eine Jugendherberge liegt gleich nebenan. Feb.–Okt. tgl. 11–17 Uhr, Eintritt 7,80 £, Sharpitor, Tel. 015 48/84 28 93, www.nationaltrust.org.uk/overbecks

ESSEN UND TRINKEN

Dick & Wills. Modernes Restaurant mit europäischer Küche und einem tollen Blick auf das Estuary. Schöne Außenplätze! Apr.–Okt. tgl. 11–14.45 und 18–22 Uhr, im Winter nur einzelne Tage, Fore Street, Tel. 015 48/84 34 08, www.dickandwills.co.uk

Salcombe Dairy. Seit Jahrzehnten Treffpunkt für Eiscreme- und Sorbetfans. Mo–Sa 9–17 Uhr, So 10–16 Uhr, Shadycombe Road, Tel. 015 48/84 32 28, www.salcombedairy.co.uk

Victoria Inn. Rustikaler Pub mit hervorragender Küche. Tgl. 11.30–23 Uhr, Fore Street, Tel. 015 48/84 26 04, www.victoriainn-salcombe.co.uk

ÜBERNACHTEN

Salcombe Harbour Hotel & Spa. Modernes Spa-Hotel direkt am Wasser mit hellen, freundlichen Zimmern und einem tollen Ausblick. Cliff Road, Tel. 015 48/84 44 44, www.salcombe-harbour-hotel.co.uk

The Cottage Hotel. Ländliches Traditionshotel an der Küste bei Hope Cove. Kleine Zimmer, aber schöner Ausblick. Hope Cove, Kingsbridge, Tel. 015 48/56 15 55, www.hopecove.com

INFORMATION

Salcombe Tourist Information Centre. Apr.–Okt. tgl. 10–17 Uhr, Nov.–März 10–15 Uhr, Market Street, Tel. 015 48/84 39 27, www.salcombeinformation.co.uk

Im Winking Prawn an den North Sands ist jeder Platz besetzt.

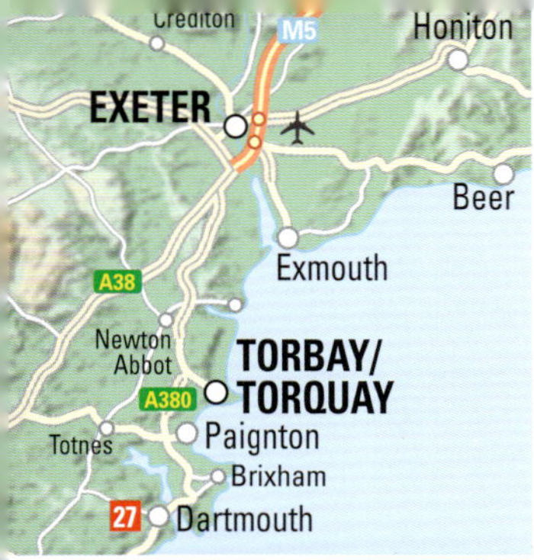

Dominant: Dartmouth Castle zeigt auch heute noch Stärke.

27 Dartmouth
Der Bilderbuchhafen

Die malerische Hafenstadt Dartmouth hatte über Jahrhunderte eine wichtige strategische Bedeutung für die Royal Navy. Von hier stachen Schiffe zu Kreuzzügen in See, und hier werden seit 1905 am altehrwürdigen Britannia Royal Naval College angehende Offiziere der britischen Armee ausgebildet. Reisende schätzen vor allem die Lage der Stadt: Sie ist auf der letzten schmalen Biegung des Dart-Flusses vor dem Ärmelkanal erbaut worden – geschützt und doch nah am Meer.

Das typische Bild, das Besucher von Dartmouth (5500 Einwohner) in Erinnerung behalten, dürfte in den meisten Fällen gar nicht aus der Stadt selbst stammen: Vom Hafen aus bietet sich ein wunderbarer Blick über die Segelboote hinweg auf die bunten Häuser des anderen Ufers – und dort heißt die Stadt bereits Kingswear (1300 Einwohner). Eine alte Fährlinie verbindet beide Orte. Und die Fahrt lohnt sich wegen der Ausblicke auf die Flussmündung und die historische Bebauung der Ufer.

Dartmouth Castle

Zweimal war Dartmouth im 14. Jahrhundert überfallen und geplündert worden, bis sich die Stadtführung entschied, Sicherheitsvorkehrungen zu treffen: Von 1388 an entstand knapp vor den Toren der Stadt an der Mündung des Flusses Darmouth Castle. Fortan war es möglich, die Kontrolle darüber zu behalten, wer in Richtung Dartmouth und weiter ins Landesinnere einfahren durfte – und wer nicht. Von dem 1481 hinzugekommenen Kanonenturm konnten ganze Schiffe versenkt werden. Heute bietet der Turm Besuchern einen fantastischen Ausblick auf die Dart-Mündung und das Meer. Interessant sind die zahlreichen Gänge der Burg – und der Weg dorthin: Wer nicht zu Fuß am Flussufer entlanggehen möchte, kann am Südkai von Dartmouth ein Boot nehmen. Die Anfahrt auf dem Wasserweg bietet spektakuläre Fotomotive. Die Ausstellung im Inneren der Burg zeigt historische Funde aus Darmouth Castle selbst und aus Dartmouth.

Direkt nebenan – ebenfalls direkt am Ufer des Dart – steht mit der St. Petrox Church eine der spektakulärsten Kirchen Englands. Wegen ihrer romantischen Lage ist sie ein beliebter Ort für Hochzeiten. Das Gebäude stammt aus dem späten 12. Jahrhundert.

Dartmouth Museum

Das Dartmouth Museum ist in einem der wohl interessantesten Gebäude der Stadt untergebracht: im alten Handelshaus Butterwalk. Das Fachwerkhaus mit seinem großen schieferverzierten Obergeschoss ist bekannt für seinen von Granitsäulen gestützten Gang. Ursprünglich erbaut zwischen 1635 und 1640 wurde es nach schweren Beschädigungen im Zweiten Weltkrieg wieder aufgebaut. König Karl II. (1630–1685) hielt sich im Butterwalk auf, als er 1671 in Dartmouth Schutz vor einem Unwetter suchte. Der entsprechende Raum ist nun als King's Room Teil des Museums – und vor allem wegen seiner aufwendigen Deckenverzierung sehenswert. Ausgestellt sind auch 26 alte Flaschenschiffe, die viele Besucher anziehen. Ansonsten widmet sich das Museum primär der Stadt mit ihrer maritimen Vergangenheit. Vor allem für Regentage ist sein Besuch eine wirklich gute Option.

AUTORENTIPP!

UNTERWEGS MIT DER DAMPFLOK

Die Eisenbahn hatte vor allem für die vom Bergbau geprägten Regionen Englands wie Devon und Cornwall eine große Bedeutung. Eine der historischen Strecken wird heute wieder für Touristenzwecke genutzt: Die Dartmouth Steam Railway verkehrt zwischen Kingswear (auf der Dartmouth gegenüberliegenden Uferseite) und Paignton. Wie in alten Zeiten wird sie von einer Dampflokomotive angetrieben. Eine Fahrt dauert rund 30 Minuten und führt durch eine landschaftlich wunderschöne Gegend, was den Ausflug nicht nur für Eisenbahnfreunde zu einem Erlebnis macht. Eine der Haltestationen ist übrigens in Greenway unweit des einstigen Ferienhauses der Schriftstellerin Agatha Christie (1890–1976).

Dartmouth Steam Railway.
Apr.–Nov. tgl. bis zu neun Fahrten, Dez.–März unregelmäßig, Tel. 018 03/55 58 72, www.dartmouthrailriver.co.uk

AUTORENTIPP!

PICKNICK AUF DEM FLUSS

Er gilt als einer der schönsten Flüsse Englands: der Dart River. Vor allem kurz vor seiner Mündung bei Dartmouth zieht er sich noch einmal behäbig bis spektakulär durch das Tal. Viel zu schön, um ihn einfach nur vom Land aus zu betrachten. Eine besondere Möglichkeit des Perspektivenwechsels bietet das Picnic Boat, das seine Gäste zweieinhalb Stunden lang über den Fluss schippert – inklusive aufwendiger Verpflegung. Bis zu zwölf Passagiere können mitfahren, die Besatzung bietet aber auch romantische Fahrten zu zweit an. Die Preise staffeln sich je nach Zahl der Mitfahrer und je nach kulinarischem Angebot – los geht es schon ab 24 Pfund, für die romantische Variante wird hingegen ein Vielfaches davon fällig.

The Picnic Boat.
Tel. 079 68/75 26 25,
www.thepicnicboat.co.uk

Britannia Royal Naval College

Es scheint ungewöhnlich, doch ausgerechnet am Ende von Devon existiert eine der bedeutendsten Offiziersschulen der Welt: In dem 1905 fertiggestellten repräsentativen Gebäude hoch über Dartmouth werden bis heute die Offiziere der britischen Marine ausgebildet. Vor allem Architekturfreunde kommen auf ihre Kosten: Der englische Architekt Aston Webb (1849–1930) entwarf den Komplex, der wie ein Schloss über der Stadt thront.

Webb ist bekannt für seinen Entwurf des Victoria and Albert Museum in London sowie die Neugestaltung der Fassade vom Buckingham Palace. Im College von Dartmouth erfahren Besucher nicht nur einiges über das Gebäude, sondern auch eine Menge über die Offiziersausbildung. Wegen des Betriebs sind Führungen aber nur im Sommer und nach Voranmeldung möglich. Und es gelten strenge Sicherheitsmaßnahmen.

The Newcomen Engine

Dartmouth rühmt sich, die älteste erhaltene Dampfmaschine der Welt zu besitzen. Zu sehen ist sie im Newcomen Engine House neben der Tourist Information in der Mayors Street. Der in Dartmouth geborene Erfinder Thomas Newcomen (1664–1729) hat das Konstrukt 1720 bauen lassen, zunächst, um damit Wasser aus der Griff-Colliery-Mine in Staffordshire zu pumpen. Die Maschine wurde an unterschiedlichen Orten mehrfach auf- und wieder abgebaut, bevor sie 1913 ihren Dienst einstellte.

Anlässlich des 300. Geburtstags von Newcomen 1964 stellte man sie schließlich in Dartmouth auf, um dem wohl bekanntesten Bürger ein Denkmal

zu setzen. Mehr als 2000 Newcomen-Maschinen waren während des 18. und 19. Jahrhunderts weltweit gebaut worden. Sie hatten großen Anteil an der Industriellen Revolution. Die Dampfmaschine kann zu den Öffnungszeiten der Tourist Information kostenlos besichtigt werden.

Bayard's Cove

Bayard's Cove am Dart-Fluss gibt einen guten Eindruck vom Hafen, wie er im 16. Jahrhundert ausgesehen haben muss. Der gepflasterte Weg wurde 1539 angelegt, als Dartmouth neben Plymouth einer der wichtigsten Häfen West-Englands war. Seitdem hat sich in diesem Bereich wenig verändert. Die pittoresken kleinen Häuser zeugen vom maritimen Leben vergangener Zeiten. Am Ende von Bayard's Cove steht ein Artillerie-Fort aus dem Jahr 1510, das neben Darmouth Castle Schutz vor unliebsamen Eindringlingen bieten sollte. Es wird vom English Heritage instand gehalten und kann zu jeder Zeit kostenlos besichtigt werden.

Kingswear

Der Schwesterort von Dartmouth liegt auf der anderen Seite des Flusses – und ist grundsätzlich weniger spektakulär als sein Gegenüber. Ein Besuch lohnt sich dennoch, um auf den steil ansteigenden Straßen zu flanieren und von dort die

Oben: »Master and commander«, wenn auch auf einem kleinen Boot.
Unten: Alles im Blick – die Hanglage macht's möglich.

Oben: Leider hat man Blackpool Sands nicht immer für sich selbst. Ein Besuch ist er trotzdem wert.
Unten: Von Bayards Cove Fort hat man den River Dart unter sicherer Kontrolle.

schöne Aussicht auf Dartmouth zu genießen. Oder in einen der alten Pubs einzukehren. Der Hafen ist bei Jachtbesitzern beliebt, weil sie hier mehr Ruhe haben als auf der anderen Seite des Dart.

Auch Kingswear hat ein eigenes Schloss, das etwa auf derselben Höhe wie das gegenüberliegende Dartmouth Castle erbaut wurde. Kingswear Castle ist allerdings deutlich kleiner. Es kann zwar innen nicht besichtigt, wohl aber zum Übernachten gemietet werden. Der Landmark Trust, der überall in Großbritannien historische Gebäude als Feriendomizile anbietet, vermarktet das Schloss.

Blackpool Sands

Etwa fünf Kilometer westlich von Dartmouth verbirgt sich an der Küste einer der schönsten Strände der Region: Blackpool Sands. Eingerahmt von Wald und Klippen bietet er ein angenehmes Kontrastprogramm zum trubeligen Stadtleben. Das kleine Café ist grandios zum entspannen. Wer doch etwas mehr erleben möchte, kann die angrenzenden Blackpool Gardens besuchen, einen vor wenigen Jahren wieder hergerichteten Garten aus dem Ende des 19. Jahrhunderts. Im Sommer blühen dort nicht nur kunterbunte Pflanzen aus der Region, sondern auch so manche Exoten.

Infos und Adressen

SEHENSWÜRDIGKEITEN

Britannia Royal Naval College. Touren Apr.–Okt. Mo/Mi 14 Uhr (nur nach Voranmeldung unter Tel. 018 03/83 42 24), www.royalnavy.mod.uk

Dartmouth Castle. Apr.–Okt. tgl. 10–16 Uhr, Nov.–März Sa/So 10–16 Uhr, Eintritt 5 £, Castle Road, www.english-heritage.org.uk

Dartmouth Museum. Apr.–Okt. So–Mo 13–16 Uhr, Di–Sa 10–16 Uhr, Nov.–März tgl. 12–15 Uhr, Eintritt 2 £, The Butterwalk, Duke Street, Tel. 018 03/83 29 23, www.dartmouthmuseum.org

The Newcomen Engine. The Engine House, Mayors Avenue, Tel. 018 03/83 42 24, www.devonmuseums.net

ESSEN UND TRINKEN

Annabelles Kitchen. Moderne britische Küche mit Fleisch und Fisch am Hafen. Di–Sa 18.30–22 Uhr, Fr/Sa auch 12.30–14.30 Uhr, 24 South Embankment, Tel. 018 03/83 35 40, www.annabelleskitchen.co.uk

Rockfish. Gemütliches Fischrestaurant. Tgl. 12–21.30 Uhr, 8 South Embankment, Tel. 018 03/83 28 00, www.rockfishdevon.co.uk

Crabsandwich im Rockfish

Auch der Blick vom Royal Castle Hotel ist vielversprechend.

ÜBERNACHTEN

Dart Marina Hotel & Spa. Nobel-Hotel mit Spa-Bereich. Sandquay Road, Tel. 018 03/83 25 80, www.dartmarina.com

Kingswear Castle. Übernachten in einer alten Burg an der Mündung des Dart-Flusses. Tel. 016 28/82 59 25, www.landmarktrust.org.uk

Royal Castle Hotel. Drei-Sterne-Haus am alten Hafen mit kleinen, gemütlichen Zimmern. 11 The Quay, Tel. 018 03/83 30 33, www.royalcastle.co.uk

VERANSTALTUNGEN

Port of Dartmouth Royal Regatta. Das traditionsreiche Segelfestival im Hafen von Dartmouth findet am letzten Augustwochenende statt. www.dartmouthregatta.co.uk

INFORMATION

Dartmouth Tourist Information Centre. Apr.–Okt. Mo–Sa 10–16.30 Uhr, So 10–14 Uhr, Nov.–März tgl. außer Mi/So 10–16 Uhr, The Engine House, Mayors Avenue, Tel. 018 03/83 42 24, www.discoverdartmouth.com

28 Greenway

Agatha Christies Sommersitz

Greenway einfach nur ein Ferienhaus zu nennen wäre untertrieben: Englands bekannteste Krimiautorin Agatha Christie besaß mit diesem Stück Land hoch über dem River Dart geradezu ein Bilderbuchanwesen. Hier im Süden Devons verbrachte sie mit ihrer Familie von 1938 an Weihnachten und die Sommermonate. Für Christie schien jeder Aufenthalt eine Art Auszeit gewesen zu sein: Keinen einzigen ihrer Romane hat sie in Greenway geschrieben.

Mitte: Greenway war bei Agatha Christie ein beliebter Zufluchtsort. **Unten:** Auch mit »Barnaby«, dem Bus aus den 50er Jahren, kann man Greenway besuchen.

Agatha Christie (1890–1976) nannte ihr Feriendomizil einst den »wunderbarsten Platz der Welt«. Als der Denkmalschutzfonds National Trust Greenway im Jahr 2000 übernahm, versetzte er das Anwesen weitestgehend in den Zustand, den es zu Lebzeiten der Autorin gehabt haben muss. Das helle Herrenhaus im Georgianischem Stil erstrahlt wieder in altem Glanz; der riesige Garten wird wieder gehegt und gepflegt.

Die Fernsehverfilmung von Christies Buch »Wiedersehen mit Mrs. Oliver« (»Dead Man's Folly«) wurde hier gedreht, außerdem verewigte die Autorin Greenway in ihren Krimis »Das unvollendete Bildnis« (»Five Little Pigs«) und »Kurz vor Mitternacht« (»Towards Zero«).

Das Haus

Greenway House wurde um 1700 erbaut und wechselte mehrfach seine Besitzer. Das dreigeschossige, fürstliche Gebäude war über Jahrzehnte die zeitweise Residenz der Familie Christie. Die

Zimmer sind heute mit Originalutensilien eingerichtet. Sehenswert ist der Drawing Room, in dem die Familie zum Spielen, Lesen und Klönen zusammenkam. Auf dem Steinway Piano spielte Christie, die auch eine ausgebildete Konzernpianistin war, hin und wieder für ihren zweiten Ehemann Max Mallowan. Heute können Besucher eine Kostprobe ihres Könnes darauf abgeben. Dieser Teil des Hauses wurde übrigens erst 1815 gemeinsam mit dem Esszimmer angebaut.

Im Winteresszimmer wird die Bescheidenheit deutlich, die der Schriftstellerin stets nachgesagt wurde: Ihr Verdienstorden Order of the British Empire – eine der höchsten zivilen Auszeichnungen Großbritanniens – liegt bis heute zwischen Geschirr versteckt in der Schrankvitrine. In der Main Hall sollte der Blick vor allem auf das Mobiltelefon fallen: Es ist 3,5 Kilogramm schwer, hat eine Akkuzeit von einer Stunde und gilt als das zweite je hergestellte Modell. Der Ehemann von Christies Tocher Rosalind nutzte es, wenn er im Garten arbeitete.

Der Garten

Greenways Garten ist geprägt von schmalen, parallel zum Fluss verlaufenden Wegen, die im Rundkurs zurück zum Ausgang führen. An der Spitze steht der Top Garden mit seltenen Clematissorten, außerdem mit einem Sommerhaus, das inzwischen gemietet werden kann und einen fantastischen Blick auf den Dart bietet. In den Walled Gardens gibt es ein altes Gewächshaus, in dem bis heute Pflanzen gezogen werden. Unten am Fluss lohnt das Bootshaus einen Abstecher. Dieser romantische Ort war im Film »Dead Man's Folly« Schauplatz eines Verbrechens. Während der Hauptsaison finden zweimal täglich Führungen durch den Garten statt.

Infos und Adressen

SEHENSWÜRDIGKEITEN

Greenway. März–Okt. Mi–So (im Sommer auch Di) 10.30–17 Uhr, zwischen Weihnachten und Neujahr 11–16 Uhr, Greenway Road, Galmpton, Tel. 018 03/84 23 82, www.nationaltrust.org.uk/greenway

ANREISE

Auto. Parkplätze in Greenway müssen zwingend vorab gebucht werden. Tel. 018 03/84 23 82, www.nter.org.uk

Fähre. Von Dartmouth, Titnes, Brixham und Torquay gibt es eine Fährverbindung nach Greenway. Tel. 018 03/88 28 11, www.greenwayferry.co.uk

Dampfeisenbahn. Die Linie verkehrt von Paignton über Greenway (von der Haltestelle sind es ca. 20 Minuten zu Fuß) nach Kingswear. Apr.–Nov. tgl. bis zu neun Fahrten, Dez.–März unregelmäßig, Tel. 018 03/55 58 72, www.dartmouthrailriver.co.uk

ÜBERNACHTEN

Greenway Apartment. Der National Trust vermietet eine Wohnung im früheren Haus der Schriftstellerin, außerdem zwei Gartenhäuser. Greenway Road, Galmpton (bei Brixham), Tel. 08 44/335 12 87, www.nationaltrust.org.uk/greenway

29 Torbay
Englands Riviera

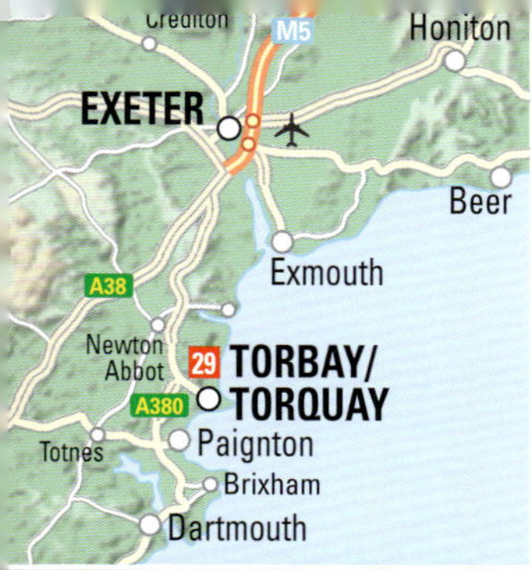

Die Gegend um Torquay ist für viele ältere Briten der Inbegriff von »Sommerfrische«: Seit dem 19. Jahrhundert zieht es die Menschen an die Strände der Bucht von Torbay, um eine zeitlang den Alltag zu vergessen. Viel von dem Charme vergangener Zeiten ist auch heute noch zu spüren – und wirkt mitunter etwas angestaubt. Dennoch hat dieser Teil der südenglischen Küste nichts von seinen Reizen verloren.

Torbay, Namensgeber der bei Urlaubern so beliebten Bucht Torbay (131 000 Einwohner), ist zugleich Verwaltungseinheit von mehreren Städten.

Mitte: Torquays St. John Kirche ist ebenso Teil der Altstadt wie …
Unten: … der pittoreske Hafen.

Torquay

Am bekanntesten ist die größte unter ihnen: Torquay (63 000 Einwohner). Das alte Seebad war schon vor weit mehr als 100 Jahren für seine klare, trockene Luft bekannt, weshalb es gerade Menschen mit Atemwegserkrankungen und Aller-

MAL EHRLICH

SONNIG ABER VERBAUT

»Englische Riviera« wird die Gegend um Torbay genannt, weil sich an ihren Stränden schon im 19. Jahrhundert Badegäste in der Sonne aalten. Allein: Torquay & Co. haben sich allzu lange auf ihrem Image aus der Vergangenheit ausgeruht und wenig in die Zukunft investiert. Vieles wurde vernachlässigt, die Anlagen am Strand sind verbaut und werden allein dank des hiesigen milden Klimas so stark frequentiert.

gien anzog. Das liegt an einer klimatischen Besonderheit: Während die meisten Badeorte Cornwalls von eher frischem Wind aus Richtung Atlantik heimgesucht werden, bläst in Torquay fast immer Südostwind – eine warme, trockene Brise vom Ärmelkanal. Dass hier wie in vielen Orten des Südwestens in den Vorgärten Palmen emporragen, verleiht der Gegend zusätzlich etwas Südländisches. Heute ist Torquay ein infrastrukturelles Zentrum der ganzen Region. Die Hotels sind teilweise so groß, dass man sie eher an den belebten Stränden Mallorcas oder Italiens vermuten würde.

Für ein Hotel ist die Stadt übrigens weltbekannt, ohne dass es jemals hier gestanden hätte: John Cleeses Fernsehserie »Fawlty Towers« spielte in Torquay, wenngleich sie nördlich von London gedreht wurde. Doch der Legende nach hat der Monty-Python-Star im »Gleneagles Hotel« von Torquay die Idee zu dieser Serie entwickelt: während eines katastrophalen Aufenthalts mit seiner Komikertruppe, bei dem ihm der damalige patriarchalische Hausherr und dessen snobistische Ehefrau in Erinnerung geblieben waren.

Die Heimat Agatha Christies

Torquay ist nicht nur berühmt wegen seines Image als Badeort, sondern auch wegen der Popularität einer früheren Bewohnerin: Die Krimiautorin Agatha Christie (1890–1976) wurde hier geboren und verbrachte lange Jahre ihres Lebens im Süden Devons. Ihr zu Ehren gibt es an der Seeseite der Stadt inzwischen die »Agatha Christie Mile«, einen Weg, der zu wichtigen Schauplätzen aus ihrem Leben führt.

Startpunkt ist das »Grand Hotel«, in dem Christie 1914 ihre Flitterwochen mit Archie Christie verbrachte. Der Weg führt vorbei an einem Pavillon,

AUTORENTIPP!

IN DER FRÜH ZUM FISCHMARKT

Die frühe Uhrzeit mag manche abschrecken, doch wer morgens um sechs die Tour über den Brixham Fish Market mitmacht, wird es nicht bereuen. Vor dem Frühstück gibt es schon allerlei Wissenswertes über die rund 40 Sorten Fisch zu erfahren, die hier täglich gehandelt werden. Jedes Jahr wechseln in Brixham Waren im Wert von 25 Millionen Pfund den Besitzer. Die Händler vor Ort haben eine Menge über ihren Fang (und ihre Kundschaft) zu berichten. Außerdem erfährt man viel über den Markt selbst, der nach wie vor zu einem der wichtigsten im Südwesten Englands zählt. Und seit seinem Neubau vor einigen Jahren zum modernsten. Integriert ist ein hervorragendes Fischrestaurant!

Brixham Fish Market Tours. Touren unregelmäßig und nur nach Voranmeldung unter Tel. 074 10/61 79 31, bfmt2014@gmail.com, Gebühr 10 £, The Quay, Brixham

Oben: Der Strand in Goodrington in Torbay ist bei Familien sehr beliebt.
Mitte: Die bunten Strandhäuschen sind hübsch anzusehen und schützen auch bei Wind.
Unten: Torquay Pavillion in einem kleinen Park am Hafen

in dem Christie mehrfach Konzerten gelauscht hat, einer Bronzebüste der Autorin sowie dem Jachtclub, in dem ihr Vater ein prominentes Mitglied war. Das nun folgende »Imperial Hotel« spielte in mehreren ihrer Bücher eine Rolle. Das Torquay Museum hat Agatha Christie einen eigenen Bereich gewidmet. Begleitbroschüren zu dem Rundgang gibt es im English Reviera Visitor Centre.

Der Strand

Die kleinen bunten Reihen von Holzhütten sind wohl das typischste Fotomotiv der Torbay-Region. Zu finden sind sie unter anderem am Oddicombe Beach und dem Meadfoot. Seit Jahrhunderten ist es in Großbritannien üblich, solche Hütten für eine Saison zu mieten, um darin Utensilien wie Liegestühle unterzubringen. Insgesamt 22 Strände gibt es entlang dieses Küstenabschnitts. Als schönster wird allenthalben Meadfoot genannt, der zwar klein ist, aber durch seine steile Küstenlinie ein herausragendes Merkmal hat.

Kents Cavern

Aufgrund der sensationellen Funde prähistorischer Knochen zählt die Kalksteinhöhle zu den bedeutendsten archäologischen Stätten Europas. Das Höhlensystem entstand vor rund zwei Millionen Jahren und steht schon seit dem 19. Jahrhundert im Fokus der Archäologen. Ihre Funde deuten darauf hin, dass in der Region bereits Neandertaler gelebt haben müssen.

Inzwischen ist Kents Cavern mit Licht und Infotafeln besuchergerecht ausgestattet. In geführten Touren kann die Kalksteinhöhle besichtigt werden, wobei ihre von Stalagmiten und Stalaktiten geprägten Bereiche einen besonderen Reiz haben.

Rundgang durch Torquay

Ⓐ **Grand Hotel** – Das altehrwürdige Hotel ist seit vielen Jahrzehnten das erste Haus am Platze. Agatha Christie hat hier ihre Flitterwochen mit Ehemann Archie verbracht. Und noch immer birgt es den Charme dieser Zeit.

Ⓑ **The Pavillon** – Der für einen Badeort fast schon obligatorische Strandpavillon war einst eines der schönsten Theater an der britischen Küste. Dann verkam er und wurde zu dem, was er heute ist: ein Einkaufszentrum. Hübsch anzusehen ist er aber immer noch.

Ⓒ **English Riviera Visitor Centre** – Die Touristeninformation der Stadt bietet nicht nur jede Menge Informationen über die Region Torbay; hier gibt es auch ein kostenloses Faltblatt zu der Agatha Christie Mile, einem Weg, der Stationen aus dem Leben der weltbekannten und beliebten Krimiautorin folgt. Er ist nicht nur für Fans eine nette Abwechslung.

Ⓓ **Hole in the Wall Pub** – Der älteste Pub der Stadt ist ideal für einen kurzen Zwischenstopp – zum Beispiel für ein Ale oder einen Cider aus dem Südwesten Englands.

Ⓔ **Torquay Museum** – Das Stadtmuseum zeigt allerlei Sehenswertes über die Vergangenheit Torquays als Hafen- und Badeort. Natürlich darf eine kleine Ausstellung für Agatha-Christie-Fans nicht fehlen.

Ⓕ **Kents Cavern** – Das alte Kalksteinhöhlensystem ist ein bedeutender archäologischer Fundort. Prähistorische Knochen beweisen, dass in Torquay schon die Neandertaler gesiedelt hatten.

Ⓖ **Gleneagles Hotel** – Das unscheinbare Hotel war Inspirationsquelle für die TV-Serie »Fawlty Towers«. John Cleese erlebte unter dem früheren Besitzer vieles, was er später seiner fiktiven Figur Basil Fawlty zuschrieb – mit sensationellem Erfolg.

AUTORENTIPP!

MIT DER BAHN DURCH DIE KLIPPEN

Die alte Küstenbahn aus dem Jahr 1926 arbeitet bis heute so zuverlässig wie eh und je: Eine Fahrt zwischen Babbacombe Downs und dem Oddicombe Strand ist zwar ein kurzes Erlebnis, dafür aber ein bleibendes. Beharrlich schleppt sich die Bahn über 220 Meter die steile Küstenstrecke hinauf, von einem Drahtseil gezogen. An ihrem Ende – egal ob unten oder oben – wartet eine tolle Natur auf die Fahrgäste. Sir George Newnes (1851–1910), ein Unterhausabgeordneter der Liberaldemokraten, hatte bereits Ende des 19. Jahrhunderts die Idee für eine solche Bahn. Die Verwirklichung seiner Vision erlebte er nicht mehr – Newnes starb 1910.

Babbacombe Cliff Railway. März–Okt. tgl. 9.30–17.55 Uhr, 1,70 £ pro Strecke. Babbacombe Downs Road, Babbacombe, Torquay, Tel. 018 03/32 87 50, www.babbacombecliffrailway.co.uk

Wegen dieser geologischen Eigenschaft gehört die Englische Riviera zum UNESCO Global Geopark.

Torre Abbey

Der im Jahr 1196 ursprünglich als Kloster errichtete Gebäudekomplex war über viele Jahrhunderte Stammsitz der Cary-Familie. Zusammen mit der Familie Palk war sie es, die Torquay baulich zu dem machte, was es heute ist. Die Carys unternahmen im Laufe der Zeit einige Umbaumaßnahmen an ihrem Domizil und zeigen sich auch verantwortlich für die Anbauten im Georgianischen Stil. Im Jahr 1930 verkauften sie Torre Abbey an die Stadt Torquay, die darin ein Kunstzentrum einrichtete. Der Komplex beinhaltet eine der größten Kunstsammlungen Devons. Zu sehen sind vor allem Werke aus dem 19. Jahrhundert. Besonders schön sind auch die Gärten.

Paignton

Torquays südlichem Nachbarort Paignton (47 000 Einwohner) fehlt ein bisschen der Charme seiner großen Schwester. Auch hier gibt es Geschäfte, Strände und Hotels – doch zog es die wohlhabenderen Reisenden jahrzehntelang eher nach Torquay. Das macht sich heute in einer gewissen Glanzlosigkeit bemerkbar, wenngleich man auch Positives daran finden kann: Paignton fehlt der Trubel des Nachbarorts. Wer etwas weniger Touristennepp möchte, kann sich durchaus wohlfühlen. Auch die Hotels sind günstiger.

Bekannt ist Paignoton als nördlicher Zielpunkt der Dartmouth Steam Railway. Die Dampfeisenbahn ist bis heute in Betrieb und bringt seine Passagiere bis nach Kingswear. Sehenswert ist auch der kleine Zoo von Paignoton. In mehrere Klimazonen aufgeteilt gibt es hier allerlei wilde Tiere zu sehen.

Brixham

Brixham (17 000 Einwohner) war ursprünglich ein Fischerort, der sich noch immer an den Hang am südlichen Ende der Bucht schmiegt. Und damit den denkbar größten Kontrast zum wuseligen Torquay bietet. Der Fischfang ist bis heute eine der wichtigsten Einnahmequellen der Stadt, der Fischmarkt ein bedeutender Absatzplatz für die Flotten der Umgebung.

Die maritime Vergangenheit reicht Jahrhunderte zurück. Das wird unter anderem an einem alten Segelschiff im Hafen deutlich: Die »Golden Hind« ist eine originalgetreue Replik jenes Schiffes, mit dem der Entdecker Sir Francis Drake (1540–1596) zwischen 1577 und 1580 die Welt umrundete. Der Nachbau dient häufig als Kulisse für Film- und Fernsehaufnahmen, kann aber auch besichtigt werden. Gleichwohl gehört das Schiff eigentlich gar nicht hierher: Das Original hatte nie in Brixham angelegt.

Berry Head

Südöstlich von Brixham schließt sich das Naturschutzgebiet Berry Head an. Während der Napoleonischen Kriege entstand hier ein Fort, das diesen Teil Großbritanniens vor Invasoren aus Frankreich und Spanien schützen sollte. Von dem exponierten Punkt aus hat man eine herrliche Aussicht aufs Meer.

Eine besondere Kuriosität hat Berry Head ebenfalls zu bieten: Großbritanniens kürzesten Leuchtturm. Er ist ganze fünf Meter hoch! Weil er aber auf einem Felsvorsprung thront, liegt er eigentlich 58 Meter über dem Meeresboden. Was ihn wiederum zu einem der höchsten Leuchttürme im Land macht.

AUTORENTIPP!

EIN FEST FÜR AGATHA

Sie ist die Krimi-Ikone des Südwestens und war in Torquay zu Hause: Agatha Christie (1890–1976) wird eng mit der Englischen Riviera in Verbindung gebracht, nicht zuletzt wegen ihres Ferienhauses Greenway, das sie bis kurz vor ihrem Tod nutzte. Jedes Jahr im Herbst, rund um den Geburtstag der Autorin am 15. September, feiert Torquay seine berühmteste Einwohnerin mit dem Agatha Christie Festival. Das Literaturfest besteht aus Lesungen, Ausstellungen und anderen Veranstaltungen – die Stadt feiert mit und zieht eine Menge Gäste aus ganz Europa an. Eine gute Gelegenheit, Devon auf den Spuren Christies zu entdecken, denn auch einige ihrer Geschichten sind hier angesiedelt, die später allerdings häufig an anderen Orten verfilmt wurden.

Agatha Christie Festival. Torre Abbey, www.agathachristie.com

Die Geschichte vom Brixham Hafen ist erzählenswert.

Infos und Adressen

SEHENSWÜRDIGKEITEN

Brixham Heritage Museum. Museum, das sich mit alten Fotografien vorrangig der maritimen Vergangenheit Brixhams widmet. Apr.–Okt. Di–Sa 10–16 Uhr, Nov.–März Di–Sa 10–13 Uhr, Eintritt 2 £, The Old Police Station, New Road, Brixham, Tel. 018 03/85 62 67, www.brixhammuseum.org.uk

Cockington. Das kleine Dorf bei Torquay wurde vor 2500 Jahren gegründet. Es wirkt mit seinen kleinen reetgedeckten Häusern wie das Musterbeispiel eines englischen Ortes. Anziehungspunkt ist auch Cockington Court, ein altes Anwesen, das heute viele Kunsthandwerkbetriebe beinhaltet. www.cockingtoncourt.org

Küche einer für Devon typischen Farm …

Golden Hind. Eine originalgetreue Replik des alten Segelschiffs von Sir Francis Drake. Feb.–Okt. tgl. 10–16 Uhr, Eintritt 4 £, The Quay, Brixham, Tel. 018 03/85 62 23, www.goldenhind.co.uk

Kents Cavern. In der Kalksteinhöhle wurden die ältesten prähistorischen Funde Großbritanniens gefunden. Sie sind bis zu 450 000 Jahre alt. Nov.–März tgl. 10–16.30 Uhr, Apr.–Okt. tgl. 9.30–17 Uhr, Eintritt 9,25 £, 89/91 Ilsham Road, Torquay, Tel. 018 03/21 51 36, www.kents-cavern.co.uk

Paignton Zoo. Der Zoo von Torquays Nachbarstadt ist vor allem bei Familien mit Kindern ein beliebtes Ziel. Tgl. 10–18 Uhr (im Winter schließt der Zoo bei Einbruch der Dunkelheit), Eintritt 15,95 £, Totnes Road, Paignton, Tel. 08 44/474 22 22, www.paigntonzoo.org.uk

Torquay Museum. Das Stadtmuseum widmet sich in einer Galerie auch der Krimiautorin Agatha Christie. Tgl. außer Fr/So 10–16 Uhr, Eintritt 5,70 £, 529 Babbacombe Road, Torquay, Tel. 018 03/29 39 75, www.torquaymuseum.org

Torre Abbey. Das frühere Kloster ist heute Kunstzentrum und Museum. Mi–So 10–17 Uhr, Eintritt 7,50 £, The King's Drive, Torquay, Tel. 018 03/29 35 93, www.torre-abbey.org.uk

ESSEN UND TRINKEN

The Elephant. Was im »Elephant« serviert wird, ist mehr Kunst als Essen. Der Fokus liegt auf Fisch. Di–Sa 12–14 Uhr und 18.30–21 Uhr, 3 & 4 Beacon Terrace, Torquay, Tel. 018 03/20 00 44, www.elephantrestaurant.co.uk

Guardhouse Café. Malerisch gelegenes Café am Berry Head. Tgl. 9–17 Uhr, Tel. 018 03/85 57 78, www.guardhousecafe.com

Hole in the Wall. Torquays ältester Pub befindet sich am Hafen und ist eine gute Adresse für rustikales Essen und gut gezapftes Bier. Tgl. 11.30–0 Uhr, 6 Park Lane, Torquay, Tel. 018 03/20 07 55, www.holeinthewalltorquay.co.uk

ÜBERNACHTEN

Berry Head Hotel. Das kleine herrenhausähnliche Hotel dürfte eine der besten Lagen im Land haben mit einer grandiosen Aussicht auf den Ärmelkanal. Berry Head Road, Brixham, Tel. 018 03/85 32 25, www.berryheadhotel.com

Gleneagles Hotel. Heute das gewöhnliche Drei-Sterne-Hotel einer Kette, einst aber jener Ort, an dem John Cleese die Eingebung für seine TV-Serie

»Fawlty Trowers« hatte. Asheldon Road, Torquay, Tel. 08 45/373 09 95, www.hotel-gleneagles.com

The Grand Hotel. Nobles Vier-Sterne-Hotel mit Schwimmbad und Wellnessbereich. Seafront, Torquay, Tel. 018 03/29 66 77, www.grandtorquay.co.uk

The Grosvenor. Gemütliches kleines Hotel unweit des Wassers mit schönem Garten. Belgrave Road, Torquay, Tel. 018 03/729 43 73, www.grosvenorhoteltorquay.co.uk

Travelodge Torquay. Es ist vielleicht nur der Ableger einer in England weit verbreiteten Budget-Kette – doch dieses Travelodge ist durchaus eine gute und günstige Alternative zu den oft etwas abgewirtschafteten Hotels der Gegend. Newton Road, Torquay, Tel. 08 71/984 64 12, www.travelodge.co.uk

EINKAUFEN

Brixham Art and Craft Market. Auf dem Kunstmarkt von Brixham gibt es zwischen April und Oktober jeweils samstags Kunst und Kunsthandwerk aus der Umgebung zu kaufen. Old Fish Market, Brixham

Cockington Chocolate. Hausgemachte Schokoladenspezialitäten in einem der schönsten Dörfer Englands. Tgl. 10–17 Uhr, Cockington Court, Cockington Village, Tel. 018 03/60 71 56, www.cockingtonchocolate.co.uk

Fleet Walk Shopping Centre. Dieses zweigeschossige Arkadengebäude beinhaltet eine Reihe interessanter Geschäfte – vom Bekleidungsgeschäft bis zum Discounterkaufhaus. Fleet Walk, Tel. 018 03/20 05 08, www.fleetwalkshopping torquay.co.uk

The Market Forum. In die alte Markthalle haben sich nette Geschäfte eingemietet. Market Street, www.themarketforum.co.uk

INFORMATION

English Riviera Visitor Centre. Mo–Sa 9.30–17.30 Uhr, So 11–15 Uhr, 5–7 Vaughan Road, Torquay, Tel. 018 03/21 12 11, www.englishriviera.co.uk

… im Torquay Museum, der ältesten Sammlung in Devon.

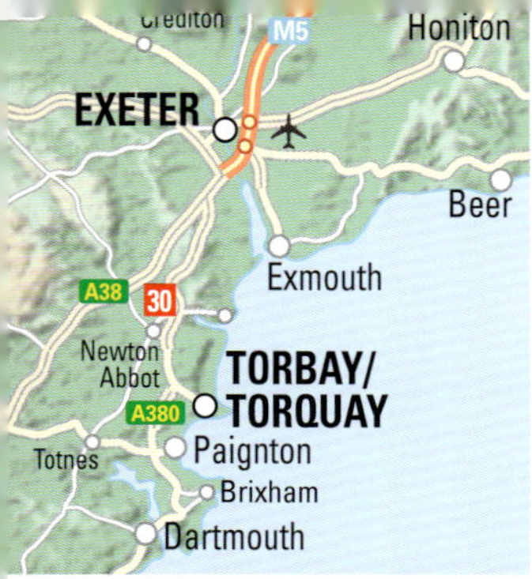

30 Newton Abbot

Die Eisenbahnstadt

Der Anschluss an die Eisenbahn hat im 19. Jahrhundert die Bedeutung der alten Marktstadt gefestigt. Die South Devon Railway begann damals, in Newton Abbot ihre Dampflokomotiven warten zu lassen, später auch die British Rail. Der Reichtum von einst zeigt sich an der Viktorianischen Architektur der Innenstadt.

Viel von der Eisenbahnvergangenheit ist in Newton Abbot (23 000 Einwohner) inzwischen nicht mehr zu sehen, mit Ausnahme des hübschen Bahnhofs in der Queen Street. Die Zeit der Dampfloks war irgendwann vorüber. Die Servicewerke konnten sich unter wechselnden Aufgaben noch bis in die Achtzigerjahre des vergangenen Jahrhunderts retten, doch dann war Schluss. Heute sind sie in ein allgemeines Industriegebiet integriert worden. Die Wartungsanlagen waren nicht die einzigen Werke, die hier verschwanden: Noch bis Anfang des 20. Jahrhunderts waren Wolle und Leder wichtige Exportfaktoren der Stadt. Gegen die Wettbewerber konnten sich die Unternehmen jedoch nicht mehr durchsetzen.

Mitte: Am Alexandra Tower trifft man sich, ist man in Newton Abbot am Clock Tower verabredet.
Unten: Nach Geschäftsschluss kehrt in der Fußgängerzone schnell Ruhe ein.

Die Innenstadt

Die Fußgängerzone von Newton Abbot ist geprägt vom St. Leonard's Tower, den letzten Überbleibseln einer Kapelle aus dem Jahr 1220. Einheimische nennen ihn schlicht Clock Tower, da er an der Kreuzung Powderham Road/Courtenays Street vor allem eines tut: die Uhrzeit anzeigen. Eine Tafel am Turm erinnert an Wilhelm III. von Oranien (1650–1702), der 1688 seine erste Deklaration verlesen ließ, als er hier Station machte. Eigentlich fließt der River Lemon an dieser Stelle durch die Stadt und war auch eng mit der Entwicklung des Zentrums verwoben. Inzwischen wurde er aber im Bereich der Fußgängerzone überbaut. Wer den Fluss sehen will, muss an die westlichen und östlichen Enden der Innenstadt gehen.

Bradley Manor

Das mittelalterliche Herrenhaus westlich von Newton Abbot gilt als eines der am besten erhaltenen Devons. Vor allem was sein Innenleben angeht: Der National Trust hat sich des Gebäudes angenommen, und deshalb können Besucher in Ruhe durch die seit Jahrzehnten unveränderten Räume gehen. Sehenswert ist die Einrichtung mit aufwendigen Holzverzierungen, die einen Einblick in das Leben vergangener Tage gibt.

Hannahs at Seale-Hayne

Das denkmalgeschützte Anwesen Seal-Hayne wird von Hannah betrieben, einer Stiftung für Kinder und Behinderte. Es ist aber ausdrücklich für jedermann geöffnet. Inmitten einer 35 Hektar umfassenden Grünfläche steht dieses quadratische Häuserensemble im edwardianischen Stil mit seinen efeubewachsenen Mauern. Die Stiftung unterhält eine Kunstgalerie und ein Wellnesszentrum.

Am spektakulärsten aber ist das Gebäude selbst, das architektonisch als einer der Höhepunkte der Umgebung gilt. Dazu bietet das herrschaftliche Anwesen eindrucksvolle Ausblicke auf die Natur Süddevons. Wer will, kann auch übernachten – Hannahs bietet unterschiedliche Möglichkeiten an, vom Zeltplatz bis zum En-Suite-Zimmer. Die Stiftung wurde 1767 durch Hannah Rogers gegründet, der Frau eines Parlamentsabgeordneten aus Plymouth.

Infos und Adressen

SEHENSWÜRDIGKEITEN

Bradley Manor. Apr.–Sept. Di–Do 11–17 Uhr, Eintritt 5,20 £, Totnes Road, Tel. 018 03/66 19 07, www.nationaltrust.org.uk/bradley

Hannahs at Seale-Hayne. A 38 zwischen Newton Abbot und Ashburton, Tel. 016 26/32 58 00, www.discoverhannahs.org

ESSEN UND TRINKEN

The Thatched Cottage. Anlgo-französische Küche in einem alten Landhaus. Di–So 10–15 Uhr, Di–Sa auch 19–23 Uhr, 9 Crossley Moor Road, Kingsteignton, Newton Abbot, Tel. 016 26/36 56 50, www.thethatchedcottagerestaurant.com

Ye Olde Cider Bar. Unscheinbarer Pub, vermutlich mit der besten Cider-Auswahl des Landes. Tgl. 10–23 Uhr. 99 East Street, Tel. 016 26/35 42 21

ÜBERNACHTEN

Premier Inn. Modernes Hotel. Newton Road, Tel. 08 71/527 93 00, www.premierinn.com

Sampsons Farm Country Hotel. 15 Zimmer im Grünen. Preston, Newton Abbot, Tel. 016 26/35 49 13, www.sampsonsfarm.com

INFORMATION

Tourist Information Center. Apr.–Sept. Mo–Sa 9.30–16.30 Uhr, Okt.–März Mo–Sa 10–16 Uhr, 6 Bridge House, Courtenay Street, Tel. 016 26/21 56 67

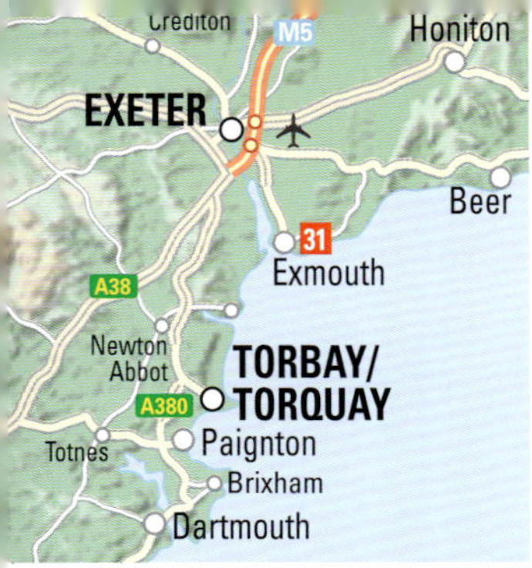

31 Exmouth

Devons ältestes Seebad

Exmouth ist das älteste Seebad Devons, und das hat – neben dem milden Klima – eine simple Ursache: Vor der Mündung des River Exe in den Ärmelkanal gibt es einen der wenigen Sandstrände Devons. Dazu kommen im Sommer die hohen Wassertemperaturen von bis zu 25 Grad. Und zur kühleren Jahreszeit zieht vor allem eines die Besucher an: Bei Exmouth beginnt die Jurassic Coast, ein von Fossilien übersäter Küstenabschnitt.

Auf den ersten Blick mag man denken, Exmouth (33 000 Einwohner) habe seine beste Zeit hinter sich. Doch ist es dieser Eindruck vergangener Tage, der den Charme der kleinen Stadt südöstlich von Exeter ausmacht. Mit dem Anschluss an das Eisenbahnnetz begann vor 150 Jahren ihr wirtschaftlicher Aufschwung. Daran erinnern die Gebäude aus Viktorianischer Zeit.

Mitte: Exmouth am Strand
Unten: Der Hafen ist der zentrale Platz in der Stadt.

Promenade

Die Küstenpromenade, in weiten Teilen Esplanade genannt, zieht sich bis zur Mündung des River Exe in den Ärmelkanal. Hierher kommen die meisten Besucher weniger, um zu promenieren, als vielmehr am Strand zu entspannen. Sehenswertestes Bauwerk am südlichen Ende der Stadt ist der Jubilee Clock Tower, einer jener Türme, mit denen im ganzen Land 1897 das Thronjubiläum von Queen Victoria gefeiert wurde. Manche nennen den Turm auch Little Big Ben in Bezug auf seinen großen Bruder in London. Freilich wird nicht der berühmte Parlamentsturm Big Ben genannt, sondern dessen größte Glocke.

Unweit davon befindet sich mit der Model Railway eine der seltenen Touristenunterhaltungen der Stadt. Die Anlage der Spur 00 mag vor allem für Eisenbahnfans und Kinder interessant sein. Ein Besuch lohnt dennoch wegen eines besonderen Cafés: Das »Railway Carriage Café« ist, wie der Name bereits vermuten lässt, in einem alten Eisenbahnwaggon aus dem Jahr 1956 untergebracht.

Wer am östlichen Ende der Promenade – nun Queen's Drive genannt – ein Stück dem South West Coast Path folgt, gelangt zum Orcombe Point. Er ist nicht nur ein grandioser Aussichtspunkt, sondern markiert auch den Beginn der Jurassic Coast, die sich über 150 Kilometer in Richtung Osten zieht.

Der alte Hafen

Westlich der Promenade schließt sich am River Exe der alte Hafen an. Nur noch wenige Fischer fahren hier nachts aufs Wasser – der größte Teil wurde in einen Jachthafen umgewandelt, um zahlungskräftige Klientel anzulocken. Die neuen Apartmentkomplexe tragen dem ebenfalls Rechnung. Am Hafen geht auch die Fähre ab, die Exmouth mit Starcross auf der anderen Seite des Flusses verbindet.

A la Ronde

Als die beiden Cousinen Jane und Mary Parminter im 18. Jahrhundert von umfangreichen Reisen in ihre Heimat England zurückkehrten, ließen sie sich in Devon nieder. Voller Eindrücke von der großen weiten Welt befanden sie ein ganz gewöhnliches Haus als nicht adäquat zu ihren Wohnbedürfnissen: Kurz entschlossen ließen sie sich, basierend auf eigenen Entwürfen, ein Haus mit 16 Ecken

AUTORENTIPP!

FOSSILIENFUNDE

Sie zieht sich über 150 Kilometer von Orcombe Point bei Exmouth bis zur Isle of Purbeck im Osten und ist für Paläontologen eine wahre Fundgrube: Weil an dieser Küste so viele Fossilien ausgegraben wurden, nannte man sie kurzum Jurassic Coast und bezog sich dabei auf den Film »Jurassic Park« von Steven Spielberg, in dem Dinosaurier aller Art über die Leinwand spazieren. Übrigens sehr zum Leidwesen vieler Ansässiger, die sich ein bisschen mehr Ernsthaftigkeit gewünscht hätten. Schließlich ist die Jurassic Coast seit 2001 von der UNESCO als Weltnaturerbe anerkannt. Ihre Gesteinsformationen sind um die 185 Millionen Jahre alt. Für Besucher sind allein schon Wanderungen entlang der Küstenabschnitte ein Erlebnis.

Jurassic Coast. Küstenabschnitt zwischen Orcombe Point und Old Harry Rocks. www.jurassiccoast.org

Oben: Nach Stürmen kommen die Fossiliensammler.
Unten: Fast 200 Jahre schon beschützt dieses Haus im Regency Style seine Bewohner.

bauen – A la Ronde. Von einem achteckigen Zentrum geht es in insgesamt 20 Zimmer, die Wände des Oktagons sind mit 25 000 Muscheln ausgeschmückt. Typisch sind auch die zum Teil rautenförmigen Fenster des Gebäudes. Die meisten Zimmer sind noch mit Hinterlassenschaften der Parminters eingerichtet, darunter selbst entworfene Möbelstücke und Spitzendeckchen.

Sidmouth

Der pittoreske Hafenort östlich von Exmouth ist deutlich kleiner, aber nicht minder interessant. Es hatte sich um ein bescheidenes Fischerdorf gehandelt, bis Queen Victoria – lange bevor sie den Thron bestieg – hier mit ihrer Familie den Urlaub verbrachte. Fortan zog Sidmouth (14 000 Einwohner) die noblere Klientel an, was sich auch auf den Baustil niederschlug: In den kleinen Straßen stehen 500 der überwiegend im Regency-Stil gehaltenen Gebäude unter Denkmalschutz.

Heute zieht es viele (wohlhabenden) Rentner hierher, die in Sidmouth ihren Lebensabend verbringen. Sehenswert ist zum einen die Esplanade entlang der Küste, doch noch interessanter wird es, wenn man sich ins Zentrum der kleinen Stadt begibt. In Fortfield Terrace etwa sind die weiß getrichenen Gebäude aus dem 19. Jahrhundert gekennzeichnet von ihren typischen schmalen Balkonreihen im ersten Obergeschoss.

Infos und Adressen

SEHENSWÜRDIGKEITEN

A La Ronde. März–Okt. 10–17 Uhr, Eintritt 7,80 £, Summer Lane, Exmouth, Tel. 013 95/26 55 14, www.nationaltrust.org.uk/a-la-ronde

ESSEN UND TRINKEN

Les Saveurs at The Seafood Restaurant. Wunderbare Fischgerichte, vieles kommt aus der Region. Di–Sa 19–22 Uhr, 9 Tower Street, Tel. 013 95/26 94 59, www.lessaveurs.co.uk

River Exe Café. Das Restaurant auf einer schwimmenden Plattform im Fluss Exe serviert hervorragende Fischgerichte. Erreichbar ist es mit dem Boot. Apr.–Sept. tgl. 10–22 Uhr (außerhalb der Ferienzeit Mo–Do nur bis 17 Uhr), River Exe, The Docks, Tel. 077 61/11 61 03, www.riverexecafe.com

ÜBERNACHTEN

Devoncourt Hotel. Großes, solides Hotel mit Schwimmbad und Garten. Douglas Avenue, Tel. 013 95/27 22 77, www.devoncourthotel.com

The Imperial Exmouth Hotel. Ein altes, aber modernisiertes viktorianisches Hotel in grüner Umgebung. The Esplanade, Tel. 013 95/27 47 61, www.coastandcountryhotels.com/our-hotels/the-imperial-hotel-exmouth

AKTIVITÄTEN

Exmouth Model Railway. Modelleisenbahnanlage mit Café in einem alten Eisenbahnwaggon. Apr.–Nov. tgl. 10–16 Uhr, Eintritt 2,50 £, Queens Drive, Tel. 013 95/27 83 83, www.exmouthmodelrailway.co.uk

Stuart Line Bootstouren. Von Exmouth aus lassen sich Touren entlang der Jurassic Coast oder über den River Exe unternehmen. März–Okt. tgl. zu unterschiedlichen Zeiten. Exmouth Marina, Tel. 013 95/22 21 44, www.stuartlinecruises.co.uk

INFORMATION

Exmouth Tourist Information Centre. Mo–Fr 9–17 Uhr, Sa 9–16 Uhr, Travelworld, Rolle Street, Tel. 013 95/222 22 99, www.exmouth-guide.co.uk

Von Exmouth aus kann man Bootstouren entlang der Jurassic Coast unternehmen.

Mitte: Tourismusmanager bedauern, dass Gäste keine Postkarten wie diese mehr verschicken, … **Unten:** … aber vielleicht gäbe es dann am Strand auch keinen Platz mehr für die Boote.

32 Beer
Devons Sandsteinort

Das Dorf mit dem lustigen Namen ist weit davon entfernt, Standort einer Brauerei zu sein. Genau genommen stammt die Bezeichnung von dem Wald (angelsächsisch »bearu«), der den Ort umgibt. Beer ist so etwas wie das touristische Musterdorf Devons. Die Häuser schmiegen sich idyllisch an die Küste und finden sich deswegen auf etlichen Werbefotos für die Region.

Während sich andere Orte Devons und Cornwalls wegen ihrer Sandstrände rühmen, zieht Beer (1500 Einwohner) trotz seines ungemütlichen Kiesstrands die Besucher an. Denn es ist das große Ganze, das viele fasziniert. Im Hintergrund die Kreidefelsen der Jurassic Coast strahlt der Ort an der Lyme Bay eine Ruhe aus, die Erholung pur bedeutet. Die Hauptstraße verläuft gemächlich bis zum Wasser, an ihr sind einige kleinere Läden zu finden.

Der Legende nach strandete vor der Küste im späten 17. Jahrhundert ein spanisches Schiff, und die Überlebenden fanden in Beer ihre neue Heimat. Weshalb seine Einwohner lange Zeit in der Umgebung als »Spanier« bezeichnet wurden. Während die Männer vorrangig vom Fischfang lebten, bauten ihre Frauen im 18. und 19. Jahrhundert einen eigenen kleinen Industriezweig auf: Spitze.

Andere machten sich eine bestimmte geologische Besonderheit zu eigen – die unzähligen Höhlen, die durch den Abbau von Sandstein entstanden waren: Beer war über Jahrhunderte ein beliebter Umschlagplatz für Schmuggler. Und sie verstauten ihre Ware in den Aushöhlungen rund um den Ort.

Beer Quarry Caves

Schon die Römer kamen nach Beer, um Wein an- und den Sandstein der Umgebung abzubauen. Letzterer war ein Exportschlager, der viele Jahrhunderte überdauerte: Aus Beerer Sandstein sind zum Beispiel St. Paul's und Westminster Abbey in London gebaut sowie die Kathedrale von Exeter.

Durch den Abbau des Sandsteins entstanden kleinere Höhlen und unterirdische Kathedralen. Erst 1920 schloss die erste Großgrabungsstätte, da in unmittelbarer Nachbarschaft eine zweite eröffnet wurde. Seit 2003 liegt der Abbau von Sandstein in Beer brach. Dafür sind die Quarry Caves inzwischen für Besucher geöffnet, die in geführten Touren einiges über die Vergangenheit dieses Industriezweigs sowie über die geologischen Besonderheiten erfahren. Wie in vielen alten Löchern gibt es übrigens Fledermäuse.

Der Strand

Der Strand von Beer ist mehr ein Hafen – was auch daran liegt, dass es sich im Kiesbett nicht gut sonnen lässt. Bis heute fahren Fischer tagtäglich raus in den Ärmelkanal, um Hummer, Jakobsmuscheln und Krabben zu fangen. Einige von ihnen bieten während der Sommermonate kurze Trips über das Wasser an. Wer lieber an Land bleiben möchte, kann sich in einem der Cafés die Zeit vertreiben – zum Beispiel in »Ducky's Beach Café«.

Jubilee Gardens

Es mögen nicht die schönsten Gärten Devons sein, doch die Jubilee Gardens von Beer bieten vor allem eines: einen grandiosen Ausblick auf den Ort und den Ärmelkanal. Angelegt wurden sie 1897 zu Ehren des Thronjubiläums von Queen Victoria.

Infos und Adressen

SEHENSWÜRDIGKEITEN

Beer Quarry Caves. Apr.–Sept. tgl. 10.30–16.30 Uhr, Eintritt 7 £, Quarry Lane, Tel. 012 97/68 02 8, www.beerquarrycaves.co.uk

ESSEN UND TRINKEN

The Captains Cottage. Kleines familienbetriebenes Café. Tgl. 14–17 Uhr, im Winter nur Sa/So, Fore Street, Tel. 012 97/209 42

The Seafood Platter. Fischrestaurant. Tgl. 12–14.30 und 18–21.30 Uhr, Fore Street, Tel. 012 97/200 99, www.theseafoodplatter.co.uk

ÜBERNACHTEN

Durham House. Pension im Zentrum. Fore Street, Tel. 012 97/204 49, www.durhamhouse.org

YHA. Schöne Jugendherberge am Ortsrand. Bovey Combe, Tel. 08 45/371 95 02, www.yha.org.uk/hostel/beer

AKTIVITÄTEN

Beer Motor Boats. Motorbootsverleih. Beer Beach, Sea Hill, Tel. 012 97/62 54 46, www.beerselfdriveboats.co.uk

INFORMATION

Seaton Tourist Information. März/Okt. Mo–Sa 10–14 Uhr, Apr.–Juni Mo–Sa 10–15.30 Uhr, Sept. Mo–Sa 10–15 Uhr, Seaton Tramway Ticket Office, Harbour Road, Seaton, Tel. 012 97/216 6, www.beer-devon.co.uk

Mitte: Seatons schmucke Altstadt
Unten: Die Trambahn auf Reise durch die Marschlandschaft

33 Seaton
Die Tram-Stadt

Der Küstenort an der Mündung des Axe-Flusses steht zwar bezüglich seiner Postkartentauglichkeit ein bisschen im Schatten des benachbarten Beer – doch ist Seaton als typisches Ferienziel im Laufe der Jahrhunderte deutlich schneller gewachsen. Heute kommen auch viele Tagesgäste – wegen der Seaton Tramway, einer Straßenbahnverbindung auf der alten Bahnstrecke nach London.

Seit über zweitausend Jahren muss es die Menschen in die Region gezogen haben, wie Ausgrabungen zeigen. Als wahrscheinlich gilt, dass sie bereits im 4. Jahrhundert v. Chr. als Farmland genutzt wurde. Die Römer bauten Seaton (12 000 Einwohner) zu einem lebhaften Hafen aus.

Das Seaton der heutigen Zeit ist ein Urlaubsziel der Briten. Ferienwohnungen dienen seit Jahren vor allem jenen, die gleich mehrere Wochen an der Küste verbringen wollen. Der Ort wuchs besonders im 19. und frühen 20. Jahrhundert, was sich im Baustil widerspiegelt: Kleine viktorianische Häuser prägen die Haupteinkaufsstraßen Fore Street und Queen Street. Lange Zeit gab es überwiegend inhabergeführte Geschäfte. Inzwischen hat Großbritanniens größte Supermarktkette Tesco den Weg nach Seaton gefunden und ein Gelände mit Ferienwohnungen zu einem Verbrauchermarkt umfunktioniert.

Den besten Ausblick hat, wer Cliff Top Gardens auf den Klippen besucht. Vom »Chine Café« in der Beer Road führt ein steiler (und treppenreicher) Weg nach oben. Das mag anstrengend klingen, aber die Mühe lohnt sich, kann man doch über weite Teile der Küste blicken. Oben gibt es außerdem Picknick-Tische, an denen man wunderbar sein Lunch einnehmen kann.

Seaton Tramway

Einst waren Straßenbahnen das bevorzugte Verkehrsmittel in den britischen Städten, dann wurden sie aus Kostengründen fast überall durch Busse ersetzt. An der Südküste Devons hat eine Strecke überlebt: Die Tramway verbindet Seaton mit Colyton via Colyford. Streng genommen wurde die Route gar nicht von Straßenbahnen genutzt, sondern war ursprünglich Teil der London and South West Railway, der regulären Bahnstrecke in die britische Hauptstadt. Nach Stilllegung der Abzweigung nach Seaton erwarb ein Unternehmer die Strecke und funktionierte sie in die heutige Tramroute um. Befahren wird sie mit alten Bahnen, unter anderem der letzten noch erhaltenen aus Exeter. Die knapp fünf Kilometer lange Route ist weniger für den Linienverkehr wichtig als vielmehr als Ausflugsziel, denn sie verläuft durch das sehr hübsche Tal des River Axe.

Axmouth

Wer es gern etwas ruhiger haben möchte als im ohnehin nicht sonderlich lebhaften Seaton, geht über eine der beiden Brücken auf die andere Seite des River Axe ins Dorf Axmouth. Hier gibt es im Grunde nicht wirklich etwas zu tun, doch gerade dies zieht die Besucher an. Immerhin wirkt der kleine Ort am Fluss durchaus idyllisch und bietet ausreichend Gelegenheit zur Entspannung. Wer sich fürs Wandern oder Fischen interessiert, wird in Axmouth ebenfalls Gelegenheiten dazu finden. Zentraler Punkt ist die St. Michael's Church, eine Kirche aus dem 15. Jahrhundert.

Infos und Adressen

ESSEN UND TRINKEN

The Shed Steak House. Deftige Steaks und knackige Salate. Di–Sa 17.30–22 Uhr, 4 Harbour Road, Tel. 012 97/62 59 26, www.theshedsteakhouse.co.uk

The Terrace Arts Café. Künstlerisch geprägtes Café an der Küste. Tgl. 12–23 Uhr, 6 Marine Cres, Seaton, Tel. 012 97/202 25, www.artannapola.com

ÜBERNACHTEN

Bay Tree House. Gemütliches Bed & Breakfast im Ortskern. 11 Seafield Road, Tel. 012 97/219 66, www.baytreedevon.co.uk

Pebbles House. Solides Bed & Breakfast in einem hübschen viktorianischen Haus am Ärmelkanal. 2 Sea Hill, Tel. 012 97/226 78

AKTIVITÄTEN

Seaton Tramway. Apr.–Okt., in den anderen Monaten an ausgesuchten Tagen. Riverside Depot, Harbour Road, Seaton, Tel. 012 97/203 75, www.tram.co.uk

INFORMATION

Seaton Tourist Information. März/Okt. Mo–Sa 10–14 Uhr, Apr.–Juni Mo–Sa 10–15.30 Uhr, Sept. Mo–Sa 10–15 Uhr, Seaton Tramway Ticket Office, The Underfleet, Harbour Road, Seaton. Tel. 012 97/216 6, www.seatontic.com

34 Honiton
Devons Marktstadt

Die Marktstadt im Osten Devons lebt seit jeher von ihrer Lage: Die kürzeste Wegverbindung zwischen Süd-Cornwall, Exeter und London führte direkt an ihr vorbei – eine Route, die bereits die Römer nutzten. Die Stadt war über Jahrhunderte ein beliebter Zwischenstopp für Überlandkutschen. Autofahrer von heute bevorzugen jedoch die Autobahn, sodass Honiton (12 000 Einwohner) sich zu einer ruhigen Kleinstadt mit etlichen Antiquitätengeschäften gewandelt hat.

Vor Beginn des Autozeitalters reihten sich an der High Street, der zentralen Straße von Honiton, bis zu 24 Unterkünfte für Durchgangsreisende aneinander. In den Pubs und Restaurants tobte das Leben. Davon ist nicht mehr viel geblieben: Der National Express, größte Buslinie Großbritanniens, hält nur noch einmal täglich in der Kleinstadt. Wer heute Honiton besucht, der kommt gezielt – meist zum Einkaufen.

Mitte: Vor der Individualisierung des Verkehrs waren Straßen im Ort ein Wirtschaftsfaktor …
Unten: … seit Eröffnung der Umgehungsstraße hält man sich wieder gerne in der High Street auf.

High Street

Mehrere Großfeuer im 17. und 18. Jahrhundert sind die Ursache dafür, dass Honitons Hauptstraßen High Street und New Street überwiegend von Gebäuden aus dem späten 18. und frühen 19. Jahrhundert geprägt sind. Während die High Street früher die zentrale Durchgangsstraße auf dem Weg von Exeter nach London war, ist es in ihr inzwischen ruhiger geworden, da eine Umgehungsstraße gebaut wurde. Deswegen kann man im Zentrum nun wieder vergleichsweise entspannt bummeln. Bis auf wenige Ausnahmen ist Honiton von den Ketten verschont geblieben, die in Großbritannien den meisten Innenstädten ein ähnliches Aussehen verleihen. Wer das wahre England sucht, wir es hier eher finden als in York, Manchester oder London.

Wichtigster Wirtschaftsfaktor von Honiton sind heute zahlreiche Antiquitätengeschäfte: Allein mehr als 80 solcher Läden, darunter auch zwei Auktionsunternehmen, handeln mit begehrten Sammlergegenständen. Engländer kommen aus allen Ecken des Landes, um Altes und Wertvolles einzukaufen.

Allhallows Museum

Auch Klöppelspitze und Keramikwaren haben in der Vergangenheit einiges zum Ansehen der Stadt beigetragen. Ihre Produktion ist wie überall im Land längst zum Erliegen gekommen, da man gegen die Exportware aus dem Ausland nicht mehr ankam. Das Allhallows Museum in der High Street widmet sich diesen alten Traditionen. Eine Ausstellung zeigt die Entwicklung der Klöppelspitze seit dem 16. Jahrhundert. Kinder können sich selbst im Klöppeln versuchen.

St. Paul's Church

Sie trägt den Namen der großen Londoner Kathedrale, hat aber ansonsten nicht viel mit ihr gemein. Charles Fowler (1792–1867), Architekt des Covent Garden in der britischen Hauptstadt, entwarf die zentrale Kirche Honitons im Jahr 1835 im romanischen Stil. Der Turm mit seinen Zinnen prägt das Bild von außen, innen ist das helle Kirchenschiff mit seinen schmalen, hohen Säulen für britische Kirchen eher ungewöhnlich. Ebenso der Obergaden, der üblicherweise in alten Basiliken zu finden ist.

Infos und Adressen

SEHENSWÜRDIGKEITEN

Allhallows Museum. Mo–Fr 9.30–16.30 Uhr, Sa 9.30–13 Uhr, High Street, Tel. 014 04/449 66, www.honitonmuseum.co.uk

ESSEN UND TRINKEN

Boston Tea Party. Coffee Shop mit Livemusik. Mo–Sa 8–18 Uhr, So 9–18 Uhr, 53 High Street, Tel. 014 04/54 87 39, www.bostonteaparty.co.uk

The Holt. Mehrfach ausgezeichneter Pub. Di–Sa 11–15 Uhr und 17.30–23 Uhr, 178 High Street, Tel. 014 04/477 07, www.theholt-honiton.com.

ÜBERNACHTEN

Combe House. Edle Unterkunft in einem denkmalgeschützten Landsitz. Gittisham, Tel. 014 04/54 04 00, www.combehousedevon.com.

Lakeview Manor. Kleines Hotel inmitten eines großen Anwesens. Dunkeswell, Tel. 014 04/89 12 87, www.lakeviewmanor.co.uk

EINKAUFEN

Markt. Jeden Dienstag und Sonnabend (im Sommer auch donnerstags) verwandelt sich die High Street in einen großen Gemüsemarkt.

INFORMATION

Honiton Tourist Information. Di–Sa 10–17 Uhr, Lace Walk Car Park, Dowell Street, Tel. 014 04/437 16, www.visithoniton.com

DARTMOOR UND DAS HERZ DEVONS

Vorangehende Doppelseite: Bluebells, hier im Dartmoor, läuten Mitte Mai die Touristensaison ein.
Mitte: Zu jeder Jahreszeit verzaubernd: Dartmoorlandschaft bei Princeton
Unten: Castle Drogo in seiner atemberaubenden Lage

35 Dartmoor
Das Moor der Mythen

Um die hügelige Landschaft des Dartmoors im Zentrum Devons ranken sich viele Legenden – das liegt wohl nicht nur an den zahlreichen Kriminalromanen, die hier spielen, sondern in erster Linie an den prähistorischen Funden. Bereits vor Tausenden von Jahren war dieser Landstrich Englands besiedelt.

Man muss sich Zeit nehmen, um das Dartmoor zu erkunden – schon deshalb, weil alle größeren Straßen einen Bogen drumherum machen. Im Moor selbst gibt es fast nur Single Track Roads, jene einspurigen Landstraßen, die für beide Richtungen freigegeben sind. Lediglich die B 3212 und B 3357 sind teilweise zweispurig ausgebaut, Tanken ist ausschließlich am Rand des Dartmoors möglich. Und noch etwas gilt es zu beachten: Im Nordwesten liegt ein Truppenübungsplatz der britischen Armee – hier wird auch scharf geschossen! Schilder und die Internetseite des Nationalparks geben Auskunft über die Manövertermine.

MAL EHRLICH

SHERLOCK HOLMES UND DAS DARTMOOR

Weil Sir Arthur Conan Doyles Roman »Der Hund von Baskerville« im Dartmoor spielt, wird der Nationalpark gern eng mit Sherlock Holmes in Verbindung gebracht. Doch am Ende ist und bleibt Holmes ein Londoner Phänomen – im Dartmoor ermittelte er nur dieses eine Mal. Die BBC-Erfolgsserie »Sherlock« setzte dem sogar noch eins drauf: Die meisten Szenen, die in der zweiten Staffel eigentlich im Dartmoor spielen, wurden in Wahrheit in Wales gedreht.

Castle Drogo

Was wie eine mittelalterliche Burg über dem Tal des Flusses Teign thront, ist genau genommen Englands jüngstes Schloss: Erst 1910 begann der Architekt Edwin Lutyens (1869–1944) im Auftrag des Geschäftsmanns Julius Drewe mit dem Bau, der nie aus Geldgründen ganz vollendet wurde. Wohl ein Grund, weshalb der ganz aus Granit erbaute Komplex gerade mitten in einer aufwendigen Sanierungsphase steckt. Der National Trust, dem das Anwesen heute gehört, plant, die Arbeiten bis 2017 zu beenden.

Ein Erlebnis ist das Schloss durch seine exponierte Lage. Innen führt eine Ausstellung mehr oder weniger spielerisch in die Vergangenheit dieses und anderer Schlösser. Beeindruckend sind auch die schiere Größe des Komplexes und der Blick vom großen Park aus – etwa vom runden Croquet Lawn östlich des Schlosses – hinab ins Dartmoor. Eine schöne Wanderung führt von Castle Drogo über Sharp Tor zu der Fingle Bridge im Tal, wo es auch einen Pub gibt.

Widecombe-in-the-Moor

Der kleine Ort südlich der B 3212 gilt für viele als einer der idyllischsten im Dartmoor. Er wird beherrscht von der St. Pancras Church aus dem 14. Jahrhundert, wobei der angrenzende Friedhof mit seinen alten, verwitterten Grabsteinen besonders die Blicke auf sich zieht. Das angrenzende Church House stammt aus dem Jahr 1537, war ursprünglich eine Brauerei und wird seit Jahrhunderten von der Gemeinde genutzt – nach wie vor. Inzwischen gehört es der Denkmalschutzstiftung National Trust, der darin einen Shop eröffnet hat. Mitglieder können das Gebäude kostenlos besichtigen, den Schlüssel gibt es im Laden.

AUTORENTIPP!

AFTERNOON TEA TRAIN

Einst war die Dartmoor Railway eine wichtige Verbindung zwischen Exeter und Plymouth – bis man sie 1968 im Zuge einer Neuordnung der zahlreichen britischen Kleinstverbindungen stilllegte. Erst Ende der Neunzigerjahre wurde die Strecke in einem Teil neu belebt und ist seitdem vor allem bei Touristen beliebt. Heute verkehren die restaurierten Züge nur noch zwischen Crediton und Meldon und damit streng genommen außerhalb des Naturschutzgebiets – doch trägt die Bahn ihren Namen weiterhin, weil sie einen wunderbaren Blick auf das angrenzende Dartmoor bietet. Einen Linienverkehr gibt es nicht mehr, stattdessen setzt man auf unterschiedliche Motti wie den Afternoon Tea Train in einem Zug, der bei Tee und Gebäck gemütlich durch die Landschaft tuckert.

Dartmoor Railway. Fahrten überwiegend April–Okt., www.dartmoorrailway.com

Oben: Beständig ist hier nur die Veränderung. Und beim Wetter sollte man für Extreme gerüstet sein.
Mitte: Steine wie Blätterteig. Hier bei Princetown
Unten: Am Hound Tor kann man sich selbst und den Fels bezwingen.

Einmal im Jahr herrscht großer Trubel in Widecombe-in-the-Moor – zur Whitecombe Fair am zweiten Dienstag im September. Das Volksfest gleicht einer Landesschau und zieht Tausende an. Seit 1850 findet es statt und hat längst in ein britisches Volkslied Einzug gehalten.

Grimspound

Einer der bekanntesten prähistorischen Fundorte im Dartmoor ist die Siedlung Grimspound. Sie ist von einer rund verlaufenden, bis zu drei Meter breiten Mauer aus Granitsteinen eingefasst. Archäologen entdeckten Reste von insgesamt 24 Häusern, die auf das Jahr 1300 v. Chr. zurückdatiert wurden. Noch knapp 30 solcher Siedlungen existieren im Dartmoor, von den meisten ist jedoch deutlich weniger erhalten. Der Name Grimspound geht auf den angelsächsischen Gott des Krieges Odin, auch Grim genannt, zurück.

Hound Tor

Rund um den großen Steinhaufen im Osten des Dartmoors gibt es – wie so oft – eine Legende: Demnach soll es sich bei diesen Überresten einer Siedlung um eine Horde Hunde handeln. Knapp zwei Kilometer nördlich gibt es mit Bowerman's Nose den dazugehörigen Jäger: einen gut sechs Meter hohen Granitturm. Beide wurden zu Stein verwandelt, weil sie auf der Hasenjagd einen Zirkel von Hexen störten. In unmittelbarer Nähe zu Hound Tor befinden sich die Überreste einer kleinen Siedlung aus dem 13. Jahrhundert, die jedoch schon im 15. Jahrhundert aufgegeben wurde.

Ashburton

Diese kleine sympathische Stadt (3500 Einwohner) ist die größte im Dartmoor. Besucher der Region

Rundfahrt druchs Dartmoor

Ⓐ **Castle Drogo** – In einzigartiger Lage thront das letzte in England erbaute Schloss über der Landschaft. Man sieht es bereits von der Hauptstraße auf einem Berg stehen. Von oben bietet sich ein perfekter Ausblick auf das Dartmoor.

Ⓑ **Grimspound** – Einst existierte hier eine alte Siedlung, inzwischen ist der sie umgebende Steinkreis ein beliebtes Fotomotiv. Das Areal stammt aus der Bronzezeit und ist eines von insgesamt 30 in der Gegend – wenngleich das bekannteste.

Ⓒ **Hound Tor** – Um die Überreste eines mittelalterlichen Dorfes ranken sich Mythen. Es soll sich um eine Horde versteinerter Hunde handeln, so heißt es. Eine Geschichte, die Sir Arthur Conan Doyle in seinem Sherlock-Holmes-Buch »Der Hund von Baskerville« verarbeitet hat.

Ⓓ **Widecombe-in-the-Moor** – Ein idyllischer kleiner Ort inmitten des Dartmoors mit vielen Möglichkeiten für einen Zwischenstopp. Sehenswert ist besonders die aus Granit erbaute St. Pancras Church, außerdem ihr romantischer Friedhof.

Ⓔ **Ashburton** – Am Rande des Nationalparks gelegen ist Ashburton vor allem für die Infrastruktur wichtig. Enge Single Track Roads umgeben den Ort.

Ⓕ **Princetown** – Bis heute sitzen im legendären Dartmoor Prison in Princetown Gefangene ein. Der überaus trist anmutende Komplex prägt den Ort. Das High Moorland Visitor Centre war früher das »Duchy Hotel« und beherbergte unter anderem Sir Arthur Conan Doyle. Er soll hier die Idee für sein Buch »Der Hund von Baskerville« entwickelt haben.

Ⓖ **Buckland Abbey** – Das frühere Kloster aus dem 13. Jahrhundert wurde Ende des 16. Jahrhunderts zu einem Wohnhaus umfunktioniert. Schön ist auch der Garten drumherum, beeindruckend die fast 50 Meter lange Scheune.

AUTORENTIPP!

EIN DUFT VON LAVENDEL

Zimtseife, Lavendelduschgel oder ein Bergamotteduft? Der kleine Seifenhersteller Odds & Suds aus dem Dartmoor hat sich ganz den natürlichen und in vielen Fällen lokalen Zutaten für seine Produkte rund um die Körperpflege verschrieben. Der Familienbetrieb stellt sämtliche Öle, Seifen und Duftwässerchen noch in Eigenregie her. Das führt dazu, dass selten zwei Stücke Seife einander gleichen – alles wird von Hand geschnitten und erst anschließend gewogen. Odds & Suds bieten vereinzelt auch Workshops an, dann allerdings in einer Werkstatt an der Grenze zu Cornwall. In Ashburton am Rande des Dartmoors betreibt das Unternehmen einen seiner zwei Läden. Perfekt für typische Devon-Mitbringsel abseits der Standardsouvenirs!

Odds & Suds. Tgl. 10.30–17 Uhr, 20 North Street, Ashburton, Tel. 013 64/65 48 82, www.oddsandsuds.com

wissen sie vor allem wegen eines Bestandteils zu schätzen: der Tankstelle, die schon so manchem die Weiterfahrt in diesem nicht sehr dicht besiedelten Gebiet gerettet hat. Doch auch der Ortskern lohnt einen Besuch: Parken Sie auf dem großen Parkplatz an der West Street und schlendern die North, West und East Street entlang – neben den Standardsupermärkten und Banken finden sich allerlei individuelle Geschäfte, die nicht nur für einen Pausensnack taugen, sondern auch schöne Mitbringsel bergen. Ashburton war früher der Wohnort von den Arbeitern aus den umliegenden Zinnminen. Das Ashburton Museum in der West Street ist in einer alten Besenfabrik untergebracht und hat die Ortsgeschichte aufgearbeitet.

Princestown

Der kleine Ort ist vor allem bekannt für sein Gefängnis. Es wirkt anachronistisch, doch bis heute wird die durch ihre tristen, grauen Granitmauern so deprimierend wirkende Haftanstalt zu diesem Zweck genutzt. Noch immer sitzen rund 600 Gefangene ein, und immer wieder wird der 1809 errichtete Komplex wegen seiner schlechten Haftbedingungen gerügt. Über die Geschichte des Gefängnisses gibt das kleine, unscheinbar wirkende Dartmoor Prison Museum auf der anderen Straßenseite Aufschluss. Es zeigt neben einer Originalzelle einiges über die Entwicklung der Haftanstalt und gibt darüber hinaus vergleichsweise seltsam anmutende Beispiele für gelungene und weniger gelungene Ausbrüche. Außerdem werden Produkte verkauft, die von Gefangenen hergestellt wurden.

Direkt im Ort rühmt sich das High Moorland Visitor Centre, an einem geschichtsträchtigen Ort beheimatet zu sein: Im »Duchy Hotel« soll Sir Arthur Conan Doyle genächtigt haben, als ihm die Idee für seine Sherlock-Holmes-Geschichte »Der Hund von Baskerville« kam. Der Hotelbetrieb ist indes längst eingestellt: Ab dem Zweiten Weltkrieg nutzte das Innenministerium das Gebäude als Unterkunft für die Gefängnisangestellten. Und seit den Neunzigerjahren ist die Dartmoor-Verwaltung hier ansässig. Zu sehen gibt es nicht viel, dafür aber jeder Menge Informationen über das Dartmoor selbst.

Buckland Abbey

Das Gebäude am westlichen Rand des Dartmoors hat mit einem Gotteshaus nicht mehr viel gemein: Der Seemann Sir Richard Grenville (1542–1591) erwarb die 1278 errichtete Zisterzienserabtei 1541 und ließ die Kirche zu einem komfortablen Landhaus umbauen, wobei die Seitenschiffe abgetragen wurden. Im Jahr 1580 verkaufte Grenville das Anwesen an den großen britischen Seefahrer Sir Francis Drake (1540–1596), in dessen Familienbesitz es noch bis 1946 blieb. Inzwischen gehört Buckland Abbey dem Denkmalschutzfonds National Trust.

Sehenswert ist das alte Herrenhaus, das äußerlich noch immer wie eine Kirche anmutet. Mit vielen Treppen und Ebenen ist es innen zu einem wunderlichen Wohnhaus geworden und längst originalgetreu saniert. Eine Ausstellung im oberen Bereich gibt Aufschluss über Sir Francis Drake und die Zeit der britischen Entdecker. Außerdem wird eine Silber- und Porzellansammlung gezeigt. Die Scheune ist heute leer – aber sie beeindruckt durch ihre Größe: Sie misst ganze 50 Meter und ist bis zu zwölf Meter hoch. Lohnenswert ist in jedem Fall ein Spaziergang über das Gelände, zum Beispiel hinunter in den Cider House Garden oder den Wild Garden – beides kleine Idyllen am Rande des Anwesens.

AUTORENTIPP!

DIE WELT DER BLAUEN BEEREN

Nick and Toby Hewison sind die Blaubeerbrüder. Am Rande des Dartmoors haben die beiden im Jahr 2005 die alte Christbaumschule ihrer Eltern plattgemacht, um Heidelbeeren anzupflanzen. Mit Erfolg: Rund 700 Büsche nennen sie inzwischen ihr Eigen – und nutzen sie gemeinsam mit anderen Produzenten vor Ort, um eine ganze Produktwelt aus diesen Beeren zu schaffen: vom Blaubeerbier über Blaubeertrüffel bis zum Blaubeerkäse. Viel davon ist inzwischen in kleinen Läden der Umgebung erhältlich, doch auf den großen Vertrieb über Supermärkte haben die beiden Brüder bewusst verzichtet. Sie sind stattdessen lieber selbst jede Woche auf zahlreichen Bauernmärkten der Region zugegen, um ihre kleine Heidelbeerwelt vor Ort zu verkaufen.

Blueberry Brothers. Yonder, Lustleigh, www.theblueberrybrothers.co.uk

Ponys grasen auch hier, bei einer Siedlung nahe Ashburton.

Infos und Adressen

SEHENSWÜRDIGKEITEN

Ashburton Museum. Die Geschichte einer Stadt und einer ganzen Region einfach, aber anschaulich dargestellt. Di/Do/Fr 14–16 Uhr, Sa 10–12 Uhr, Eintritt 1,50 £, 1 West Street, Ashburton, Tel. 013 64/65 35 95, www.ashburton.org/museum.htm

Der Name beschreibt die Lage: Two Bridges Hotel

Buckland Abbey. Eine über 700 Jahre alte Abtei, die noch im Mittelalter zum Wohnhaus umgebaut wurde. Schön ist auch der riesige Garten. März–Okt. tgl. 11–17 Uhr, Feb. Fr–So 11–16 Uhr, Eintritt 10 £, Yelverton, Tel. 018 22/85 36 07, www.nationaltrust.org.uk/buckland-abbey

Castle Drogo. Das letzte Schloss, das in England gebaut wurde, thront hoch über dem Tal des Flusses Teign. Garten Apr.–Okt. tgl. 9.30–17.30 Uhr, Nov.–März tgl. 11–16.30 Uhr; Schloss März–Nov. tgl. 11–17 Uhr, Eintritt 8,70 £ (nur Garten 5,50 £), Drewsteignton, Tel. 016 47/43 33 06, www.nationaltrust.org.uk/castle-drogo

Church House. Alte Gebäudezeile von 1537 im malerischen Ort Widecombe-in-the-Moor. Innen hat der National Trust einen Laden mit vielen Informationen und Souvenirs eröffnet. Feb.–Dez. 10.30–16 Uhr, Eintritt frei, Widecombe-in-the-Moor, Tel. 013 64/62 13 21, www.nationaltrust.org.uk/church-house

Dartmoor Prison Museum. Einblicke in den Alltag einer der einsamsten Haftanstalten Großbritanniens. Tgl. 9.30–12.30 und 13.30–16 Uhr, Eintritt 2,50 £, Tavistock Road, Princetown, Tel. 018 22/32 21 30, www.dartmoor-prison.co.uk

Grimspound. Der runde Steinkreis fasst die Überreste einer prähistorischen Siedlung ein. Er liegt zehn Kilometer südwestlich von Moretonhampstead. Ständig zugänglich, Eintritt frei, www.english-heritage.org.uk/daysout/properties/grimspound

Hound Tor. Die Überreste eines mittelalterlichen Dorfes. Tgl. geöffnet, Eintritt frei, Manaton, Tel. 01 17/975 07 00, www.english-heritage.org.uk/daysout/properties/hound-tor-deserted-medieval-village

ESSEN UND TRINKEN

The Cleave Pub. Pub, den es schon im Mittelalter gab, mit rustikalem Essen. Tgl. 11–23 Uhr, A 38, Lustleigh, Tel. 016 47/27 72 23, www.thecleavelustleigh.com

The Highwayman Inn. Diese Kneipe bezeichnet sich selbst nicht ganz zu Unrecht als ungewöhnlichsten Pub des Landes: Kitsch, wohin das Auge reicht, bestimmt das Innere des äußerlich klassischen Landgasthauses. Gewöhnungsbedürftig – aber ein echter Hingucker! Tgl. 12–14 und 18–22.30 Uhr (So ab 19 Uhr), Sourton, Tel. 018 37/86 12 43, www.thehighwaymaninn.net

ÜBERNACHTEN

Bovey Castle. Wahrlich eines der besten Hotels Südenglands: Das alte, aufwendig sanierte und liebevoll eingerichtete Schloss mit seinem riesigen

Golfplatz zieht alle an, die es sich leisten können. Doch auch wer nicht übernachtet, sollte zumindest einen Blick in das moderne Restaurant mit seiner wunderschönen Terrasse werfen. North Bovey, Tel. 08 44/474 00 77, www.boveycastle.com

Gidleigh Park. Urgemütliches Hotel in einem alten Fachwerkomplex mit einem grandiosen Restaurant. Klassische britische Küche. Chagford, Tel. 016 47/43 23 67, www.gidleigh.com

Mill End Hotel. Ein idyllischer Ort auf dem Weg nach Castle Drogo: Das alte Landhaus scheint am Ende der Welt zu liegen. A 382, Chagford, Tel. 016 47/43 22 82, www.millendhotel.com

Two Bridges Hotel. Viel mehr als dieses Hotel gibt es nicht in Twobridges – außer den beiden Brücken. Klassisches Landhotel mit Kamin und einer Portion Gemütlichkeit. The Two Bridges, Princetown, Tel. 018 22/89 23 00, www.twobridges.co.uk/hotel

EINKAUFEN

Ella Artisan Baker. Frisch und vor Ort backt Ella White köstliche Brote und anderes in ihrem kleinen Geschäft in Ashburton. Der Name stammt von der kleinen Küchenhilfe: einem Modell der legendären Kitchenaid-Küchenmaschinen. Mo–Sa 9–17 Uhr, 9 West Street, Ashburton, Tel. 075 40/87 52 27

Fish Deli. Eine seltene Kombination: In dem Laden gibt es frischen Fisch und allerlei Designer-Haushaltswaren. Mo–Sa 9–17 Uhr, 7 East Street, Ashburton, Tel. 013 64/65 48 33, www.thefishdeli.co.uk

INFORMATION

High Moorland Visitor Centre. Apr.–Sept. tgl. 10–17 Uhr, März/Okt. Tgl. 10–16 Uhr, Nov.–Feb. Do–So 10.30–15.30 Uhr, Tavistock Road, Princetown, Tel. 018 22/89 04 14, www.dartmoor-npa.gov.uk

Wolkenweben bei Drewsteignton

Mitte: Im Pannier Market gibt es viel zu entdecken.
Unten: Tavistock Abbey präsentiert sich in klaren Linien.

36 Tavistock
Marktstadt am Dartmoor

Die alte Marktstadt Tavistock liegt an der westlichen Grenze des Dartmoor-Nationalparks. Über die mehr als 1000 Jahre ihrer Existenz hat sie sich stets nur behutsam verändert – weshalb das Zentrum mit seinen alten Häusern viel Flair ausstrahlt. Die Stadt wird bis heute eng mit ihrem bekanntesten Bürger in Verbindung gebracht: Sir Francis Drake. Der große Seefahrer wurde hier um 1542 auf der Crowndale Farm geboren.

An Sir Francis Drake (1540–1596) erinnert vor allem noch eine Statue an der Plymouth Road, einer Straße, die in jene Stadt führt, die für den Briten wegen ihres Hafens so große Bedeutung hatte: das unweit entfernte Plymouth. Deswegen steht auch dort eine Kopie exakt dieses Denkmals.

Tavistock (11000 Einwohner) ist für viele Dartmoor-Besucher ein Anlaufpunkt, wenn sie auf etwas Abwechslung aus sind. In der Innenstadt gibt es zahlreiche Geschäfte, Pubs und Hotels, außerdem eine ganze Reihe von Sehenswürdigkeiten. Mehrfach wurde die Stadt zum besten Einkaufsstandort im Südwesten gekürt.

Panier Market

Die Markthalle von Tavistock gehört zu den schönsten im Südwesten Englands. Wochentags reiht sich hier Stand an Stand – an jedem Tag mit einem anderen Angebot, selten jedoch mit Lebensmitteln, wie man es normalerweise von Wochenmärkten kennt. Während der Dienstag Antiquitäten vorbehalten ist, gibt es beispielsweise am

Freitag regionale Bioprodukte. Egal was gerade das Motto ist – ein Herumschlendern zwischen den Ständen lohnt sich eigentlich immer, selbst wenn man nichts kaufen möchte.

Der Panier Market geht zurück auf eine Anweisung aus dem Jahr 1105: König Heinrich I. (1068–1135) erhielt damals für einen Feldzug eine sehr großzügige Spende von der hiesigen, wohlhabenden Benedektinerabtei. Zum Dank sponserte er einen wöchentlichen Markt in Tavistock, das damals aus nicht viel mehr als dem Kloster bestand. Jeden Freitag, so hieß es in der Niederschrift, solle dieser stattfinden. Seitdem hat sich der Markt gehalten, wenn auch über Jahrhunderte als Freiluftveranstaltung. Erst 1864 wurde die Halle gebaut, der heutige Panier Market.

Tavistock Abbey

Viel ist nicht mehr zu sehen von der alten Benedektinerabtei in Tavistock: Gegenüber des »Bedford Hotels« ragen noch Teile der einst prachtvollen Fassade von Our Lady und St. Rumon aus dem Boden – der Rest ging im Laufe der Jahrhunderte verloren; auch, weil das Hotel auf einem Teil des Abtei-Grundstücks steht. Die Abtei entstand im 10. Jahrhundert, wurde aber bereits 997 durch die Wikinger schwer beschädigt. Der Earl of Devon ließ die Anlage wieder aufbauen. Einer Legende zufolge sollen die Arbeiter damals mit Brot, Clotted Cream und Erdbeermarmelade versorgt worden sein – die Geburt des Devon Cream Tea. Die Mönche setzten diese Kombination fort und konnten den Snack über die Jahre etablieren.

St. Eustachius Church

Die zentrale Kirche von Tavistock war viele Jahre eng verbunden mit dem einst benachbarten Klos-

AUTORENTIPP!

DER KÄSELADEN

Was wäre England ohne seine zahlreichen Käsesorten? Ein paar hundert sollen es insgesamt sein, und gerade der Südwesten des Landes ist in dieser Hinsicht bekannt für seine große Vielfalt. Country Cheeses, ein aus einem Marktstand am Panier Market hervorgegangenes Geschäft, versucht, die Schätze der englischen Käseproduktion zu bewahren. Abseits von Supermarktstandards finden sich hier Käsesorten aus Kuh- und Schafmilch, von denen ein Auswärtiger womöglich noch nie gehört hat: Devon Blue, Exmoor Blue, Norsworthy, Montgomery – die Auswahl ist geradezu erschlagend. Einmal im Jahr kommen die Produzenten aus der ganzen Gegend zusammen – im Sommer zur geschäftseigenen Käsemesse.

Country Cheeses. Mo–Sa 9.30–17 Uhr, Market Road, Tavistock, Tel. 018 22/61 50 35, www.countrycheeses.co.uk

Oben: Wie hier an der Duke West Street hat Tavistock sein historisches Bild an vielen Ecken bewahrt.
Unten: Wasserspiele am River Tavy

ter, das sich am Südrand befand. Die St. Eustachius Church gibt es nachweislich seit 1265. Allerdings ist von diesem Bau nichts mehr erhalten – er wurde zerstört. Im Jahr 1318 gab es aber bereits einen Nachfolgebau, der im Laufe der Jahrhunderte ebenfalls rundum erneuert wurde. Eine Besonderheit weisen die acht Glocken im Kirchturm auf: Sie spielen an jedem Wochentag eine andere Melodie, beginnend am Montag mit »Auld Lang Syne« bis zu »Home Sweet Home« am Samstag. Der Sonntag ist dem Gottesdienstgeläut vorbehalten. Die Glocken gehören übrigens anders als der Rest des Gebäudes nicht der Kirche: Sie wurden seit 1769 etappenweise durch Spenden finanziert und sind Eigentum der Stadt Tavistock.

Tavistock Canal

Die Wasserverbindung zwischen Tavistock und dem Morwellham Quay, einem Hafen am Tamar River, ist eine wunderbare Strecke für Spaziergänge. Der Tavistock Canal beginnt am alten Abbey Weir nahe dem heutigen Panier Market, wo er vom River Tavy abzweigt. Ein Fußweg führt in Richtung Südwesten immer am Wasser entlang, in hübscher Landschaft und vorbei an zahlreichen alten Gebäuden. Gebaut wurde der Kanal Anfang des 18. Jahrhunderts, um Waren an den Hafen von Morwellham transportieren zu können. Heute versorgt er dort ein Kraftwerk mit Wasser.

Infos und Adressen

SEHENSWÜRDIGKEITEN

St. Eustachius Church. Tgl. 9–17 Uhr, Eintritt frei, 5 a Plymouth Road, Tel. 018 22/61 66 73, www.tavistockparishchurch.org.uk

ESSEN UND TRINKEN

Gorton's Restaurant. Moderne europäische Küche, exzellent gekocht, exzellent angerichtet. Mi–Sa 12–14.30 Uhr, Di–Sa auch 19–21.30 Uhr, 19 Plymouth Road, Tel. 01 822/61 75 81, www.gortons-tavistock.co.uk

Karen's. Kleines, einfaches Restaurant, das von Frühstück über Mittagessen bis Afternoon Tea vieles anbietet. Di–Fr 8–21 Uhr, So 9–16.30 Uhr, Brook Street, Tavistock, Tel. 018 22/61 54 60

ÜBERNACHTEN

Browns. Alteingesessenes Hotel, das unlängst von der Pubkette Wetherspoon übernommen wurde. 80 West Street, Tel. 01 822/61 86 86

Antiquitätenverkäufer auf dem Pannier Market

Empfang im Bedford Hotel

The Bedford Hotel. Traditionsreiches Haus, das äußerlich an eine kleine Burg erinnert. Innen ist indes alles relativ neu und modern. Der Name stammt vom Duke of Bedford, dessen Familie in und um Tavistock zahlreiche Ländereien besaß. Tel. 018 22/61 32 21, www.bedford-hotel.co.uk

EINKAUFEN

Pannier Market. Seit Jahrhunderten Treffpunkt der ganzen Stadt: der alte Markt im Zentrum. Täglich wechselndes Angebot. Bedford Square, Di–Sa 9–16.30 Uhr, Tel. 018 22/66 00 46, www.tavistockpanniermarket.co.uk

Dartmoor Country Clothes. Landmode für Damen und Herren. 12 Brook Street, Tel. 018 22/61 00 73, www.dartmoorcountryclothes.co.uk

VERANSTALTUNGEN

Goose Fair. Jahrmarkt, der jedes Jahr am zweiten Mittwoch im Oktober das gesamte Zentrum für sich einnimmt.

INFORMATION

Tourist Information Centre. Sommer Mo–Sa 10–17 Uhr (Frühjahr/Herbst bis 16 Uhr), Winter Di/Fr/Sa 10–16 Uhr, The Archway, Bedford Square, Tel. 018 22/61 29 38, www.visit-tavistock.co.uk

37 Lydford
Die tiefste Schlucht

Der kleine Ort rund 15 Kilometer nördlich von Tavistock versteckt seine Schätze: Fast wäre man geneigt, nur wohlwollend durch Lydford hindurchzufahren, wären da nicht einige der eindrucksvollsten Sehenswürdigkeiten Devons: Lydford Gorge, ein 2,4 Kilometer langes Tal, ist die tiefste Schlucht Südwestenglands. Im Ort hat man von der St. Petroc Church einen tollen Blick auf den Nordwesten des Dartmoors.

Quadratisch, praktisch, standhaft: Lydford Castle

Lydford Castle

Die Burg von Lydford ist eine von zweien, die es in dem rund 400-Seelen-Ort einmal gegeben hat. Die erste wurde bereits im Jahr 1066 gebaut und grenzt direkt an die zweite, noch bestehende. Der Hügel mit seinen steil abfallenden Flanken bot eine günstige Lage, um Feinde auszuspähen. Heute ist die einstige Existenz der Burg nur noch anhand des Erdwalls zu erahnen.

Die zweite Burg, das heutige Lydford Castle, entstand im Jahr 1195 – und nach heutigem Wissensstand primär zu dem Zweck, Gefangene dort einzusperren. Während des 13. Jahrhunderts kam es zu einem beachtlichen Umbau: Ein Erdwall – der heutige Schlosshügel – wurde um den Bau aufgeschüttet, um zwei weitere Geschosse auf das bestehende Gebäude aufsetzen zu können. Deswegen sind die unteren Mauern viel dicker als die oberen. Vor allem politische Gegner sollen im Mittelalter eingekerkert worden sein, später auch Arbeiter aus den Zinnminen der Umgebung. Die Burg und vor allem die Art, wie die Gefangenen behandelt wurden, hatten bei der Bevölkerung einen grausamen Ruf. Nach und nach verfiel Lydford Castle. Doch schon im 18. Jahrhundert wurde die Burg wieder instand gesetzt – um gleich im Anschluss erneut als Gefängnis zu dienen. Heute stehen nur noch die Mauern des Gebäudes.

Lydford Gorge

Die 2,4 Kilometer lange Schlucht südlich von Lydford zählt zu den eindrucksvollsten ihrer Art – und ist die längste im Südwesten Englands. Der Fluss Lyd, Namensgeber des Orts, hat sich hier hindurch seinen Weg gebahnt und verwandelt sich aufgrund des Höhenunterschieds mehrfach in Wasserfälle. Der höchste ist der White-Lady-Wasserfall, der mit seinen 30 Metern ebenfalls alle Rekorde bricht. Je nach Wetterlage fließt er mal relativ unspektakulär hinab und verwandelt sich bei ausreichend Regen in einen reißenden Wasserguss. Vor allem im Frühling ist die bewaldete Schlucht durch seine zahlreichen Wildblumen und die Farbtupfer, die sie ihr verleihen, sehr hübsch anzusehen. Die Gegend war nicht immer so idyllisch: Während des 17. Jahrhunderts herrschte in Lydford Gorge eine berühmt-berüchtigte Verbrecherbande. Die Gubbin-Familie terrorisierte die Bauern des Dartmoors und raubte ihre Schafe.

Heute kann die Schlucht gegen Eintritt auf ausgewiesenen Wanderwegen besucht werden. Man sollte jedoch einigermaßen gut zu Fuß sein, da die Strecke oft uneben und teilweise sehr steil ist. Es gibt ein Besucherzentrum mit den üblichen Einrichtungen – zwei kleinen Cafés.

St. Petroc's Church

Es mag für viele Besucher nur eine von den zahlreichen Kirchen der Umgebung sein – doch die

AUTORENTIPP!

LETTERBOXING

Es ist so etwas wie ein Vorläufer des Geocoaching und wurde unweit von Lydford im Dartmoor erfunden: Letterboxing entstand 1854, als der Wanderer James Perrott bei Cranmere Pool eine Visitenkarte in ein Glas steckte mit dem Hinweis, andere mögen es ihm gleichtun. Sie taten es – aus dem Glas wurden eine Dose und später die heute noch in der Gegend anzufindende Holzkiste. Darin liegt ein Buch (statt der Visitenkarte) und ein Stempel. Die Aufgabe für Wanderer ist es nun, mithilfe von Hinweisen, einer Karte und einem Kompass eben diese Boxen zu finden. Ist das geschehen, können sie den betreffenden Stempel der Fundstelle zum Beweis ihrer Anwesenheit benutzen und sich in das Buch eintragen – oder sich darin mit einem eigenen Stempel verewigen. Ein Spaß, der auch nach mehr als 160 Jahren genügend Fans findet.

Letterboxing. www.dartmoorletterboxing.org

Tief im Schluchtengrund der Lydford Gorge

Oben: Meisterwerk der Schnitzkunst: das Kirchengestühl der St. Petrock Kirche
Unten: Höhepunkt der Lydford-Schlucht: White-Lady Fall

St. Petroc's Church unweit des Schlosses von Lydford steht auf einem besonderen Grundstück: Von hier aus hat man einen wunderschönen Ausblick auf die Ausläufer des Dartmoors. Ähnlich wie die Burg hatte auch St. Petroc's Church einen Vorläufer – eine Holzkonstruktion aus dem 7. Jahrhundert, die 997 von den Wikingern niedergebrannt wurde. Die Kirche wurde vermutlich im 13. Jahrhundert wieder aufgebaut, diesmal aus Stein. Die Frontseite des heutigen Baus stammt noch aus dieser Zeit. Das angrenzende Kirchenschiff wurde später hinzugefügt, der Turm kam im 15. Jahrhundert dazu. Der nördliche Gang sowie die Sakristei folgten im Jahr 1890. Heute prägt der Gotische Baustil das Gebäude. Beachtenswert sind die Enden der Kirchenbänke mit ihren aufwendigen Schnitzereien, die Heilige und Propheten darstellen.

Der Name St. Petroc geht übrigens auf einen walisischen Mönch zurück, der im 6. Jahrhundert durch Südwestengland gereist war, um den christlichen Glauben zu verbreiten. Rund 30 Kirchen tragen inzwischen seinen Namen.

Infos und Adressen

SEHENSWÜRDIGKEITEN

Lydford Castle. Burgruine in Lydford. Ständig zugänglich, Eintritt frei, Tel. 01 17/975 07 00, www.english-heritage.org.uk/daysout/properties/lydford-castle-and-saxon-town/

Lydford Gorge. Beeindruckende Schlucht mit einem 30 Meter hohen Wasserfall. A 386, Lydford, März–Okt. tgl. 10–17 Uhr, Eintritt 6,90 £, Tel. 018 22/82 03 20, www.nationaltrust.org.uk/lydford-gorge

St. Petroc's Church. Kirchbau aus dem 13. bis 15. Jahrhundert, von dem aus sich großartige Blicke auf das Dartmoor bieten. Tgl. geöffnet, Eintritt frei

ESSEN UND TRINKEN

Dartmoor Inn. Frisch renoviertes Gasthaus in Lydford mit moderner britischer Küche. Es werden auch Zimmer vermietet. Di–Sa 12–14.30 und 18–21 Uhr. A 386, Moorside, Lydford, Tel. 018 22/82 02 21, www.dartmoorinn.com

Sehenswert: die mittelalterliche St. Petroc's Kirche in Lydford

Fox and Hounds Hotel

The Castle Inn. Urgemütlicher Pub aus dem Jahr 1550 mit deftigem Kneipenessen – vor allem Steaks. Tgl. 11–23 Uhr, A 386, Lydford, Tel. 018 22/82 02 41, www.castleinndartmoor.co.uk

ÜBERNACHTEN

Downtown Farm. Ferien auf dem Bauernhof: Die Farm von Guy und Ellie bietet B&B-Zimmer mit Bad und Dusche. Lydford, Tel. 018 22/82 02 10, www.downtownfarm.co.uk

Fox and Hounds Hotel. Einfaches altes Hotel mit angeschlossenem Pub und Campingplatz. A 386, Lydford, Tel. 018 22/82 02 06, www.foxandhoundshotel.com

Swallow Barn. Komfortable Unterkunft mit mehreren Schlafzimmern für Selbstverpfleger. Weit außerhalb von Lydford, dafür in malerischer Umgebung. Lydford, Tel. 079 64/78 67 28, www.swallowbarndartmoor.co.uk

INFORMATION

National Trust Lydford. Tel. 018 22/82 03 20, www.lydford.co.uk

Mitte: Als sei noch Feuer im Ofen: Rauchender »Schornstein« am Okehampton Castle
Unten: Das Buffet am Bahnsteig von Okehampton ist Ersatz für das Bordbistro.

38 Okehampton

Das Tor zum Dartmoor

Als eines der Tore zum Dartmoor kommen die meisten Besucher genau genommen nach Okehampton, um schnell wieder rauszugehen – nämlich in die Natur der Umgebung. Doch die Stadt bietet sich als gute Basis zur Erkundung der Landschaft an, außerdem verfügt sie mit Okehampton Castle zumindest über die Überreste einer normannischen Burg. Groß geworden ist Okehampton durch die Wollindustrie.

Klein und beschaulich wirkt Okehampton (5700 Einwohner) auf den ersten Blick – doch wer von hier aus das Dartmoor erkundet, wird sich ihrer Bedeutung schnell bewusst. Die Stadt dient vielen Menschen der Umgebung als Einkaufsmöglichkeit. Für die britische Armee ist sie eine Art Basis in der Region Devon. In einem Camp südlich Okehamptons sind Soldaten stationiert, die regelmäßig im Norden des Dartmoors zu Übungsmanövern ausrücken – die entsprechenden Zeiten werden über die Webseite des Verteidigungsministeriums sowie die lokale Presse bekanntgegeben. Die Gegend deswegen ganz zu meiden wäre ein Fehler – die Landschaft bietet sich hervorragend für Wanderungen an.

Okehampton entstand Ende des 9. Jahrhunderts, als die Sachsen an der Gabelung des Okement River eine Siedlung gründeten. Während des Mittelalters wuchs der Ort unter dem Einfluss der Wollindustrie. Aus dieser Zeit stammen einige noch erhaltene Gebäude wie der Turm der St. James' Chapel (15. Jahrhundert) am östlichen Ende der Fore Street. Hier findet an jedem dritten Sonnabend ein Bauernmarkt statt.

Bestes Beispiel für den Wohlstand vergangener Tage sind wohl die viktorianischen Einkaufsarkaden in der St. James' Street. Einst reihten sich hier die edlen Lebensmittelgeschäfte aneinander. Heute ist es eher Schnickschnack.

Okehampton Castle

Die Ruine hoch über der Stadt stammt in Teilen aus dem 11. Jahrhundert, wobei die meisten der noch existierenden Mauern erst im 14. Jahrhundert hinzukamen. Wie viele Burgen unter normannischer Herrschaft wurde sie zunächst als Motte anlegt, also als Festung auf einem Hügel. Nach und nach erweiterte man Okehampton Castle um Gebäude abseits dieser Erhöhung.

Nachdem der damalige Besitzer, Henry Courtenay (1498–1538), erster Marquess von Exeter, 1538 wegen Hochverrats hingerichtet worden war, zerstörten Truppen des Königs weite Teile der Burg. Okehampton Castle galt insofern schon früh als Ruine und wurde nie wieder richtig aufgebaut. Das könnte einen wesentlichen Grund gehabt haben: Die Burg verfügte nie über die notwendige Infrastruktur wie einen Brunnen. Alles musste von außen herangekarrt werden, was das Leben auf der Festung erheblich erschwerte. Besucher können heute durch die Mauern hindurchschlendern. Ganz in der Nähe gibt es Wanderwege, außerdem einen Picknickplatz am Wasser.

Museum of Dartmoor Life

Untergebracht in einer alten Mühle und einem früheren Lagerhaus veranschaulicht das Museum of Dartmoor Life die Geschichte der ganzen Region, von prähistorischen Funden bis zur heutigen Zeit. Zu sehen sind unter anderem eine rekonstruierte Hütte aus der Bronzezeit, zahlreiche Bauern-

AUTORENTIPP!

MIT WASSER SCHMIEDEN

Die letzte noch funktionierende Wasserschmiede des Landes liegt eingebettet in die wunderschöne Natur am River Taw unweit von Okehampton. Bis 1960 wurden hier Werkzeuge für den Bergbau und die Landwirtschaft hergestellt. Der National Trust übernahm das Gelände in den Neunzigerjahren und reaktivierte die alten Maschinen. Freiwillige führen vor, wie die Werkzeuge hergestellt wurden. Dokumentiert ist auch die Geschichte der Anlage, als die Familie Finch ihren Betrieb aufbaute. Ein Besuch der Finch Foundry (Foundry = Gießerei) lohnt sich auch wegen des traumhaften Gartens. Außerdem bietet sich eine Wanderung durch die Umgebung am Rande des Dartmoors an.

Finch Foundry. März–Okt. tgl. 11–17 Uhr, Eintritt 5,20 £, Sticklepath, Okehampton, Tel. 018 37/84 00 46, www.nationaltrust.org.uk/finch-foundry

Oben: Radweg über das Meldon Viadukt …
Unten: … aber auch ein Blick auf den Unterbau lohnt sich.

werkzeuge sowie eine viktorianische Küche. Das Museum ist privat geführt, man sollte also keine ausgefeilte Ausstellung erwarten. Doch die freiwilligen Mitarbeiter können meist einiges über die Region erzählen und tun dies auch bereitwillig.

Granite Way

Zwischen Okehampton und Lydford verläuft mit dem Granite Way ein netter Radweg entlang des nördlichen Endes des Dartmoors. Als Teil des National Cycle Network ist er fast über die komplette Länge von 18 Kilometern frei von Autoverkehr. Die Strecke beginnt am Bahnhof von Okehampton und schlängelt sich entlang der Bahnlinie bis zum Meldon-Viadukt, einer spektakulären Metall-Eisenbahnbrücke aus dem 19. Jahrhundert. Nördlich davon erstreckt sich der Bluebell Wood, in dem im Frühjahr Unmengen von Blauglöckchen blühen. Von dort geht es weiter durch Meldon, Bearslake und Bridestow bis nach Lydford. Die Strecke ist komplett mit blauen Radschildern und der Ziffer 27 ausgeschildert – denn sie ist Teil des landesweiten Radwegs Nr. 27.

Infos und Adressen

SEHENSWÜRDIGKEITEN

Museum of Dartmoor Life. Heimatmuseum mit allerlei Wissenswertem über das Dartmoor. Mo–Fr 10.15–16.15 Uhr, Sa 10.15–13 Uhr, Eintritt 2,50 £, 3 West Street, Tel. 018 37/522 95, www.museumofdartmoorlife.org.uk

Okehampton Castle. Ruinen einer Burg aus dem späten 11. Jahrhundert. Apr.–Okt. tgl. 10–17 Uhr (Juli/Aug. bis 18 Uhr), Eintritt 4 £, Castle Lane, Tel. 08 70/333 11 81, www.english-heritage.org.uk/daysout/properties/okehampton-castle

ESSEN UND TRINKEN

Plymouth Inn. Rustikaler Pub mit britischer Küche. Tgl. 11–23 Uhr, 26 West Street, Tel. 018 37/536 33

Toast. Geschäft für Küchenutensilien mit Coffeeshop und tollen kleinen Snacks (mehr als Toast übrigens). Tgl. 9.30–17 Uhr, Market Street, Tel. 018 37/544 94, www.eattoast.co.uk

Pannier Market

Einladung ins Museum of Dartmoor Life

ÜBERNACHTEN

Fairway Lodge. Schöne B&B-Zimmer in grüner Umgebung unweit von Okehampton. Holsworthy Road, Tel. 018 37/551 22, www.fairway-lodge.co.uk

White Hart Hotel. Schön saniertes Hotel aus dem 18. Jahrhundert im Stadtzentrum. Fore Street, Tel. 018 37/527 30, www.thewhitehart-hotel.com

AKTIVITÄTEN

Granite Way. Radweg zwischen Okehampton und Lydford. Eine Karte gibt es kostenlos im Internet unter: www.devon.gov.uk/cycling-leismaps-graniteway.pdf

INFORMATION

Okehampton Tourist Information Centre. Sommer Mo–Sa 10–17 Uhr (Frühjahr/Herbst bis 16 Uhr), Winter Mo/Fr/Sa 10–16 Uhr, 3 D West Street, Tel. 018 37/530 20, www.okehamptondevon.co.uk

Übungszeiten der britischen Armee. Auf seiner Website gibt das Verteidungungsministerium die genauen Zeiten der Schießübungen im Dartmoor bekannt: https://www.gov.uk/government/publications/dartmoor-firing-programme

Mitte: Vom Winde verdreht: Zedern entlang einer engen Straße im Ruby Country
Unten: Von wegen blinde Kuh!

39 Ruby Country
Devons Hinterland

Das Landesinnere zwischen Dartmoor und der Küste Norddevons war über Jahrzehnte als Farmland in Vergessenheit geraten – bis sich die Gemeinden zusammenschlossen und diese »Ruby Country« genannte Gegend wieder in den Fokus rückten. Rund um die beiden Städte Holsworthy und Hatherleigh finden Besucher vor allem eines: Natur pur. Ideal zum Wandern und Abschalten.

Kleine Dörfer, viele Farmen und an jeder Ecke Vieh auf der Weide – das Ruby Country, benannt nach dem Red-Ruby-Devon-Rind, ist fast schon zu sehr eine Bilderbuchidylle. Hart getroffen hat es die Gegend 2001 durch die Maul-und-Klauenseuche, insofern tat man viel dafür, sich durch den Tourismus ein zweites Standbein aufzubauen. Dennoch: Die Viehwirtschaft ist bis heute wichtigste Einnahmequelle der Region.

Holsworthy

Die kleine Marktstadt, eines der beiden Zentren in Ruby Country, ist fast tausend Jahre alt. Erwähnt wurde der Ort unweit der Grenze zu Cornwall bereits Ende des 11. Jahrhunderts im »Domesday Book«, dem Grundbuch Wilhelms des Eroberers (1066–1087). Was darauf schließen lässt, dass es Holsworthy bereits zuvor gegeben hat. Im Vergleich zu den kleinen angrenzenden Ortschaften hat die Stadt einen quirligen Ruf, was freilich nur an bestimmten Tagen zu spüren ist: Angesichts der geringen Einwohnerzahl (2200 Einwohner) hält sich selbst zur Rushhour der Trubel in Grenzen.

Voll wird es mittwochmorgens, wenn die Markthändler aus der Umgebung auf dem Market Square ihre Stände aufbauen. Immer wieder gibt es auch Viehauktionen. Jedes Jahr im Juli feiert der Ort eine Woche lang die St. Peter's Fair, ein Festival mit Tanz, Musik und anderer Unterhaltung.

Hatherleigh

Hatherleigh (1300 Einwohner) ist zwar von der Einwohnerzahl nur die Nummer zwei unter den Orten des Ruby Country und streng genommen sogar verwaltungsmäßig die kleinste Stadt Devons – doch jedes Jahr im November blickt die ganze Region hierher: Den örtlichen Karneval feiern die Einwohner unter anderem mit dem Brauch, brennende Holzfässer die Straße hinunterrollen. Ansonsten ist Hatherleigh geprägt von kleinen, zumeist hübschen Häusern und der St. John's Church im Zentrum. Etwas außerhalb steht inmitten der Natur des Hatherleigh-Moors ein Obelisk. Er erinnert an William Morris, ein örtlich hochrangiges Armeemitglied. Das mag für Außenstehende von weniger großem Interesse sein, doch steht der Obelisk an derart exponierter Stelle, dass man von ihm aus einen wunderbaren Blick auf die Umgebung hat.

Winsford Walled Garden

Eigentlich stand an dieser Stelle von 1833 an das fürstlich viktorianische Anwesen Winsford Tower, zu dem der Winsford Walled Garden gehörte. Doch nach dem Zweiten Weltkrieg verfiel es und wurde schließlich in den Sechzigerjahren abgerissen, um Platz für ein neues Gebäude zu schaffen. Inzwischen lebt hier der Künstler Dugald Stark. Er hat den Garten wieder hergerichtet und der Öffentlichkeit zugänglich gemacht. Mehr als 3000 Spezies exotischer Pflanzen wachsen darin.

AUTORENTIPP!

EIN PARK FÜR ALPAKAS

Der Alpaca Park südöstlich von Holsworthy ist ein Tierpark der besonderen Art: Er wurde für Alpakas eingerichtet, einer Kamelart aus den Anden, die für ihre weiche Wolle bekannt ist. Besucher können auf dem 40 Hektar großen Gelände herumspazieren und werden überall auf diese putzigen Tiere mit ihrem langen Hals und dem typischen Fellbüschel auf dem Kopf stoßen. Wer möchte, kann sogar eine Patenschaft übernehmen. Nett ist – wie so oft in der englischen »countryside« – der Tea Room mit selbstgebackenen Kuchen, leckeren Scones und gutem Tee oder Kaffee. Dienstags und donnerstags gibt es (nach Voranmeldung) ein Kombiangebot mit Parkbesuch, Cream Tea und Fragestunde.

Alpaca Park Ashwater. Apr.–Sept. tgl. 10–17 Uhr, Eintritt 7 £, Hope Farm, Ashwater, Beaworthy, Tel. 014 09/22 02 16, www.thealpacapark.com

Oben: Gleich fällt noch mehr Regenwasser in den Tamar.
Unten: Wuchtbrumme: Turm von Winsfords Maria Magdalene Kirche

Sehenswert sind die bis zu zwölf Meter hohen Bambuspflanzen, außerdem die zahlreichen Kräuter, darunter allein 60 Sorten Thymian. Zwei alte Gewächshäuser aus Teakholz wurden wieder aufgebaut – ursprünglich standen im Garten insgesamt 13 Gewächshäuser. Einige Überreste sind bis heute zu sehen.

Cookworthy Forest

Das Waldstück zwischen Okehampton und Holsworthy an der A 3079 ist so unscheinbar, dass die meisten einfach durchfahren. Dabei lohnt sich ein Stopp, denn zwischen den weitläufigen Moorlandschaften Dartmoor und Exmoor liegt mit dem Cookworthy Forest ein Stück Wald, das an heißen Tagen auf Wanderungen für die nötige Abkühlung sorgen kann. Gut für eine entspannende Pause – wenngleich dieser Teil von Ruby Country eher arm an touristischen Attraktionen ist.

Tamar Lakes Country Park

Die Lower und Upper Tamar Lakes bilden das Herz dieses Parks. Eigentlich zur Trinkwasserversorgung an der Grenze zwischen Devon und Cornwall gebaut hat er sich zu einem beliebten Naherholungsgebiet entwickelt. Währen der Lower Tamar Lake 1820 entstand, folgte sein größerer Bruder erst 1977. Heute kommen die Leute vor allem zum Segeln und Radfahren hierher. Aber auch Fischen kann man an den Seen.

Infos und Adressen

SEHENSWÜRDIGKEITEN

Tamar Lakes Country Park. Naherholungsgebiet rund um die beiden künstlich angelegten Tamar-Seen mit vielen Möglichkeiten zum Wandern, Radfahren und Segeln. Eintritt frei, www.swlakestrust.org.uk

Winsford Walled Garden. Der große Garten mit seinen beiden Gewächshäusern birgt allerlei schöne Pflanzen und einen großen Bambusbereich. Mai–Sept. Mi–So 10–17 Uhr, Eintritt 5 £, Winsford Lane, Halwill Junction, Tel. 014 09/22 14 77, www.winsfordwg.nfshost.com

ESSEN UND TRINKEN

Blackberry Farm. Bauernhof mit kleinem Laden und Café. Mo–Sa 9.30–17 Uhr, So 10–13 Uhr, Milton Damerel, Holsworthy, Tel. 014 09/26 14 40, www.blackberryfarmshop.co.uk

Lakeside Café. Café mit wunderschöner Aussicht auf den Roadford Lake. Tgl. 10–16 Uhr, Lakeside, Roadford Lake, Broadwoodwidger, Lifton, Tel. 015 66/78 48 59, www.swlakestrust.org.uk

Frühstücksraum im Court Barn Country House

Diesseits der Stille: Court Barn Country House

ÜBERNACHTEN

Court Barn Country House Hotel. Altes Herrenhaus auf dem Land mit gemütlichen Zimmern und einem Salon, in dem Kaminfeuer lodert. Clawton, Holsworthy, Tel. 014 09/27 12 19, www.hotels-devon.com

Woodford Bridge Country Club. Drei-Sterne-Landhotel mit Schwimmbad. Milton Damerel, Holsworthy, Tel. 08 00/358 69 91, www.woodfordbridgedevon.co.uk

EINKAUFEN

Hatherleigh Pottery. Töpferwahre aus eigener Produktion. Di–Sa 9–16 Uhr, 20 Market Street, Hatherleigh, Tel. 018 37/81 06 24, www.hatherleighpottery.co.uk

INFORMATION

Holsworthy Information Centre. Mo–Sa 10–16 Uhr, Holsworthy Memorial Hall, Holsworthy, Tel. 014 09/25 41 85, www.therubycountry.com

Mitte: Klare Sache: Blick vom Castle auf die Kirche über die Dächer hinweg
Unten: Am Gatehouse wird die Fore Street zur Main Street.

40 Totnes

Der Bilderbuchort am Dart

Die normannische Burg thront über dem ganzen Ort, der River Dart schlängelt sich einmal hindurch: Totnes ist ein derart englisch anmutender Ort, dass man sich in einem Bilderbuch wähnt. Und nicht genug damit: Mit einem Dampfschiff kann man von von hier gemächlich den Fluss hinaufschippern, als wäre die moderne Schifffahrt noch gar nicht erfunden. Auch die alte Eisenbahnlinie nach Buckfastleigh ist für den Tourismus wieder in Betrieb.

Die Legende, die sich um Totnes (7500 Einwohner) rankt, ist zwar längst und ausführlichst widerlegt – sie liest sich trotzdem immer wieder spannend: Brutus von Britannien, der mythische Gründer des Landes, soll auf seiner Flucht aus Italien in Totnes an Land gegangen sein. Nun hat es ihn in der Realität vermutlich nie gegeben, und man fragt sich auch, wieso er erst um die Küste gefahren ist, um ausgerechnet in die Mündung des River Dart hineinzubiegen, statt gleich um die Ecke

MAL EHRLICH

OUTFITS VON ANNO DAZUMAL

Man wird sich bei Spaziergang angesichts der Masse alter Gebäude durch Totnes unweigerlich in vergangene Zeiten zurückversetzt fühlen. Ob man aber so weit gehen muss, sich auch noch alte Kostüme anzusehen, bleibt dahingestellt. Die Devonshire Colelction of Period Costume im Kostümmuseum am Market Square zeigt jedes Jahr wechselnd 50 Outfits aus alten Tagen – mehr aber auch nicht. Sehenswert ist die Ausstellung daher nur für Modeninteressierte.

an der Bucht von Paignton zu landen; aber die Einwohner wollen solch Zweifel gar nicht erst aufkommen lassen – sie genießen die Bedeutung, die ihr Ort für ganz Großbritannien gehabt haben soll. Deswegen erinnert in der Fore Street ein unauffälliger in den Boden betonierter Stein daran: der Brutus Stone.

Und auch andere scheinen vom Mythos fasziniert: Totnes hat sich zu einem Anziehungspunkt für esoterisch begeisterte Menschen entwickelt. Was sich unter anderem durch den allgegenwärtigen Räucherstäbchenduft in der Innenstadt bemerkbar macht und durch das überdurchschnittliche Angebot an esoterischen Büchern.

Gesichert ist die Existenz des Orts seit dem 10. Jahrhundert, und bereits im 12. Jahrhundert war Totnes zu einer bedeutenden Marktstadt herangewachsen, die sich in den folgenden Jahrzehnten weiter etablieren konnte. Heute spielt sich das Leben überwiegend in der schmalen High Street ab, die sich – gesäumt von allerlei kleinen Geschäften – später als Fore Street bis zum Dart hinunterzieht. Ungefähr am Übergang der beiden Straßen überspannt eine schmale, mit einer Uhr versehene Bebauung die Fahrbahn: die East Gate. Die ganze High Street ist von wunderschönen alten Gebäuden gesäumt, darunter der Butterwalk, eine Überbauung des Fußwegs aus der Tudorzeit. Sie sollte ursprünglich die Geschäfte vor Hitze schützen, die im Erdgeschoss Frischeprodukte wie Milch anboten.

Totnes Castle

Die Motte, die auf einem Hügel liegende Burg, ist das mit Abstand prägnanteste Bauwerk der Stadt. Und eine der besterhaltenen im ganzen Land. Die Normannen bauten sie unweit des River Dart,

AUTORENTIPP!

KULTUR IM HERRENHAUS

Das herrschaftliche Anwesen Dartington Hall im Norden von Totnes war einst ein beliebtes Domizil britischer Könige und wurde von allerlei wichtigen Persönlichkeiten bewohnt. Von 1926 bis 1987 war hier die Dartington Hall School untergebracht, eine für ihre antiautoritären Methoden bekannte Schule. Seitdem verwaltet der gemeinnützige Dartington Hall Trust den Gebäudekomplex aus dem 14. Jahrhundert. Er gilt als einer der größten seiner Art und ist inzwischen Heimat von Kunst und Kultur: Zahlreiche Konzerte, Kurse und Lesungen finden statt, in einer Scheune wurde ein Kino eingerichtet. Das Gelände mit seinem weitläufigen Park ist für jedermann geöffnet. Es gibt Cafés, Geschäfte und sogar ein Bed & Breakfast.

Dartington Hall. Abzweigung der A 384, Tel. 018 03/84 70 58, www.dartington.org

Samstags steppt in Totnes High Street der Bär.

Oben: In der Apotheke des Elizabethan House
Unten: Ein beliebter Treffpunkt: The Barrel House, 59 High Street

nachdem sie im 11. Jahrhundert England erobert hatten. Mehrfach wurde die Burg im Laufe der folgenden Jahrhunderte erneuert – teilweise auf den Holzfundamenten früherer Bauten. Die heutige Steinmauer entstand im 13. Jahrhundert und wurde später ausgebessert. Besucher gelangen von der High Street zur Burg, wenn sie kurz vor dem Ende in die Castle Street einbiegen. Viel mehr als innerhalb der Mauern herumwandern kann man vielleicht nicht. Doch dafür bietet sich ein toller Rundumblick auf die Stadt und den River Dart.

Elizabethan House Museum

In der High Street unweit des East Gate befindet sich das Elizabethan House (1575), ehemaliges Wohnhaus der wohlhabenden Händlerfamilie Kellond. Es beinhaltet ein Museum, das viel über die Vergangenheit von Totnes verrät. In 13 Zimmern gibt die Ausstellung Aufschluss über die unterschiedlichen Lebensweisen im Laufe der Jahrhunderte. Zu sehen sind unter anderem eine Küche aus viktorianischer Zeit, ein Schlafzimmer sowie Gebrauchs- und Einrichtungsgegenstände aus der Händlerfamilie. Sehenswert ist auch der Kräutergarten.

Guildhall

Das angesichts der repräsentativen Bebauung eher unscheinbare Gebäude nahe der High Street war

Stadtrundgang durch Totnes

Dieser Rundgang führt durch die Innenstadt von Totnes – vom Fluss Dart bis zur Burg und den Quellen von Leechwell.

A Town Mill – Die alte Mühle nahe dem Dart ist heute die Touristeninformation von Totnes. heilende Wirkug nachgesagt. Sie ist eine von drei Mühlen, die es in der Stadt gegeben hat. Ein Wasserrad tut inzwischen wieder seinen Dienst.

B Totnes Bridge – Die aus Steinen erbaute Brücke über den Dart stammt aus dem Jahr 1828. Sie ist geprägt von mehreren Bögen.

C Fore Street – Die Hauptstraße von Totnes zieht sich unter wechselnden Namen einmal durch den Ort. Ab Höhe East Gate heißt die High Street.

D Brutus Stone – Eine Legende besagt, dass an dieser Stelle Brutus von Britannien an Land gegangen ist.

E The Elizabethan House – Das alte Tudorgebäude gehörte einst der Händlerfamilie Kellond. Heute beherbergt es ein Museum.

F East Gate – Das östliche Stadttor von Totnes. Es wurde 1990 durch einen Brand zerstört, jedoch wieder aufgebaut. Heute überragt es wieder die geschäftige High Street des Ortes.

G Ramparts Walk – Ein kleiner Weg abseits der High Street.

H Guildhall – Das Gebäude wurde zunächst als Koster genutzt, später war es Sitz der Marktgilde und diente als Gefängnis. Heute ist die Guildhall ein Verwaltungsgebäude.

I St. Mary's Church – Die Kirche stammt aus dem 15. Jahrhundert.

J Butterwalk – Das Gebäude stammt aus der Tudorzeit und diente ursprünglich als Kühlhaus für leicht verderbliche Lebensmittel.

K Civic Hall – Auf diesem Platz findet immer freitags und sonnabends ein Markt statt.

L Totnes Castle – Die normannische Burg ist das Wahrzeichen von Todnes und schon von Weitem sichtbar. Von ihren Mauern bietet sich ein weiter Blick auf die Stadt und den River Dart.

M Leechwell – Den drei Quellen von Totnes wird heilende Wirkug nachgesagt.

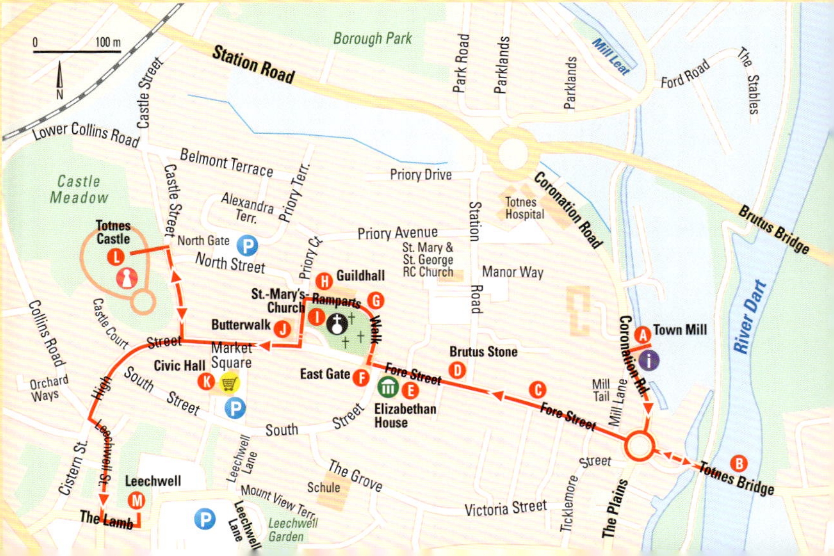

AUTORENTIPP!

NACHHALTIGES ZUSAMMENLEBEN

Nachhaltigkeit und Sozialverträglichkeit sind ein wesentlicher Kern der Transition-Town-Bewegung, zu der Totnes gehört. 2005 begann man hier, den kompletten Alltag auf die Kriterien eines zukunftsgerichteten Zusammenlebens umzustellen. Mehr Grün, für britische Verhältnisse überdurchschnittlich viele Solarzellen und ein Tuk-Tuk-Taxi, das mit dem Bratfett der Restaurants betrieben wird, sind die deutlichsten Zeichen für die Bewegung. Wobei gerade das Tuk-Tuk unlängst zum lautesten Gefährt Devons gewählt worden ist. Die Initiative hat inzwischen etliche Nachahmer in ganz Europa gefunden. Eine Tour zeigt in Totnes, wie nachhaltiges Zusammenleben funktionieren kann.

Transition Walks. Unregelmäßig freitags 14–16 Uhr, Infos in der Tourist Information, 43 Fore Street, Tel. 018 03/86 73 58, www.transitiontowntotnes.org

In Totnes bieten sich viele Cafés für Ruhepausen an.

viele Hundert Jahre lang zunächst Sitz der Marktgilde und später der Stadtverwaltung. Ursprünglich als Teil eines Klosters angelegt diente es 1553 erstmals als Guildhall sowie als Gefängnis. Oliver Cromwell (1599–1658) und Lord Fairfax (1612–1671) sollen sich hier während des Englischen Bürgerkriegs (1642–1646) zusammengesetzt haben. Zwei Tische aus jener Zeit stehen bis heute in der Guildhall. Zu sehen sind auch die Zellen des früheren Gefängnisses.

Town Mill

Die alte Mühle aus dem16. Jahrhundert in der Coronation Road ist seit Abschluss der Restaurierungsarbeiten 1996 Sitz der Touristeninformation. Sie ist eine von drei Mühlen, die es in der Stadt gegeben hat. Über Jahrhunderte wurde sie nicht nur für das Mahlen von Getreide genutzt, sondern auch für das Walken von Stoffen. Bis 1945 tat die Town Mill ihren Dienst, später zog eine Schinkenfabrik ein, bis sich 1991 schließlich ein Denkmalschutzfonds fand, um das Gebäude zu restaurieren und der Öffentlichkeit zugänglich zu machen. Inzwischen ist auch wieder eines der Wasserräder installiert worden. Im Garten ist ein alter Mühlstein ausgestellt.

Leechwell

Sie sollen heilende Wirkung haben, und deswegen pilgern seit jeher Menschen zu den drei Quellen von Leechwell mitten in Totnes. Ob das stimmt, ist gelinde gesagt nicht hinreichend gesichert – aber sie existieren bis heute in der Leechwell Lane, und jedermann kann testen, was es mit der Heilung auf sich hat. Die Quellen fließen in drei gemauerte Becken. Und die sind Anziehungspunkt der esoterisch angehauchten Besucher, die mit Vorliebe Tücher an ein Gitter binden.

Infos und Adressen

SEHENSWÜRDIGKEITEN

Elizabethan House Museum. Geschichtsmuseum der Stadt, untergebracht in einem alten Wohnhaus. Apr.–Sept. Mo–Fr 10.30–16 Uhr, Eintritt 3 £, 70 Fore Street, Tel. 018 03/86 38 21, www.totnesmuseum.org

Guildhall. Das zu großen Teilen im Tudorstil erbaute Gebäude ist seit vielen hundert Jahren Verwaltungssitz. Apr.–Sept. Mo–Fr 11–15 Uhr, Eintritt 1,25 £, Tel. 018 03/86 21 47, www.totnestowncouncil.gov.uk

Totnes Castle. Englands besterhaltene normannische Burg, und das mitten in der Stadt. Apr.–Sept. tgl. 10–18 Uhr, Eintritt 3,70 £, Castle Street, Tel. 018 03/86 44 06, www.english-heritage.org.uk/daysout/properties/totnes-castle

ESSEN UND TRINKEN

Tangerine Tree Café. Gemütliches Café in der Innenstadt. Di–Sa 9–17 Uhr, 50 High Street, Tel. 018 03/84 08 53, www.tangerinetree.co.uk

Waterside Bistro. Erstklassige Crossover-Küche von Hummer bis Pasta. Tgl. 9–23 Uhr, The Plains, Tel. 018 03/86 40 69, www.watersidebistro.com

Uhrenhandwerk im Elizabethan House

Auf der Terrasse des Waterside Bistro

ÜBERNACHTEN

Royal Seven Stars Hotel. Ganz so viele Sterne wie der Name es vermuten lässt, hat das Hotel dann doch nicht – aber drei immerhin. Gemütlich und zentral. The Plains, Tel. 018 03/86 21 25, www.royalsevenstars.co.uk

Steam Packet Inn. Kleine, aber moderne Zimmer. Gutes Restaurant. St. Peter's Quay, Tel. 018 03/86 38 80, www.steampacketinn.co.uk

AKTIVITÄTEN

Dartmouth River Boat. Bootstouren auf dem Dart-Fluss. Steamer Quay Road, Tel. 01 803/55 58 72, www.dartmouthrailriver.co.uk

INFORMATION

Totnes Tourist Information Centre. Mo–Sa 10–16 Uhr, The Town Mill, Coronation Road, Tel. 018 03/86 31 68, www.totnesinformation.co.uk

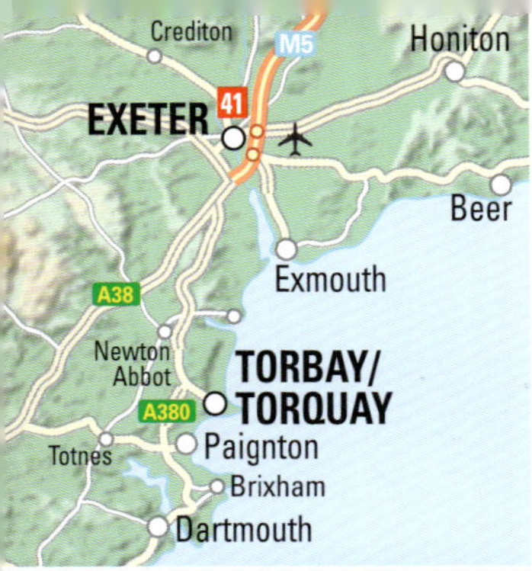

41 Exeter

Die Hauptstadt Devons

Bereits Kelten und Römer zog es hierher an den Fluss Exe. Und bis heute ist die Hauptstadt Devons ein beliebtes Zentrum im Südwesten Englands geblieben. Nach wie vor sind weite Teile der Mauer erhalten, mit der die Römer ihre damals noch Isca Dumnoniorum genannte Stadt schützten. Mit seinen mittelalterlichen Gebäuden rund um die Kathedrale bietet Exeter einen sehr hübschen Innenstadtkern.

Sie liegt weitab von London und großen Teilen des Landes – doch mutmaßlich jeder Brite hat täglich mit einem Produkt aus der Hauptstadt Devons zu tun: dem Wetterbericht. Das MetOffice, der nationale britische Wetterdienst, hat seit 2003 seinen Sitz in Exeter und versorgt das ganze Land mit Vorhersagen. Und viel wichtiger für die Stadt selbst: Das MetOffice zieht durch seine Forschungsarbeit Klimaexperten von Weltrang in den Südwesten der Insel – was dem zuvor etwas angestaubten Ruf Exeters durchaus gut getan hat.

Mitte: Die Hauptfassade der Kathedrale strahlt im Abendlicht. **Unten:** Als sei die Zeit stehen geblieben. Tudorfassaden in der High Street

MAL EHRLICH

AUTORFAHRER AUFGEPASST!

Autofahren in Großbritannien ist leichter, als es sich manche vorstellen – Exeter jedoch birgt eine Erschwernis für Ortsunkundige: ein Sammelsurium an Einbahnstraßen und Fußgängerzonen. Auch Navigationsgeräte helfen nicht immer, wenn sich etwa eine Adresse in einem autofreien Bereich befindet. Das einfachste ist, das Auto auf einem der zahlreichen Parkplätze am Rand der Innenstadt abzustellen – und Exeter zu Fuß zu erkunden.

AUTORENTIPP!

Die Kathedrale St. Peter

Die Bombenangriffe der Deutschen haben das Zentrum und den Hafen Exeters während des Zweiten Weltkriegs stark beschädigt. Schnell musste nach dem Krieg manches wieder aufgebaut werden – zu schnell mitunter, um den Originalzustand der Gebäude rekonstruieren zu können. Im Zentrum gab man sich dennoch Mühe: Die Kathedrale St. Peter (1275–1369) erhebt sich auf dem Cathedral Yard am Rande der Fußgängerzone, wo sie allein durch ihre Größe den Mittelpunkt der Stadt darstellt.

Die Kathedrale ist eines der beeindruckendsten gotischen Bauwerke im Vereinigten Königreich. Dabei liegen ihre Wurzeln noch weiter zurück: 1112 wurde an dieser Stelle mit dem Bau einer normannisch-romanischen Kirche begonnen. Gut 100 Jahre später erfolgte der Neubau im Gotischen Stil. Beeindruckend ist im Inneren die aus mehreren Bögen bestehende Decke: Sie gilt als längste, durchgehende ihrer Art im Gotischen Stil. Im Kapitelsaal hängt eine astronomische Uhr aus dem späten 15. Jahrhundert – eine der letzten Großbritanniens. Sie zeigt die Mondphasen und die Sonnenposition an, seit dem späten 18. Jahrhundert auf einem gesonderten Feld auch die Minuten. Einer der schönsten Teile an der Außenfassade ist die Westseite der Kathedrale aus dem 14. Jahrhundert: In drei Reihen sind Engel, Könige und Apostel in den Stein gemeißelt. Darüber erhebt sich ein aufwendig verziertes Stirnfenster. Der Nordturm kann mehrmals täglich in geführten Touren bestiegen werden.

Die Innenstadt

Rechts neben dem »Royal Clarence Hotel« führt eine schmale Gasse in die Haupteinkaufsstraße

WEIHNACHTEN IN EXETER

Weihnachtsmärkte nach deutschem Vorbild kommen seit einigen Jahren auch in Großbritannien in Mode – und besonders sehenswert ist jener von Exeter. Vor der Kathedrale stehen Dutzende Holzbuden, die Kunsthandwerk und lokale Produkte anbieten. Auch für gutes Essen ist gesorgt. Statt Glühwein wird Mulled Cider ausgeschenkt, also warmer Cider mit den typischen Glühweingewürzen. Auf dem Weihnachtsmarkt lassen sich schöne Mitbringsel abseits der üblichen Souvenirs finden, und vor allem bei Einbruch der Dunkelheit ist die Szenerie vor der beleuchteten Kathedrale ein wunderbares Fotomotiv. Wem es zu kalt wird: Rund um den Markt gibt es eine Reihe von Cafés und Pubs.

Exeter Christmas Market. Ab Ende November bis kurz vor Weihnachten, tgl. ab 10 Uhr (meist bis 20 Uhr), www.christmasmarkets.com/UK.html

Farbenprächtige Glasfenster der Kathedrale in Exeter

Oben: Blick von Northernhay Gardens auf die Fassaden der gleichnamigen Straße
Unten: Seit mehr als 500 Jahren können sich Passanten unter den Arkaden vor Regenschauern schützen.

Exeters. So ziemlich jede britische Ladenkette ist in der High Street vertreten – gekrönt von einem großen Kaufhaus von John Lewis an ihrem Ende sowie dem modernen Einkaufszentrum Princesshay.

Die Guildhall (12. Jahrhundert), das alte Rathaus, ist eines der schönsten Gebäude der Stadt. Es ist durch seine mindestens 800-jährige Nutzung eines der am längsten geöffneten Stadthallen der Insel. Seine eindrucksvolle Frontfassade mit dem auffallenden Portikus, der sich über den Gehweg erhebt, stammt aus dem späten 16. Jahrhundert. Innen kann die Guildhall zwar kostenlos besucht werden, allerdings zu sehr unterschiedlichen Zeiten. Der Schaukasten am Eingang gibt einen Überblick über die Öffnungszeiten der jeweiligen Woche.

Zu sehen ist allerdings nicht viel mehr als der große Ratssaal mit seiner aufwendig verzierten Wandverkleidung aus Holz und der typischen Holzbalkenkonstruktion der Decke. Unter dem Ratssaal existiert noch ein Gefängnis aus dem 14. Jahrhundert, das für Besucher leider nicht zugänglich ist. Nicht zu verwechseln ist das Gebäude übrigens mit dem Einkaufszentrum selben Namens, das sich direkt dahiner befindet.

Royal Albert Memorial Museum

In unmittelbarer Nähe der Guildhall führt die Queen Street vorbei an einer Reihe Cafés und Imbissläden bis zum Royal Albert Memorial Museum. Das Gebäude im neogotischen Stil ist an sich schon einen Besuch wert – doch es beheimatet auch ein Museum von nationalem Rang, das weit über die Grenzen Exeters bekannt ist. Es verfügt nicht nur über eine detailliert aufbereitete Aus-

Vom Hafen durch die Innenstadt

A Exeter Cathedral and Quay Car Park – Kostenpflichtiger Parkplatz.

B Exeter Quay – Der alte Hafen von Exeter war früher ein florierender Handelsplatz. Nun lässt sich hier wunderbar entspannt spazieren gehen.

C Quay House Visitor Centre – Das Besucherzentrum ist in einem Gebäude von 1680 untergebracht und informiert über die Geschichte des Hafens.

D Custom House – Das Zollhaus stammt ebenfalls aus dem Jahr 1680, kann jedoch derzeit nur von außen betrachtet werden.

E Stadtmauer – Die Römer bauten um 50 n. Chr. die Stadtmauer um das damals noch Isca Dumnoniorum genannte Exeter. Bis heute sind weite Teile erhalten geblieben wie hier nahe der South Street.

F Exeter Cathedral – Die Kathedrale stammt aus dem 13. und 14. Jahrhundert und ist nicht nur von außen beeindruckend. Im Zweiten Weltkrieg wurde sie wie auch weite Teile der Stadt zerstört und detailgetreu wieder aufgebaut.

G Cathedral Yard – Die engen Gassen rund um die Kathedrale erinnern noch an mittelalterliche Zeiten.

H High Street – Haupteinkaufsstraße der Stadt. Die meisten Geschäfte haben auch sonntags geöffnet.

I Underground Passages – Im Mittelalter wurden unter den Straßen Exeters Kanäle für die Wasserversorgung gebaut. Heute lassen sich einige Abschnitte besichtigen.

J Exeter Castle – Direkt an den Überresten der alten Stadtmauer existieren an dieser Stelle noch Ruinen des Rougemont Castle aus dem 11. Jahrhundert.

K Northernhay Gardens – Ein schmaler Park am Rande der Stadtmauer, in dem man prima abschalten und die Stadt auf sich wirklen lassen kann.

L Royal Albert Memorial Museum – Das Museum gibt einen guten historischen Überblick über die Stadt und ist weit über die Grenzen Exeters bekannt.

M Guildhall – Das Rathaus aus dem 15. Jahrhundert ist eines der schönsten Gebäude von Exeter. Seine Frontfassade stammt aus dem späten 16. Jahrhundert.

AUTORENTIPP!

STUDENTENKNEIPE

Das »Imperial« dürfte eines der best gehütetsten Geheimnisse unter Exeter-Besuchern sein. Der Pub ist in einem früheren Hotel untergebracht und befindet sich auf einem Hügel weit oberhalb des Bahnhofs St. Davids in unmittelbarer Nähe des Exeter College. Das führt dazu, dass man viele Studenten und andere Einheimische antrifft, selten jedoch Touristen. Weil die gesamte Grundfläche des einstigen Hotels genutzt wird, ist das »Imperial« ein überaus großer Pub, der jedoch durch die Aufteilung in einzelne Räume fast wie eine Wohnung wirkt. Urgemütlich! Die besten Plätze sind in der Orangerie mit Blick auf den Garten – oder im Sommer draußen mit Blick über die Dächer Exeters. Günstiges Essen, Gratis-WLAN.

The Imperial. Tgl. 9–0 Uhr (Fr/Sa bis 1 Uhr), New North Road, Tel. 013 92/43 40 50, www.jdwetherspoon.co.uk/home/pubs/the-imperial

stellung zur Stadtgeschichte, sondern auch über eine Kunstabteilung mit Werken bedeutender britischer Künstler von Thomas Gainsborough bis Richard Crosse. Mit seinen rund 1,5 Millionen Exponaten ist das Royal Albert Memorial Museum eine Drehscheibe für die staatlichen Museen Südenglands und wurde 1012 zum besten des Vereinigten Königreichs ausgezeichnet. In der Ausstellung ist nur ein Bruchteil seiner tatsächlichen Schätze zu bewundern.

Stadtmauer und Schloss

Hinter dem Royal Albert Memorial Museum (Zugang über Castle Street oder die Northernhay Gardens links vom Museum) sind an den Überresten der römischen Stadtmauer (ca. 50 n. Chr.) die Ruinen des Rougemont Castle (1068) zu finden. Die normannische Burg – einst mit Wachtürmen ausgestattet – wird in Shakespeares Stück »Richard III.« erwähnt, als der König 1483 der Stadt einen Besuch abstattete. 1770 riss man sie ab, um Platz für den Gerichtshof zu schaffen, der inzwischen ein Veranstaltungszentrum ist. Heute kann man an den Außenmauern und den Überresten eines der Türme herumklettern. Die Stadtmauer führt mit kleinen Unterbrechungen einmal rund um den Innenstadtkern – wobei von den einstigen Stadttoren nur noch Bezeichnungen wie North Gate und South Gate übrig geblieben sind. Die Eingangsportale wurden bereits vor Jahrhunderten abgetragen.

Underground Passages

Viel von der Vergangenheit Exeters erfahren Besucher in den Underground Passages, den unterirdischen Kanälen. Am Rand der Fußgängerzone in der Paris Street (Eingang neben Next) führt eine Treppe quasi direkt ins Mittelalter. Im 14. Jahrhundert baute die Stadt die Kanäle, um die Wasserversorgung für die ständig wachsende Zahl an Einwohnern zu sichern. Einer zieht sich unter der High Street entlang bis zur Kathedrale. In geführten Touren können die Besucher einige Abschnitte der schmalen Gänge unter der Innenstadt erkunden und werden dabei sogar auf die letzten Überreste eines Stadttors stoßen. Der Besuch unter Tage ist ein Erlebnis besonderer Art, doch die Underground Passages sind nichts für Leute mit Platzangst – stellenweise kann es ziemlich eng, dunkel und uneben werden.

Der Hafen

Der Hafen von Exeter ist ein Phänomen: Er liegt fußläufig entfernt von der Innenstadt – und nur wenige Besucher erfahren überhaupt von seiner Existenz. Weil Exeter nicht direkt am Meer liegt und auch die Exe nicht direkt durch die Innenstadt fließt, erwartet man zunächst keinen Hafen. Doch bereits die Römer machten sich den Fluss als Transportweg zunutze, und der Exeter-Kanal (1564–1566) ermöglichte es schließlich, die Waren schneller in die Innenstadt zu bringen. Es entwickelte sich ein reger Handel, der 1680 den Bau eines Zollhauses erforderte.

Vor allem die Wollverarbeitung und -kleidung brachten der Stadt zunehmenden Wohlstand. Von Devon aus wurde die Ware in alle Welt verschifft. Im 18. Jahrhundert erlebte Exeter seine Blüte: In dieser Zeit entstanden die meisten Lagerhäuser, die heute noch am Hafen zu sehen sind. Der Bau der Eisenbahn im Jahr 1844 bereitete dem Handel auf den Wasserwegen ein jähes Ende. Heute werden die alten Lagerhäuser als Geschäfte, Cafés und Bars genutzt – und so manche Bewohner Exeters pilgern zum morgendlichen Frühsport an den Hafen.

AUTORENTIPP!

ZU BESUCH BEI DEN WETTERFRÖSCHEN

Es ist einer der modernsten Wetterdienste der Welt – und hat seinen Sitz in Exeter: Das MetOffice, der nationale Wetterdienst von Exeter, arbeitet eigentlich hinter verschlossenen Türen. Alle paar Wochen aber lädt er Besucher nach Voranmeldung zu einer Führung ein. In der zweieinhalbstündigen Tour erfahren die Teilnehmer von Experten jede Menge Wissenswertes über das Wetter und wie es mit modernen Mitteln vorhergesagt werden kann. Anmelden kann man sich über die Webseite des MetOffice. Hier stehen auch die jeweils nächsten Termine für die Open Days, die Tage der offenen Tür. Angemeldete Personen werden in kleinen, übersichtlichen Gruppen durch das Gebäude geführt – damit auch ja keine Fragen offen bleiben.

MetOffice. Fitz Roy Road, Tel. 013 92/88 56 80, www.metoffice.gov.uk/about-us/open-days

Bistro am Hafen Exeters, hier kann man wunderbar entspannen.

Infos und Adressen

SEHENSWÜRDIGKEITEN

City Wall Trail. Die Stadtmauer stammt aus der Zeit der römischen Besetzung und ist somit in vielen Teilen gut 2000 Jahre alt. Die Stadt hat kostenlose PDFs für Führungen auf ihre Website gestellt. www.exeter.gov.uk/index.aspx?articleid=2958

Exeter Cathedral St. Peter. Eine der prachtvollsten Kathedralen Englands. Mo–Sa 9–16.45 Uhr, So 11.30–15.30 Uhr, 6 £, Senioren/Studenten 4 £, Kinder bis 18 Jahre in Begleitung eines Erwachsenen gratis, 1 The Cloisters, www.exeter-cathedral.org.uk

Lepidopterologens Freud: Panel im Royal Albert Museum

Exeter Quays. Kleines Hafenviertel mit Cafés am Ende der Fore Street

Guildhall. Tgl. wechselnde Öffnungszeiten (Infos im Schaukasten am Eingang oder im Internet), Eintritt frei, High Street, Tel. 013 92/66 55 00, www.exeter.gov.uk

Royal Albert Memorial Museum. Gerade modernisiertes erstklassiges Museum mit Kunstgalerie und historischer Ausstellung. Di–So 10–17 Uhr, Eintritt frei, Queen Street, Tel. 013 92/26 58 58 www.rammuseum.org.uk

ESSEN UND TRINKEN

George's Meeting House. Großer Pub in einer denkmalgeschützten Kapelle aus dem 18. Jahrhundert. Tgl. 8–23 Uhr, 38 South Street, Tel. 013 92/45 42 50, www.jdwetherspoon.co.uk/home/pubs/georges-meeting-house

Michael Caines Restaurant. Eines der besten Restaurants Südenglands mit moderner europäischer Küche. Der Name geht auf den Küchenchef zurück, nicht auf den gleichnamigen Schauspieler. Mo–Fr 7–14.30 Uhr, Sa/So 8–14.30 Uhr, So 8–11 Uhr, außerdem Mo–Do 17.30–21 Uhr, Fr/Sa 18–22 Uhr, Cathedral Yard, Tel. 013 92/22 36 38, www.michaelcaines.com

Tea On The Green. Altes Teehaus gegenüber der **Kathedrale.** Mo–Sa 8–18 Uhr, So 9–17 Uhr, 2 Cathedral Close, Tel. 013 92/27 69 13, www.teaonthegreen.com

The Coffee Cellar. Italienische Kaffeebar in einem Gewölbe am Hafen. Von den Außenplätzen hat man einen schönen Blick aufs Hafenbecken. Tgl. 8–18 Uhr, 22 The Quay, Tel. 013 92/41 00 00, www.coffeecellar.co.uk

The Farmers Union. Pub am Uhrturm mit großer Speisekarte. Tgl. 10–23 Uhr, 16–18 Queens Tarrace, Tel. 013 92/27 99 55, www.thefarmersunion.co.uk

The Ship Inn. Traditioneller Pub an der Kathedrale mit einfachen Speisen. Tgl. 11–23 Uhr, 1–3 Martins Lane, Tel. 013 92/27 20 40, www.gkpubs.co.uk/pubs-in-exeter/ship-pub/

ÜBERNACHTEN

Abode Royal Clarence Hotel. Das Hotel soll das erste Englands gewesen sein. Cathedral Yard, Tel. 013 92/31 99 55, www.abodeexeter.co.uk

Magdalen Chapter. Designer-Hotel in einer früheren Augenklinik mit schönem Garten. Magdalen Street, Tel. 013 92/28 10 00, www.themagdalen-chapter.com

Mercure Exeter Southgate Hotel. Luxuriöses Hotel mit Schwimmbad und eigenem Pakrplatz. Southernhay East, Tel. 08 45/620 09 00, www.mercure.com

Premier Inn St. Davids. Modernes Budgethotel einer großen britischen Kette direkt gegenüber dem Bahnhof Exeter St. Davids. Bonhay Road, Tel. 08 71/527 92 78, www.premierinn.co.uk

AUSGEHEN

Arena. Angesagter Club. Mo–Sa ab 22 Uhr, Summerland Street, Tel. 013 92/49 14 19, www.arenaclubbing.co.uk/exeter

Old Firehouse. Pub mit Livemusik (Fr–So) in einem denkmalgeschützten Gebäude. Tgl. 12–2 Uhr (Do–Sa bis 3 Uhr, So bis 1 Uhr), 50 New North Road, Tel. 013 92/27 72 79, www.oldfirehouseexeter.co.uk

The Cavern. Café Mo–Sa 11–17 Uhr, Indie-Club mit Livemusik tgl. ab 20 Uhr, Queen Street, Tel. 013 92/49 53 70, www.exetercavern.com

The Monkey Suit. Große populäre Bar mit Night Club am Wochenende. Tgl. 16–1 Uhr, Fr/Sa bis 3 Uhr, 161 Sidwell Street, Tel. 013 92/43 14 20, www.themonkeysuit.co.uk

EINKAUFEN

Goodwood Cellars. Holzmöbel aus der eigenen Werkstatt und nette kleine Souvenirs. Tgl. 9–17 Uhr, Cellars 16/17, The Quay, Tel. 013 92/49 80 30, www.goodwoodcellars.co.uk

Hangar 124. Traditionelle britische Herrenbekleidung. 124 Fore Street, Tel. 013 92/43 77 94

Kintamani. Teils selbstproduzierte Accessoires und Mitbringsel. Mo–Fr 10–22 Uhr, Sa/So 12.15–20 Uhr, 28 Gandy Street, Tel. 013 92/27 66 65, www.mantishomedirect.co.uk

Princesshay Shopping Centre. Großes Freiluft-Einkaufszentrum in der Innenstadt. Tgl. 9.30–18 Uhr, So 10.30–16.30 Uhr, www.princesshay.com

AKTIVITÄTEN

Exeter's Red Coat Guides. 90-minütige Gratistouren der Stadtverwaltung durch Exeter. Treffpunkt ist entweder am Royal Clarence Hotel oder vor dem Quay House Visitor Centre am Hafen. Unterschiedliche Startzeiten, Tel. 013 92/26 52 03, www.exeter.gov.uk

Exeter Cruises. 50-minütige Bootsfahrten auf dem Exeter-Kanal. Juni–Aug. tgl. 11.30–16.30 Uhr, Apr./Mai/Sept. Sa/So 11.30–16.30 Uhr, The Quay, Tel. 079 84/36 84 42, www.exetercruises.com

Underground Passages. Geführte Tour durch einen mittelalterlichen Wasserkanal. Mo–Sa 9.30–16.30 Uhr, So 10.30–15 Uhr (Okt.–Mai ab 11.30 Uhr, Mo geschlossen), 2 Paris Street, Tel. 013 92/66 58 8, www.exeter.gov.uk

PARKEN

Quay Car Park. Kostenpflichtiger Parkplatz. Tgl. 7–22 Uhr, Lower Coombe Street

INFORMATION

Exeter Visitor Information. Mo–Sa 9.30–16.30 Uhr, Dix's Field, Tel. 013 92/66 57 00, www.heartofdevon.com/exeter

Princesshay Shopping Centre

Mitte: Church of the Holy Cross
Unten: Hier will man nicht mehr weg: The Lamb Inn

42 Crediton

Stadt des Heiligen Bonifatius

Die jahrhundertealte Marktstadt in der Nähe von Exeter ist bekannt als Geburtsort des Heiligen Bonifatius. Der Missionar soll hier im Jahr 680 auf die Welt gekommen sein. Baugeschichtlich gesehen hat sich Crediton auch darüber hinaus eine gewisse Bedeutung bewahrt: Die Church of the Holy Cross wurde 910 als Kathedrale für Devon und Cornwall erbaut. Der heutige Nachfolgebau ist ein sehenswertes Beispiel opulenter Kirchenarchitektur.

Ironie der Geschichte: Während die Church of the Holy Cross (nach der Gemeinde auch Crediton Parish Church genannt) durchaus Kathedralencharakter hat, widmete man ausgerechnet eine schmucklose römisch-katholische Kirche dem Heiligen Bonifatius. Gleichwohl erinnert in Crediton (7000 Einwohner) auch anderenorts einiges an ihn – etwa eine hölzerne Statue in der Church of the Holy Cross.

Der Ort am Creedy River wuchs wie viele andere in Devon vor allem als Marktstadt und als Hersteller von Wolle. Im 19. Jahrhundert verlagerte sich der Produktionszweig dann zunehmend nach Nordengland, sodass man auf die Verarbeitung von Leder umschwenkte – doch auch dieser Industriezweig überdauerte nicht mehr lang. Der Viehmarkt Creditons musste nach dem Zweiten Weltkrieg geschlossen werden. Heute findet immerhin sonnabends alle zwei bis drei Wochen ein Bauernmarkt auf dem zentralen Platz statt.

Die Innenstadt ist geprägt von überwiegend georgianischer Architektur – klaren symmetrischen

Gebäuden, häufig aus Backstein. Die Haupteinkaufsstraße High Street ist zwar von eine ganzen Reiher kleiner hübscher Häuser gesäumt, birgt aber als Durchgangsstraße einen eher überschaubaren Charme. Sehenswert ist die bescheidene Town Hall in der High Street, die heute ein kleines historisches Museum beinhaltet. Es richtet sich vor allem an die Einwohner Creditons, die an PCs Ahnenforschung betreiben können.

Der Bahnhof von Crediton liegt zwar etwas am südlichen Stadtrand, doch seine Existenz brachte einige Veränderungen mit sich: Der Ort wandelte sich im 20. Jahrhundert zunehmend zum Wohnort von Angestellten aus dem unweit entfernten Exeter. Die Mieten und Grundstückspreise sind hier bis heute deutlich humaner.

Church of the Holy Cross

Die Kirche steht auf dem Gelände von Devons und Cornwalls erster Kathedrale (909–1050). Der ursprünglich aus Holz errichtete Bau gilt demnach als erster Bischofssitz in der Region. Geblieben ist davon nichts, denn überwiegend im 15. Jahrhundert errichtete man das heutige Gebäude aus rotem Sandstein.

Der Kirchenbau ist in der klassischen britischen Kathedralenform eines Kreuzes angelegt, in dessen Zentrum ein Turm emporragt. Interessant ist im Inneren unter anderem das Buller-Denkmal, eine in weiten Teilen aus Gips gegossene freskenhafte Verkleidung der Turmwestseite. Es erinnert an General Sir Redvers Buller (1839–1908), einen reichen Großgrundbesitzer aus Crediton, der unter Queen Victoria in der Armee Karriere machte. Die teils aufwendigen Goldverzierungen am Denkmal sowie bei der Innenausstattung sind eher untypisch für die Kirchen im Land.

Infos und Adressen

SEHENSWÜRDIGKEITEN

Church of the Holy Cross. Church Street, Tel. 013 63/77 32 26, www.creditonparishchurch.org.uk

ESSEN UND TRINKEN

Crediton Tandoori. Gutes indisches Essen in der Innenstadt. Mo–Sa 8–21 Uhr, So 10–16 Uhr, 137 High Street, Tel. 013 63/77 77 51

The Tom Cobley Tavern. Gemütlicher Land-Pub mit Restaurant und B&B-Zimmern. Mo 18.30–22.30 Uhr, Di–Sa 12–15 und 18–23 Uhr, So 12–16 und 19–23 Uhr, Spreyton, Tel. 016 47/23 13 14, www.tomcobleytavern.co.uk

ÜBERNACHTEN

Fingle Glen Golf Hotel. 18-Loch-Golfplatz südlich von Crediton mit einer Reihe nobler Holzhütten, in die man sich einmieten kann. Tedburn, Tel. 016 47/618 17, www.fingleglengolfhotel.co.uk

The Lamb Inn. Boutiquehotel in einem alten Gasthausgebäude unweit von Crediton. The Square, Sandford, Tel. 013 63/77 36 76, www.lambinnsandford.co.uk

INFORMATION

Crediton Information Point. Mo/Di/Do/Fr 9–17 Uhr, Mi/Sa 9–13 Uhr,The Book Shop, 100 High Street, Tel. 013 63/77 47 40, www.heartofdevon.com

Mitte: Heimat vieler Vögel und Insekten: Heckenlandschaft bei Tiverton
Unten: Am Great Western Canal

43 Tiverton

Die Stadt der Spitze

Wie so viele Orte in Devon ist Tiverton im 18. und 19. Jahrhundert durch die Textilindustrie zu Reichtum gelangt. An der Gabelung der beiden Flüssel Exe und Lowman gelegen war die Stadt seit jeher eng mit dem Wasser verbunden. Vor rund 200 Jahren kam noch ein dritter Wasserweg dazu: der Grand Western Canal. Heute zeugen jede Menge schöner Häuser und eine Vielzahl an Kirchen vom Reichtum vergangener Tage.

Die Lage an den Flüssen kommt Tiverton (38 000 Einwohner) zugute: Während das Zentrum mit seiner Fußgängerzone Fore Street anderen urbanen Zentren gleicht, zeigen sich in Richtung Wasser die netteren Seiten der Stadt.

Es mag schon fast überraschen, dass Textilien nach wie vor einen bemerkenswerten Industriezweig in Tiverton darstellen: Eine Fabrik aus dem 19. Jahrhundert hat bis heute überdauert: Sie stammt von dem Industriellen John Heathcoat (1783–1861), der wegen seines sozialen Engagements für die eigenen Arbeiter überregionale Bekanntheit erlangte. Nahe der Bridge Street am River Exe stellt die Firma bis heute Spezialstoffe für Textilien her. Firmengründer Heathcoath hatte die Produktion von Spitze durch die Erfindung einer Maschine revolutioniert und Tiverton zum Weltmarktführer gemacht.

Grand Western Canal

Eigentlich sollte er zu einer Verbindung des Bristol Channel und des Ärmelkanals wachsen, doch der

Grand Western Canal wurde in der ersten Hälfte des 19. Jahrhundert lediglich auf einem 35 Kilometer langen Abschnitt zwischen Tiverton und Taunton (Somerset) fertiggestellt. Dann kam der Siegeszug der Eisenbahn, und die Wasserwege rechneten sich nicht mehr.

Während der Teil auf der Somerset-Seite längst von der Natur mehr oder weniger überwuchert ist, wurde der Bereich in Devon zwischen Tiverton und der Lowdwell-Schleuse zu einem Naturpark ausgebaut. Neben Radfahren, Spazierengehen und Wandern kann man hier in den Sommermonaten eine Fahrt auf den von Pferden gezogenen, schmalen Kanalbooten unternehmen.

Tiverton Castle

Ursprünglich wurde Tiverton Castle im Jahr 1106 auf Initiative Heinrichs I. (1068–1135) erbaut, jedoch im 13. und 14. Jahrhundert komplett erneuert und in den folgenden Jahrhunderten kontinuierlich erweitert. Das führte zu einem beachtlichen Mix an Baustilen. Das Schloss war lange Zeit Heimat der Earls von Devon und – wie so vieles – während des Englischen Bürgerkriegs (1642–1649) zwischen Royalisten und Parlamentariern hart umkämpft. Auch der Schlossgarten ist einen Besuch wert. Erstmals wurde er als Obstgarten des Earl von Devon im 15. Jahrhundert erwähnt und in den letzten Jahren liebevoll wieder instand gesetzt.

Heute ist Tiverton Castle privat bewohnt, kann jedoch zu ausgesuchten Zeiten besichtigt werden. Dafür hat es den Vorteil, in der Regel weit weniger überlaufen zu sein als andere kommerzielle Schlösser in der Region. Zu sehen sind unter anderem die Innenräume sowie eine Ausstellung über Gold- und Silberminen in Devon.

AUTORENTIPP!

WEIN AUS ENGLAND

Viele wollen es nicht wahrhaben, doch in England wird tatsächlich Wein angebaut – der gar nicht mal so schlecht ist! Der Yearlstone Vineyard außerhalb von Tiverton gilt als das älteste Weinanbaugebiet Devons. Seit 1976 werden unterschiedliche Rebsorten kultiviert – unter anderem Reichensteiner, Dornfelder und Pino Noir. Der Betrieb bietet zu ausgesuchten Terminen geführte Touren über das Gelände an, aber auch an anderen Tagen kann man während der Öffnungszeiten durch die Weinberge streifen. Regelmäßig werden Weinproben durchgeführt, auf denen es auch Kleinigkeiten für den Gaumen gibt. Hübsch ist auch das Café, das neben einem großen Spektrum an Weinen Snacks und Kaffee auf der Karte hat.

Yearlstone Vineyard. Apr.–Okt. Mi–So 11–16 Uhr, A 396, Bickleigh, Tel. 018 84/85 57 00, www.yearlstone.co.uk

Oben: Wo alte Brücken an einem Fluss stehen, sind oftmals Mühlen nicht weit. Hier die Bickleigh Mill
Unten: Knightshayes Court

Tiverton Museum

Bei Weitem nicht alle Heimatmuseen Devons sind so aufwendig gestaltet wie das Tiverton Museum of Mid Devon Life. Obwohl privat initiiert, ist es im Laufe der Jahre mehrfach ausgezeichnet worden. Zu sehen sind viele Alltagsutensilien vergangener Tage, darunter Gerätschaften aus der Landwirtschaft, alte Töpferware und Spitze aus der früheren Fabrik von John Heathcoat.

Knightshayes Court

Das Anwesen am nördlichen Rand von Tiverton war das Domizil von John Heathcoat, dem arbeitnehmerfreundlichen Industriellen der Stadt. Knightshayes Court soll er als Wohnsitz gewählt haben, weil er von hier aus seine Fabrik stets im Blick hatte. Das neugotische Gebäude kann heute besichtigt werden. Zu sehen sind die bis ins Detail originalgetreu eingerichteten Räume – von der Küche bis zum Billardzimmer. Ein Erlebnis ist auch der Garten des englischen Landschaftsarchitekten Edward Kemp (1817-1891), der in den 1950er Jahren allerdings einige Umgestaltungen erfuhr. Der National Trust, der das Anwesen übernommen hat, plant, ein früheres Gewächshaus wieder aufzubauen.

Bickleigh Mill

Zwischen Tiverton und Exeter gelegen atmet dieses Anwesen den Alltag früherer Tage. Die alte Mühle, die der Gegend ihren Namen gab, existiert noch heute und beherbergt inzwischen ein Bistro und einen Laden mit Geschenkartikeln. Vor allem aber lässt es sich auf dem Anwesen entlang eines kleinen Flusses wunderbar spazieren gehen. Bickleigh Mill wurde Ende des 18. Jahrhundert als klassische Kornmühle gebaut und war noch bis in die Sechzigerjahre des 20. Jahrhunderts in Betrieb.

Infos und Adressen

SEHENSWÜRDIGKEITEN

Bickleigh Mill. Tgl. 10–17 Uhr, Do–Sa bis 19.30 Uhr, Eintritt frei, Bickleigh, Tiverton, Tel. 018 84/85 54 19, www.bickleighmill.com

Knighthayes Court. Bolham, Tel. 018 84/25 46 65, www.nationaltrust.org.uk/knightshayes/

Tiverton Castle. Apr.–Okt. Do/So 14.30–17.30 Uhr, Eintritt 7 £, Park Hill, Tel. 018 84/25 32 00, www.tivertoncastle.com

Tiverton Museum of Mid Devon Life. Mo–Sa 10.30–16.30 Uhr (im Winter Sa bis 13 Uhr), Eintritt 4,50 £, Beck's Square, Tel. 018 84/23 08 78, www.tivertonmuseum.org.uk

ESSEN UND TRINKEN

Canal Tea Rooms. Perfekter Devon Cream Tea am Great Western Canal. Tgl. 10–18 Uhr, Canal Basin, Lime Kiln Road, Tel. 018 84/25 22 91

The Stag Inn. Traditioneller Pub und Restaurant mit klassischer englischer Küche. Mo–Do 12–15 und 17.30–23 Uhr, Fr/Sa 12–23 Uhr, So 12–18 Uhr, Rackenford, Tel. 018 84/88 16 39, www.thestaginnrackenford.co.uk

ÜBERNACHTEN

Bickleigh Castle. Leicht plüschiges Anwesen etwas außerhalb von Tiverton mit schönen B&B-Zimmern. Bickleigh, Tel. 018 84/85 53 63, www.bickleighcastle.com

West Pitt Farm. Hübsche Selbtverpflegungshütten. Whitnage, Tel. 018 84/82 02 96, www.westpittfarm.co.uk

AKTIVITÄTEN

Grand Western Canal. Kanalboote, von Pferden gezogen. Apr.–Okt. zu unterschiedlichen Zeiten, Fahrt ab 9,70 £, Boat Hire, The Wharf, Canal Hill, Tel. 018 84/25 33 45, www.tivertoncanal.co.uk

INFORMATION

Tiverton Tourist Information Centre. Geöffnet Mo–Sa 10.30–16.30 Uhr (im Winter Sa bis 13 Uhr), Tiverton Museum of Mid Devon Life, Becks Square, Tel. 018 84/23 08 78, www.exploretiverton.co.uk

In Tiverton Castle kann man sich auch Ferienwohnungen mieten.

NORD-DEVON UND LUNDY ISLAND

Vorangehende Doppelseite: Exmoor-Ponys sind Teil des vielgestaltigen Ökosystems Exmoor. **Mitte:** Der National Trust, Besitzer von Dunster Castle engagiert sich, um den Hufeisennasen-Fledermäusen Lebensraum zu geben. **Unten:** Exmoor-Pony

44 Exmoor

Heimat der Exmoor-Ponys

Die großen Straßen in den Südwesten lassen das Exmoor links beziehungsweise rechts liegen. Das mag einen Teil dazu beitragen, dass sich dieser Nationalpark im Norden Devons und im Westen Somersets jede Menge Ursprünglichkeit bewahrt hat. Das Exmoor ist ein Paradies für Wanderer, denen sich grandiose Ausblicke bieten. Auch auf eine seltene Pferderasse: In den Weiten der Moorlandschaft weiden die Exmoor-Ponys.

Landschaft, nichts als Landschaft – dieses Bild überwältigt Besucher gleich an den Grenzen des 700 Quadratkilometer umfassenden Exmoors. Der Nationalpark erstreckt sich von Combe Martin im Westen bis Minehead im Osten, von der Nordküste Devons bis nach Dulverton. An den Küsten reihen sich kleine Fischerorte aneinander, im Landesinneren und entlang der Durchgangsstraße A 39 stößt man auf idyllische Bauerndörfer. Hier finden sich noch individuelle Läden und lokale Produkte wie Backwaren, Bier und Käse.

MAL EHRLICH

SINGLE TRACK ROADS

Sie sind der Horror für jeden ungeübten Autofahrer – und im Exmoor nicht selten: Single Track Roads, jene einspurigen, dicht von Hecken bewachsenen Straßen, auf denen sich Autofahrer aus beiden Richtungen entgegenkommen. Wer sich abseits der A 39 durch die Region bewegt, wird nicht um sie herumkommen. Reisende mit Wohnmobil oder gar Wohnwagen sollten sich eher auf den größeren Straßen fortbewegen.

Dunster Castle

Schon von Weitem ist das prachtvolle Schloss hoch über der Kleinstadt Dunster zu sehen. Bereits im 12. Jahrhundert wurde mit dem Bau einer Burg begonnen, der weitaus größte Teil von Dunster Castle stammt hingegen aus dem 19. Jahrhundert, was sich auch an der viktorianisch anmutenden Inneneinrichtung zeigt. Antony Salvin (1799–1881) baute den Komplex zwischen 1868 and 1872 für die Luttrell-Familie um, deren Generationen hier über rund 600 Jahre lebten. Im Jahr 1645 soll der spätere König Karl II. (1630–1685) im Schloss genächtigt haben, weshalb ein besonderes Zimmer nach ihm benannt ist.

Allein der Park des Schlosses ist einen Besuch wert: Rund um das Gebäude schlängeln sich Fußwege den Hang hinab bis zu einer Wassermühle am Fluss Avill. Vom Rundgarten auf der Kuppe hat man einen grandiosen Blick auf das Exmoor und den Bristol Channel. Auf einem gegenüberliegenden Hügel steht einsam der Conygar Tower, ein 18 Meter hoher Turm aus dem Jahr 1775.

Auch Dunster selbst lohnt einen Besuch: Der kleine Ort unterhalb des Schlosses bietet allerlei Einkaufsmöglichkeiten für Mitbringsel, außerdem hübsche Cafés und Übernachtungsmöglichkeiten. Am besten schlendert man die kurze Hight Street direkt unterhalb des Schlosses hinab. Das kleine wandlose Häuschen am Ende war einmal der Wollmarkt des Orts, der Yarn Market. Das Hotel daneben trägt bis heute diesen Namen.

Holnicote Estate

Dieses 5000 Hektar große Gebiet an der Nordküste des Exmoors gehört dem Denkmalschutzfonds National Trust, ist aber für jedermann kostenlos zu-

AUTORENTIPP!

DIE SCHÖNSTE PASSSTRASSE
Das Exmoor beeindruckt vielerorts durch seine charakteristische Landschaft – seine ganze Schönheit entfaltet es aber auf einem relativ kurzen Abschnitt der Passstraße A 39 zwischen Porlock und Lynmouth. Sie führt durch einen der eindrucksvollsten Küstenabschnitte Englands. Zur einen Seite das Wasser des Bristol Channel, zur anderen nichts als die Weite des Moors – die knapp 20 Kilometer lange Strecke kann sich stolz als so etwas wie die Great Ocean Road des Exmoors bezeichnen. Etwa auf halber Höhe bietet ein großer Parkplatz die Möglichkeit, das Auto stehen zu lassen und die Natur ein Stück zu Fuß zu erkunden. Achtung: Vor allem die Abschnitte an den jeweiligen Enden der Passstraße sind sehr steil – und es gibt kaum Häuser, geschweige denn Tankstellen.

Exmoor Heritage Coast. A 36 zwischen Porlock und Lynmouth

Oben: Schafe finden auf den mageren Weiden des Exmoor genug Futter.
Mitte: Porlock ist ein beliebtes Reiseziel …
Unten: … und das noch kleinere Porlock Weir ist noch viel anheimelnder.

gänglich. Es erstreckt sich bis zum Bristol Channel, wo die Abendstimmung besonders schön ist. Die kleine Siedlung Selworthy unweit der A 39 ist wegen ihrer teils reetgedeckten Häuser hübsch anzusehen, und vom Parkplatz der kleinen Kirche oben auf dem Hügel hat man einen tollen Blick auf die Landschaft landeinwärts. Im Sommer hat der Periwinkle Tea Room mit seinem schönen Garten geöffnet.

Porlock

Es gibt Dörfer in England, in denen man jeden Augenblick Miss Marple oder Inspektor Barnaby erwartet. Porlock an der Nordküste des Exmoors ist solch ein Ort. Die enge High Street schlängelt sich in leichten Kurven durch das Zentrum, zu beiden Seiten stehen kleine Häuser mit individuellen Geschäften und romantischen Tea Rooms. Porlock ist eines der wenigen Minizentren des Exmoors und ein guter Ort, um Station zu machen. In den Cafés und Pubs schließt man schnell Freundschaft mit den Einheimischen.

Bekannter als der Ort ist sein kleines Anhängsel Porlock Weir, eine etwa zwei Kilometer westlich gelegene Siedlung direkt am Meer – einst der Hafen für die Region. In der Nebensaison herrscht traumhafte Stille, im Sommer ist der Ort speziell bei Wassersportlern und Seglern beliebt. Viele kommen für ein Pint ins piratenhaft anmutende

Von Combe Martin bis Cleeve Abbey

Das Exmoor allein ist einen ausgiebigen Urlaub wert – wer nur ein, zwei Tage hier verbringen möchte, hält sich am besten entlang der A 399 und dann der A 39, um Einblicke in die einzigartige Natur zu erhalten.

A Combe Martin – Starten Sie hier, wenn Sie aus westlicher Richtung kommen, um noch einmal Auto und Verpflegung zu checken. Tankstellen sind im Exmoor eher selten, insofern sollte man vorsorgen.

B Hangman Hills – Aussteigen, staunen, entspannen: Great Hangman ist die höchste Küstenklippe Großbritanniens. Und auch das Hinterland zeigt bereits viel von der Schönheit des Exmoors.

C Valley of the Rocks – Diese Gesteinsformationen bilden ein imposantes Tal. Schlendern Sie aber auch direkt an die Küste zum South West Coast Path. Der Blick auf den Bristol Channel lohnt sich.

D Lynton und Lynmouth – Der Doppelort hat jede Menge zu bieten. Am besten startet man unten am Hafen von Lynmouth und fährt dann mit der Bergbahn hinauf nach Lynton. Mehr dazu im nächsten Kapitel.

E Glen Lyn Gorge – Diese atemberaubende Schlucht lädt ein zum Wandern und Klettern.

F Porlock Weir – Der frühere Hafen von Porlock ist heute ein Ort wie im Bilderbuch. Kein Stress, keine Termine – die Menschen strahlen eine ansteckende Ruhe aus.

G Porlock – Das Zentrum des nördlichen Exmoors ist ein hübscher Ort mit kleinen Häusern und netten Geschäften. Bummeln Sie hier ein bisschen und machen Halt in einem der Tea Rooms für einen original Cream Tea – Tee mit frisch gebackenen Scones.

H Holnicote Estate – Das riesige Gelände des National Trust bietet viele Möglichkeiten zum Wandern – und der kleine Ort Selworthy noch einmal eine Gelegenheit für Cream Tea.

I Dunster Castle – Nicht nur die Burg beeindruckt durch ihre Architektur und Hanglage, auch der Park drumherum ist einen Besuch wert.

J Cleeve Abbey – Das Kloster im östlichen Teil des Exmoors bildet den Abschluss der Besichtigungstour. Im Sommer steht es Besuchern offen.

AUTORENTIPP!

KAFFEE NACH EXMOOR-ART

Es ist eine weit verbreitete Legende, dass man in England keinen Kaffee trinken kann. Denn die Zeiten der löslichen schwarzen Brühe sind längst vorbei – heute gibt es selbst in vielen Pubs teure Espressomaschinen, Coffee-Shop-Ketten haben seit Langem das ganze Land besiedelt. Wie gut sich Engländer mit Kaffee auskennen, zeigt die kleine Kafferösterei Miles in Porlock. Es wird noch immer vor Ort geröstet, längst aber in weite Teile Südenglands vertrieben. Die Sorten sind abwechslungsreich und passen zu jeder Tageszeit. Wer es gern kräftig mag: Der absolute Favorit ist der Continental Roast – eine sehr dunkel geröstete Mischung, die sich perfekt als Basis für Milchkaffee und Cappuccino eignet.

Miles Tea and Coffee. Mo–Fr 8.30–17 Uhr, High Street, Porlock, Tel. 016 43/70 39 93, www.djmiles.co.uk

Combe bedeutet steiles, schmales Tal; hier Combe Martin.

»Shipp Inn« mit seinem beharrlich qualmende Kaminschornstein und bleiben gleich über Nacht nebenan im »Anchor-Hotel«. Denn der South West Coast Path führt direkt an Porlock Weir vorbei und bietet sich für eine kurze Tour in das nur knapp zwei Kilometer entfernte Culbone an. Dort steht mit der Culbone Church die angeblich kleinste Kirche Englands. Experten streiten, ob diese Behauptung stimmt – auch, weil sie sich nicht einig sind über die terminologische Abgrenzung zwischen Kirche und Kapelle.

Combe Martin

Das kleine Zentrum am westlichen Ende des Exmoors rühmt sich, die Kleinstadt mit der längsten Straße zu sein – was inzwischen vielfach widerlegt wurde. Dennoch konzentriert sich der Ort mehr oder weniger entlang der A 399, die mal High Street, mal Castle Street, mal Victoria Street heißt. Vielleicht ja, weil es in dem langgezogenen Ort sonst nicht viel mehr Straßen gibt. Wer sich für die Region interessiert, kann im Combe Martin Museum in der Cross Street einiges erfahren. Ansonsten kann man auch gleich weiter an den Strand fahren – immer der A 399 entlang gen Norden. Neben seinen Stränden ist Combe Martin bekannt wegen der beeindruckenden Hangman Cliffs. Diese bis zu 318 Meter hohen Klippen sind die höchsten ihrer Art an der britischen Küste, wobei die höhere Great Hangman genannt wird, die kürzere Little Hangman.

Etwa zehn Kilometer südlich von Combe Martin liegt der Exmoor Zoo, ein naturnaher kleiner Tierpark, der viel Wert auf die Nähe zwischen Besuchern und Tieren legt. So darf man ein Wallaby füttern oder eine Schlange halten. Was im Zoo als »Exmoor Beast« präsentiert wird, ist hingegen nicht der fleischgewordene Mythos – sondern ein

Paar schwarzer Leoparden. Das Exmoor Beast ist so etwas wie das Loch-Ness-Ungeheuer von Südengland: Seit den Siebzigerjahren will es immer wieder jemand im Exmoor herumstreunen gesehen haben, indes konnte seine Existenz nie glaubhaft nachgewiesen werden.

Dulverton und Tarr Steps

Der kleine Ort (1500 Einwohner) im Süden des Exmoors ist Sitz der Nationalparkbehörde und infrastrukturelles Zentrum der Region. Dulverton wird eingefasst von den beiden Flüssen Barle und Exe. Neben dem belebten Zentrum ist die Barle Bridge sehenswert, eine auf fünf Bögen stehende Brücke aus dem Mittelalter.

Interessanter aber ist noch eine weitere Brücke, etwa acht Kilometer nordwestlich von Dulverton: die Tarr Steps, eine aus insgesamt 17 Steinplatten bestehende, 55 Meter lange Brücke über den Fluss Barle. Wie alt das Bauwerk ist, können Historiker bis heute nur vermuten. Gesichert ist seine Existenz bis ins Mittelalter. Einige Forscher gehen aber davon aus, dass es eine Brücke an dieser Stelle bereits 1000 v. Chr. gegeben haben muss. Fluten haben die Tarr Steps in jüngerer Zeit mehrfach zerstört. Sie wurden aber immer wieder in ihrem Ursprungszustand neu aufgebaut.

Einer Legende zufolge hat der Teufel einst die Brücke errichtet, um in der Sonne baden zu können. Er soll jedem anderen verboten haben, das Bauwerk zu überqueren. Ein Pfarrer hat es dennoch einmal versucht und stieß in der Mittel prompt auf den Teufel. Dieser fluchte wild, doch der Geistliche konterte meisterhaft – was den Teufel so beeindruckte, dass er fortan auch anderen die Nutzung seiner Brücke erlaubte. Es sei denn, er selbst wolle sich dort in der Sonne aalen.

AUTORENTIPP!

EXMOOR PONYS

Sie sind nicht nur nach dieser Gegend Englands genannt – sie sind auch überall zu sehen: Exmoor Ponys haben sich durch die dunkelbraune Farbe, ihre geringe Größe, kurze Beine und ein robustes Fell ideal an die raue Umgebung angepasst. Bis heute weiden sie teilweise wild im Exmoor. Und die Menschen tun viel, um diese vom Aussterben bedrohte Rasse zu erhalten. Zu reiten sind die Tiere vergleichsweise einfach – weshalb mehrere Farmen der Region Ausflüge in die Umgebung anbieten. Die Brendon Manor Riding Stables südwestlich von Lynton haben in ihrem Stall Pferde und Exmoor Ponys, mit denen Touren unterschiedlicher Länge möglich sind – je nach Fitnessgrad des Reiters. Man sollte sich vorher allerdings unbedingt anmelden.

Brendon Manor Riding Stables.
Scobhill Road (B 3223),
Tel. 015 98/74 12 46,
www.ridingonexmoor.co.uk

Infos und Adressen

SEHENSWÜRDIGKEITEN

Cleeve Abbey. Ehemalige Klosteranlage aus dem 15. Jahrhundert, die in weiten Teilen erhalten geblieben ist. Apr.–Okt. tgl. 10–16 Uhr, Eintritt 4,40 £, Abbey Road, Washford, Tel. 019 84/64 03 77, www.english-heritage.org.uk/daysout/properties/cleeve-abbey/

Combe Martin Museum. Heimatmuseum für das nordwestliche Exmoor. Apr.–Okt. tgl. 10–17 Uhr, Nov.–März Di–Do 10.30–15 Uhr, Eintritt 2,50 £, Cross Street, Tel. 01 271/88 90 31, www.combe-martin-museum.co.uk

Der Eingangsbereich zu Cleeve Abbey

Dunster Castle. Eindrucksvolles Schloss mit malerischem Park und einem kleinen Fluss. Park tgl. 11–16 Uhr (im Sommer bis 17 Uhr), Schloss März–Okt. tgl. 11–16 Uhr, Eintritt 14,50 £ (nur Garten 9 £), Dunster bei Minehead, Tel. 016 43/82 13 14, www.nationaltrust.org.uk/dunster-castle/

Exmoor Zoo. Kleiner Zoo am Rande des Exmoors mit Tieren zum Anfassen: Besucher können auf Wunsch mit einigen direkt in Kontakt kommen. Tgl. 10–17 Uhr (Juni–Aug. bis 18 Uhr), Eintritt 11,95 £, South Stowford, Bratton Fleming, Tel. 015 98/76 33 52, www.exmoorzoo.co.uk

ESSEN UND TRINKEN

Black and White Fish and Chips. Fish & Chips, frittierter Fisch mit Pommes Frites – ein Muss bei jedem England-Besuch und nur echt mit Salz und Malzessig. Es gibt sie in fast jedem Ort, doch nicht immer in so guter Qualität wie in diesem Laden. 11.30–23 Uhr, High Street, Combe Martin, Tel. 012 71/88 35 48

Millers Bistro. Frisch renovierter Fachwerk-Pub im Zentrum von Porlock. Gutes Essen, gemütlich auch für ein Bier oder einen Cream Tea. Mi–So 12–15 Uhr, Di–Sa auch 18–20.30 Uhr, High Street, Porlock, Tel. 016 43/86 25 04, www.millersuk.com/bistro

Periwinkle Tea Room. Guter Stopp für einen Cream Tea. Apr.–Okt. Di–So 10.30–17 Uhr, Selworthy, Tel. 018 23/45 15 87, www.nationaltrust.org.uk/holnicote-estate

Watermill Tea Room. Schönes, idyllisch gelegenes Café an der alten Wassermühle von Dunster. Apr.–Okt. tgl. 10.30–16.45 Uhr, Mill Lane, Dunster, Tel. 016 43/82 17 59, www.dunsterwatermill.co.uk

ÜBERNACHTEN

Millers at the Anchor. Direkt am abgeschiedenen Wehr von Porlock gelegen kann dieses traditionelle, in Teilen etwas in die Jahre gekommene Haus vielleicht nicht viel mehr bieten als Ruhe – doch genau für diesen Zweck ist es ideal. Für Gäste gibt es eine überwältigende Auswahl an Büchern, DVDs und Gesellschaftsspielen. Porlock Weir, Tel. 016 43/86 27 53, www.millersuk.com/anchor

Royal Oak Inn. Malerisches reetgedecktes Landhaus in Winsford mit gutem Essen und einfachen Zimmern. Halse Lane, Winsford, Tel. 016 43/85 14 55, www.royaloakexmoor.co.uk

Simonsbath House. Gemütliches Landhotel im Südwesten des Exmoors. Für Familien gibt es auch kleine separate Häuser. Simonsbath, Tel. 016 43/83 12 59, www.simonsbathhouse.co.uk

The Old Rectory. Aufwendig renoviertes altes Landhaus im Grünen, das allen Komfort bietet, den sich ein Gast wünscht. Martinhoe, Tel. 015 98/76 33 68, www.oldrectoryhotel.co.uk

EINKAUFEN

Home Coming. Ein Laden voller Geschenke und Mitbringsel – abseits vom üblichen Touristenkitsch. Mo–Sa 9–18 Uhr, So 10–17 Uhr, 23 High Street, Dunster, Tel. 016 43/82 15 89, www.home-coming.co.uk

The Chocolate House. Direkt zu Fuß des Schlosses von Dunster gibt es hier Schokolade aus eigener Herstellung von Richard und Lorna Robbins. Di–So 11–17 Uhr, 12 High Street, Dunster, Tel. 016 43/82 13 11, www.nutcombe-chocs.co.uk

AKTIVITÄTEN

Dark Sky Reserve. Das Exmoor nennt sich inzwischen auch Europas erstes Dark-Sky-Reservat – durch die karge Besiedlung kommt es zu wenig »Lichtverschmutzung« des Himmels. Das wiederum bietet ideale Bedingungen für Astronomen. Ausgewiesen als Dark-Sky-Kerngebiet ist das Hochland im nördlichen Teil des Exmoors. www.darksky.org

Hangman Cliffs. Mit 318 Metern Höhe die höchste Küstenklippe Englands. Eindrucksvoll – und gut für eine Wanderung. Der South-West-Coast-Path führt direkt vorbei. Nördlich von Combe Martin

Valley of the Rocks. Das »Tal der Felsen« ist ein wunderbarer Ort für Wanderungen zwischen eindrucksvollen Gesteinsformationen – direkt an einer der höchsten Klippen Englands. Knapp zwei Kilometer westlich von Lynton am South West Coast Path

Watersmeet. Wo der East Lyn River und Hoar Oak Water zusammentreffen hat sich eine eindrucksvolle Waldlandschaft entwickelt. Tee-Stop in Watersmead House mit seinem wunderschönen Garten nicht vergessen! Watersmeet Road, nahe Lynmouth, Tel. 015 98/75 33 48, www.nationaltrust.org.uk/watersmeet

INFORMATION

Dulverton National Park Centre. Tgl. 10–17 Uhr, 7–9 Fore Street, Dulverton, Tel. 013 98/32 38 41

Exmoor National Park Centre. Tgl. 10–17 Uhr, Dunster Steep, Dunster, Tel. 016 43/82 18 35, www.exmoor-nationalpark.gov.uk.

Lynmouth National Park Centre. Tgl. 10–17 Uhr, Lyndale Car Park, Lynmouth, Tel. 015 98/75 25 09

Wo das Ende des Valley of Rocks geradezu ins Meer plumpst.

Mitte: In Lynton ist es, wie in den oberen Etagen eines Hochhauses zu wohnen. Die Fernblicke sind grandios.
Unten: Lynmouth: Touristenidylle hinter der schützenden Kaimauer

45 Lynton/Lynmouth
Devons Doppelort

Die Einwohner legen großen Wert darauf, dass sich hinter Lynton und Lynmouth nach wie vor zwei Orte verbergen – eine Art Hassliebe verbindet sie. Im Grunde sind spätestens seit 1888 beide Teile untrennbar verbunden: mit der Lynton and Lynmouth Cliff Railway, einer Wasserballastbahn. Die Orte bieten noch mehr – tolle Ausblicke und fantastische Wandermöglichkeiten.

Schlicht und rustikal wirkt das Unterdorf Lynmouth, in dessen Fischerhafen einst das Leben tobte. Im Oberdorf Lynton auf den Klippen wohnte hingegen, wer genügend Geld hatte. Heute ist es in beiden Teilen ruhiger geworden – Fischer zieht es meist nur noch für Touristen aufs Wasser, ansonsten leben die Orte von ihrer Lage an einem der beeindruckendsten Küstenabschnitte Norddevons.

Durch seine Nähe zum Fluss kam es in Lynmouth 1952 zu einer der schlimmsten Katastrophen in der jüngeren Geschichte Südenglands: In der Nacht vom 15. auf den 16. August führten sintflutartige Regenfälle zu einer Überflutung des West und East Lyn. Die Wassermassen schoben eine Geröllawine vor sich her, die zwei Drittel des Orts zerstörte. Die Flutkatastrophe galt als die bis dato schlimmste Englands. Bis heute ranken sich merkwürdige Verschwörungstheorien um die Ursache – demnach soll die britische Armee Chemikalien in den Himmel gesprüht haben, die den Regen verursachten. Nach wie vor wird der Katastrophe gedacht, unter anderem in der Flood Memorial Hall am Hafen von Lynmouth.

Lynmouth

Der untere Teil des Doppeldorfs ist ein klassischer südenglischer Hafenort: Weil die Fischerei längst eingeschlafen ist, herrscht meist eine geradezu idyllische Stille – unterbrochen im Sommer lediglich durch Horden von Reisenden. Die Promenade bietet hübsche Ausblicke auf den Bristol Channel. Flanieren kann man in der parallel verlaufenden, kurzen Fußgängerzone Lynmouth Street, in der es die meisten Cafés gibt. Neben der Talstation der Bergbahn informiert das Exmoor-Besucherzentrum über den Nationalpark, an den Lynmouth angrenzt.

Lynton

Wer es sich leisten konnte, zog früher in den oberen Teil nach Lynton: Die Ausblicke von den Klippen sind eindrucksvoll, die Häuser gediegen. Die Lee Road als zentrale Einkaufsstraße wirkt beinahe großstädtisch, weite Teile der Infrastruktur sind hier oben angesiedelt. Gleichwohl versprüht Lynton weitaus weniger Charme als der untere Hafenbereich von Lynmouth. Sehenswert ist das Rathaus in der Lee Road, in dem die Touristeninformation untergebracht ist. Der Verleger George Newnes (1851–1910), ein Fan des Doppelorts, finanzierte den Bau mit seinen typischen Tudorfachwerkbalken. Er war es auch, der die Bergbahn zwischen den beiden Orten ins Leben rief. Hübsch ist auch die St. Mary Church in der Straße Church Hill.

Cliff Railway

Sie ist eine der umweltfreundlichsten Verkehrsmittel, die je gebaut wurden – und sie ist seit 1890 ununterbrochen im Einsatz: Die Lynton and Lynmouth Cliff Railway verbindet Ober- und Un-

AUTORENTIPP!

WO SHELLEY WOHNTE
Der britische Dichter Percy Bysshe Shelley soll hier seine Flitterwochen verbracht haben – daher der Name dieses kleinen Hotels. Heute kann in dem romantischen und mehrfach ausgezeichneten Haus in Lynmouth freilich jeder übernachten. Es liegt an der Glen-Lyn-Schlucht, aber doch ziemlich zentral im unteren Teil des Doppelorts. Wenngleich die Zimmer und die Bausubstanz keinen übertriebenen Luxus bieten – es sind vor allem die fantastischen Ausblicke auf die Bucht, die viele Reisende in das »Shelley's Hotel« ziehen. Und es ist auch ein bisschen die familiäre Atmosphäre, die hier herrscht – nicht nur beim (ebenso fantastischen) Frühstück! Direkt vom Hotel aus bieten sich mehrere Wanderwege für Ausflüge an.

Shelley's Hotel. Watersmeet Road, Lynmouth, Tel. 015 98/75 32 19, www.shelleyslynmouthexmoor.co.uk

Dieser perfekte Vorgarten in Lynton versprüht mondänen Flair.

Oben: Der Hafen von Lynmouth
Unten: Dieses Wasser »river« zu nennen, widerstrebt eigentlich. Der West Lyn hat aber viel Kraft, sich so ein riesiges Bett zu graben.

terdorf über eine Höhe von 268 Metern bei einer Fahrtzeit von nur zwei Minuten. Das Prinzip dieser Wasserbalastbahn ist so simpel wie genial: Die steil ansteigende Strecke ist mit zwei parallel verlaufenden Schienenwegen ausgestattet, auf denen jeweils eine Gondel rollt, die durch ein umlaufendes Drahtseil mit der anderen verbunden ist. Ein Tank in Gondel Nummer eins wird auf dem Berg mit Frischwasser aus dem Fluss West Lyn River gefüllt, Gondel Nummer zwei verfügt über deutlich weniger Wasser und ist somit leichter – die Schwerkraft erledigt den Rest: Gondel Nummer eins rollt nach unten und zieht dadurch die über das Stahlseil verbundene Gondel Nummer zwei nach oben. Ursprünglich wurden damit vor allem Waren aus dem Hafen nach Lynton gebracht, doch längst ist die Bergbahn zu einer Touristenattraktion geworden.

Glen Lyn Gorge

Lynmouth endet in der schönen Schlucht Glen Lyn Gorge. Das Tal des West Lyn River ist bis heute von der großen Flut von 1952 geprägt. Geröll zeugt von der Kraft der Wassermassen, die der normalerweise beschauliche Fluss hinuntergerissen hat. Glen Lyn Gorge ist ein idealer Ort für Wanderungen – allerdings sollte man zumindest ein wenig geländetauglich sein, da es teilweise steil bergauf und bergab geht.

Infos und Adressen

SEHENSWÜRDIGKEITEN

Glen Lyn Gorge. Apr.–Okt. tgl. 10–18 Uhr, Eintritt 5 £, Watersmeet Road, Lynmouth, Tel. 015 98/75 32 07, www.theglenlyngorge.co.uk

Lynton & Lynmouth Cliff Railway. Tgl. 10–17 Uhr (im Sommer bis 21 Uhr), einfache Fahrt 2,50 £, hin und zurück 3,50 £, The Esplanade, Lynmouth, Tel. 015 98/75 39 08, www.cliffrailwaylynton.co.uk

ESSEN UND TRINKEN

Lee Abbey Tea Cottage. Idyllisches Landcafé einer christlichen Kommune vor den Toren Lyntons. Mai–Aug. Do–Sa 10.30–17 Uhr, Lee Abbey, Lynton, Tel. 015 98/75 26 21, www.leeabbey.org.uk/devon

The Village Inn Pub. Rustikales Restaurant und Hotel direkt am Hafen. Tgl. 11.30–23 Uhr, 19 Lynmouth Street, Lynmouth, Tel. 015 98/75 23 54

Das Riverside Cottage am Hafen

Zimmer im Seawood Hotel

ÜBERNACHTEN

Martin Millers Arts Hotel. Ein Haus voller Kunst und Kitsch mit Blick aufs Meer. The Manor House, Lynmouth, Tel. 015 98/75 32 36, www.lynmouthmanor.com

Riverside Cottage. Hotel und Café am Hafen mit kleinen Zimmern und netter Aussicht. 10 Lynmouth Street, Lynmouth, Tel. 015 98/75 23 90, www.riversidecottage.co.uk

The Seawood Hotel. Kleines Hotel nahe der Bergbahnstation. Super Blick, gemütliche Zimmer – und eine Caféterrasse. North Walk, Lynton, Tel. 015 98/75 22 72, www.seawoodhotel.co.uk

EINKAUFEN

Maurice Bishop Studio. Gallerie und Studio eines Künstlers aus Somerset. Mo–Sa 9–17 Uhr, So 10–16 Uhr, Riverside Road, Lynmouth, Tel. 016 43/82 21 12, www.mauricebishop.co.uk

INFORMATION

Tourist Information Centre. Mo–Sa 10–17 Uhr, So 10–14 Uhr, Town Hall, Lee Road, Lynton, Tel. 015 98/75 22 25, www.lynton-lynmouth-tourism.co.uk

»Hey, anybody home?«, würde man in Torrington am liebsten rufen. Wahrscheinlich nicht, die Stadt hat die höchste Quote an freiwilligen Hilfsarbeitern im Lande.

46 Great Torrington
Die Marktstadt Norddevons

Die alte Marktstadt am Fluss Torridge liegt ein bisschen abseits der üblichen Touristenrouten und wird deswegen gern übersehen – zu Unrecht. Great Torrington ist ein typischer Devonort mit einem tollen Markt und einer netten Kulisse aus mittelalterlichen Gebäuden. Und ein perfekter Ort, um von hier aus die Landschaft der Umgebung zu erkunden – am besten zu Fuß oder mit dem Fahrrad.

Ein bisschen verschlafen wirkt Great Torrington auf den ersten Blick. Doch gerade dies macht in gewisser Weise den Reiz der Stadt (6000 Einwohner) aus. Für Briten ist sie wegen eines historischen Ereignisses von großer Bedeutung: Die Schlacht von Torrington brachte 1646 das Aus für die Royalisten im Südwesten Englands. Und das drei Jahre vor dem Ende des Englischen Bürgerkriegs (1642–1649). Die Einwohner von Great Torrington sind bis heute ein bisschen stolz auf das, was da in ihrer Stadt geschah, weshalb sie in Volksfesten an die wichtige Rolle, die ihr Ort während des 17. Jahrhunderts gespielt hat, erinnern.

Dabei hat die Geschichte einen überaus tragischen Beigeschmack: Weil es kein ausreichend großes Gefängnis gab, wurden die Royalisten in die örtliche Kirche gesperrt, in der auch zig Fässer mir Schießpulver gelagert waren. Es kam zu einer Explosion, bei der sämtliche Männer starben. Dieses Unglück beendete die Kampfhandlungen umgehend.

Jedes Jahr im Februar gedenken die Einwohner dieses Ereignisses. Die interaktive Ausstellung Torrington 1646 erinnert an das Jahr, in dem der Englische Bürgerkrieg Great Torrington erreichte. Inzwischen ist sie jedoch nur noch für Gruppen bei Vorabbuchung zu sehen.

Torrington Heritage Museum

Mehr über die Geschichte des Orts und seinen Bezug zum Englischen Bürgerkrieg verrät das Museum von Great Torrington. Ursprünglich einmal im alten Rathaus untergebracht, ist es nun nach nebenan gezogen. Neben den Exponaten zum Bürgerkrieg ist auch einiges zu den Bereichen Landwirtschaft und Drucktechnik ausgestellt. Ein kleiner Abschnitt des Museums erinnert auch daran, dass in Great Torringtons einst Handschuhe hergestellt wurden. Der Industriezweig ist in dieser Gegend längst von der Bildfläche verschwunden.

Pannier Market

Was wäre Südengland ohne seine Markthallen – der Pannier Market in Great Torrington ist noch immer ein täglicher Treffpunkt der Einwohner. Das 1852 errichtete Gebäude beinhaltet zwar nur zwölf Geschäfte, ist jedoch mehrmals wöchentlich der Austragungsort von traditionellen Märkten. 1999 wurde das Gebäude saniert, weshalb es mit seinem verglasten Spitzdach innen nun freundlich hell wirkt. Nett zum Bummeln – egal bei welchem Wetter.

Rosemoor

Der 26 Hektar große Garten zählt zu den schönsten, die Südengland zu bieten hat. Mehrere Clematis-Sorten sind inzwischen nach ihm benannt. Dabei wurde der sehr traditionell wirkende Garten erst 1959 angelegt – von Lady Anne, die das

AUTORENTIPP!

DIE DARTINGTON-GLASFABRIK
Produkte aus England sind selten geworden – in vielen Branchen ist die Produktion längst in günstigere Länder verlagert worden. In Great Torrington hingegen gibt es noch Glas nach Devon-Art: Dartington Crystal ist eine 1967 gegründete Glasfabrik und die einzige im Vereinigten Königreich, die noch vor Ort Kristallglas herstellt. Die schlicht-schönen Produkte sind inzwischen hoch begehrt. Die Fabrik ist bestens auf Besucher eingestellt: Neben einem Besucherzentrum und einem Fabrikverkauf gibt es wochentags regelmäßig Führungen durch die Produktion. Hier kann man zuschauen, wie das Glas teils in Handarbeit gefertigt wird.

Dartington Crystal. Mo–Fr 9.30–17 Uhr, Sa 10–17 Uhr, So 10–16 Uhr, Führungen Mo–Fr 9.30–15.15 Uhr, Eintritt 7,50 £, Linden Close, Tel. 018 05/62 62 42, www.dartington.co.uk

Oben: Mit viel Raum kann ein Landgarten so aussehen. Da bekommt man Lust zum …
Unten: … selber machen.

Grundstück in den Dreißigerjahren von ihrem Vater geerbt hatte und es nach und nach ausbaute.

Inzwischen ist eine Reihe von Einzelgärten entstanden, darunter ein Kräutergarten und der viel beachtete Rosengarten, der allein schon 2000 Pflanzen zählt. Die Royal Horticultural Society (RHS) verwaltet das Gelände und hat es zu einem Treffpunkt für Blumenfreunde ausgebaut. Das gesamte Jahr über blüht irgendetwas, dazu gibt es im Reading Room und einem Lernzentrum speziell für Kinder viel zu erfahren. Einen Besuch lohnt übrigens auch das Café, das in der Vergangenheit mehrfach ausgezeichnet wurde.

Meeth Quarry

Das Naturreservat rund 15 Kilometer südlich von Great Torrington gilt als Geheimtipp in Devon. Das frühere Industrie- und Bergbaugebiet ist heute wieder weitestgehend unbesiedelt, gleichwohl stößt man an mehreren Ecken auf die Vergangenheit. Zwei große Seen, Teiche, Wälder und Wiesen zeichnen Meeth Quarry aus. Dazu sind zahlreiche Tiere zurückgekehrt, etwa Libellen, Feldhasen und Schmetterlinge. Ein Besuch lohnt sich vor allem zum Spazierengehen und Fahrradfahren – zumal der Tarka Trail, ein beliebter Wander- und Radweg, durch das Gebiet führt (Kapitel 48).

Infos und Adressen

SEHENSWÜRDIGKEITEN

Meeth Quarry. Immer zugänglich

Rosemoor. Apr.–Sept. 10–18 Uhr, Okt.–März 10–17 Uhr, A 3124, www.rhs.org.uk/gardens/rosemoor

Torrington 1646. Museum zum Mitmachen! Nur nach Vorabbuchung. Castle Hill, Tel. 018 05/62 61 40, www.torrington-1646.co.uk

Torrington Museum. Mai–Okt. Mo–Fr 10.30–16 Uhr, Sa 10.30–13 Uhr, Eintritt frei, South Street, Tel. 018 05/62 23 06, www.torrington museum.org.uk

ESSEN UND TRINKEN

Browns Delikatessen. Spezialitätengeschäft mit kleinem Restaurant – leckere Mahlzeiten für mittags und zwischendurch. Di–Sa 9.30–17.30 Uhr, 37 South Street, Tel. 018 05/62 29 00, www.brownsdelicatessen.gn45.com

The Black Horse. Jahrhundertealter Pub mit reichhaltiger und aufwendiger Karte. Tgl. 11.30–23 Uhr, High Street, Tel. 018 05/62 21 21, www.blackhorsedevon.co.uk

ÜBERNACHTEN

Broadpark Breaks. Kleines Land-B&B (2 Zimmer) westlich von Great Torrington. Broadpark,

Ausstellungsstück im Torrington Museum

Frithelstock, Tel. 018 05/62 22 14, www.broadparkbreaks.co.uk

The Globe Hotel. Hotel in einem alten Gebäude der Innenstadt mit einfachen Zimmern. Fore Street, Tel. 018 05/62 44 24, www.globehoteltorrington.co.uk.

EINKAUFEN

Pannier Market. Die kleine Markthalle von 1842 beinhaltet zwölf Geschäfte. Di sowie Do–Sa gibt es einen traditionellen Markt. Tgl. 7–19 Uhr (Geschäfte öffnen ab 10 Uhr), South Street, Tel. 018 05/62 61 10.

INFORMATION

Great Torrington Tourist Information Centre. Mo/Di/Do/Fr 10–16 Uhr, Mi/Sa 10–13 Uhr, Castle Hill, Tel. 018 05/62 61 40, www.great-torrington.com

Im Black Horse lässt es sich gut zusammen sitzen.

47 Bideford & Hartland

Der maritime Norden Devons

Die hübsche Kleinstadt an der Mündung des River Torridge war einmal Großbritanniens drittgrößter Hafen. Im 16. Jahrhundert und danach entwickelte sich von hier aus ein reger Handel vor allem mit Amerika. Heute ist Bideford nicht nur eine maritime Attraktion an der Nordküste Devons – es ist auch Tor zu einer der beeindruckendsten Küstenlandschaften Großbritanniens, der Hartland Devon Heritage Coast.

Der raue Norden Devons wird bei einem Besuch der Grafschaft gern vergessen – das kommt Bideford in gewisser Weise entgegen. Die Kleinstadt (17 000 Einwohner) am östlichen Ende der Hartland Coast konnte sich so über die Jahrzehnte eine Menge ihrer Historie bewahren. Die Burton Art Gallery zeigt viele Bilder und Zeichnungen aus ihrer großen Zeit als bedeutender Hafen. Auch für die Handschuh- und Sattelfabrikation war Bideford einst bekannt.

Long Bridge

Die Steinbrücke über den River Torridge macht ihrem Namen alle Ehre: Mit gut 200 Metern ist die Long Bridge eine der längsten mittelalterlichen Brücken Englands. Sie stammt aus dem 15. Jahrhundert und ersetzte eine alte Holzbrücke. Im Laufe der nächsten Jahrhunderte wurde sie mehrfach erweitert und saniert. Die Long Bridge mit ihren 24 Arkaden ist ein beliebtes Fotomotiv – vor allem im Winter, wenn gegen Abend große Scharen Stare dorthin fliegen, um zu nächtigen. Ihre Veränderungen über die Zeit hinweg lassen sich

Mitte: In Bideford gehen Touristen im Stadtleben unter. Eine Chance, dem englischen Leben auf den Zahn zu fühlen.
Unten: Hartland Point Lighthouse auf den vom weichen Wasser zerfressenen Klippen

an einem Modell in der Burton Art Gallery nachvollziehen.

Pannier Market

Die hübsche viktorianische Markthalle von Bideford stammt aus dem Jahr 1884 und war ursprünglich als Fischmarkt und Getreidebörse gebaut worden. 1993 wurde sie grundlegend saniert und ist einer der Anziehungspunkte der Stadt. Obwohl der Wochenmarkt nur dienstags und sonnabends stattfindet, lohnt sich ein Besuch – denn in und um den Pannier Market haben sich zahlreiche Geschäfte angesiedelt. Der Bereich, in dem früher die Schlachter ihre Fleisch- und Wurstwaren anboten, ist als Butchers Row bekannt und mittlerweile Ort zahlreicher Galerien und Geschenkeläden.

Hartland Coast

Sie gilt als eine der dramatischsten Landschaften Südwestenglands und ist bei einem Besuch Norddevons einfach ein Muss: Die Küste der Hartland-Halbinsel ist vor allem für Wanderer ein Paradies. Häufiges Ziel ist der Hartland Point, jene Stelle, an der der Bristol Channel in den Atlantik übergeht und ein Leuchtturm aus dem Jahr 1874 den Schiffen zur Orientierung dient.

Hartland Quay weiter im Süden war lange Zeit ein Hafen – der jedoch durch die Wucht des Meeres und vor allem eines Sturms im Jahr 1887 zerstört und nie wieder richtig aufgebaut wurde. Bei Ebbe sind noch Teile der alten Hafenmauer zu sehen. Am »Hartland Quay Hotel« gibt es ein Museum, das die maritime Geschichte aufgearbeitet hat und zahlreiche Schiffe dokumentiert, die im Laufe der Jahrhunderte vor der Küste gesunken sind. Ganz hübsch, wenngleich insgesamt unspektaku-

AUTORENTIPP!

SPOPPEN IN DER OUTLET MALL

In Großbritannien hat man längst einen amerikanischen Trend adaptiert und im ganzen Land Outlet Malls gebaut – Einkaufszentren, die ausschließlich Fabrikverkaufsläden beinhalten. Eines davon ist das Atlantic Village Outlet im Westen von Bideford – nicht gerade das Größte von allen, aber durch eine feine Auswahl an Geschäften aus unterschiedlichen Segmenten ein schöner Zeitvertreib zum Beispiel an Regentagen. Die Waren sind teils stark reduziert, dafür stammen sie meist aus der Vorsaison. Der hochtrabende Name des Centers entstand übrigens durch die Nähe zur A 39. Diese Schnellstraße verbindet Bath mit der Küste von Cornwall, weshalb sie »Atlantic Highway« genannt wird.

Atlantic Village Outlet. Mo–Sa 9–18 Uhr (Do bis 20 Uhr), So 10.30–16.30 Uhr, Clovelly Road (nahe der A 39), Tel. 012 37/42 25 44, www.atlanticvillage.co.uk

Bidefords Long Bridge ist fast 800 Jahre alt.

Oben: Die Hartland Abbey mit ihrem Park ist nur ein winziger Teil des von der UNESCO geschützten North Devon Biosphere Reserve … **Unten:** … und wurde von der britischen Regierung mit dem Prädikat AONB (Area of Outstanding National Beauty) versehen.

lär, ist Hartland Village, eine der wenigen Ortschaften der Region. Kleine Geschäfte laden zum Bummeln ein, unter anderem mehrere Kunsthandwerkläden.

Hartland Abbey & Gardens

Das Herrenhaus liegt westlich von Bideford an der Hartland Coast. Eigentlich war es während des 12. Jahrhunderts als Kloster erbaut worden, doch schon im 16. Jahrhundert ging es in private Hände über: Heinrich VIII. (1491–1547) vermachte es im Jahr 1539 dem Chef seines Weinkellers. Noch heute ist es in Familienbesitz, kann aber von Frühjahr bis Herbst besichtigt werden. Das Haus wurde mehrfach erweitert, sodass ein einmaliges Sammelsurium an Baustilen unterschiedlicher Epochen herrscht – vom Mittelalter bis zur Ära Königin Viktorias. Der große Architekt George Gilbert Scott (1811–1878) kreierte beispielsweise

Rund um die Hartland Coast

Die Hartland Coast ist eine der beeindruckendsten Küstenlandschaften Südenglands. Der South West Coast Path, der dem Küstenverlauf Devons und Cornwalls folgt, führt hier vorbei. Aber auch abseits davon gibt es viel zu sehen.

Appledore im Freizeitlook

Ⓐ **Bideford** – Die alte Hafenstadt in Norddevon ist noch immer das Zentrum der Region. Viele kommen, um die Kulisse von der Long Bridge über den Fluss Torridge aus zu bestaunen.

Ⓑ **Appledore** – Der kleine Ort hat sich den Charme eines maritimen Fischerdorfs bewahrt. Bis heute werden Schiffe auf einer Werft gebaut.

Ⓒ **Westward Ho!** – Direkt an einem der schönsten Strände Norddevons liegt dieser künstlich geschaffene Ort, der über den ältesten Golfplatz Englands verfügt. Der ungewöhnliche Name basiert auf einem Romantitel von Charles Kingsley.

Ⓓ **Clovelly** – Einer der malerischsten Orte im Südwesten Englands. Die engen Gassen schmiegen sich den Hang hinab bis zum Wasser. Und es gibt keinen Autoverkehr.

Ⓔ **Hartland Village** – Ein Ort zum Bummeln mitten in Hartland. Er hat sich zu einem kleinen Zentrum für die ganze Gegend entwickelt.

Ⓕ **Hartland Point** – Dieser Punkt markiert die Stelle, an der der Bristol Channel in den Atlantik übergeht. Der Leuchtturm ist ein beliebtes Ausflugsziel, außerdem bietet sich dem Besucher eine beeindruckende Küstenlandschaft.

Ⓖ **Hartland Abbey** – Das alte Herrenhaus war einst ein Kloster, wurde aber im Laufe der Jahrhunderte mehrfach verändert. Der hübsche Park führt hinunter bis zum Meer.

Ⓗ **Hartland Quay** – Einst befand sich hier ein wichtiger Hafen für das Hartland. Ein Sturm zerstörte ihn, danach wurde er nie wieder in Betrieb genommen. Das Museum vor Ort gibt Auskunft über die Geschichte.

AUTORENTIPP!

EIN DORF IN PRIVATER HAND

Ein Ort wie man ihn sonst nur in Filmen sieht: Das kleine Fischerdorf knapp 20 Kilometer westlich von Bideford an der Hartland-Küste schmiegt sich in die Landschaft, als wäre es immer dort gewesen. Die pittoresken Häuser Clovellys reihen sich in schmalen Gassen den Hang hinab bis zum alten Hafen wie ein Wasserfall. Die Hauptgasse ist gepflastert mit Steinen vom Strand, jeglicher Fahrzeugverkehr untersagt. Der Autor Charles Kingsley (1819–1875) wurde hier geboren und kam häufig in sein Heimatdorf zurück, und auch andere Schriftsteller wie Charles Dickens (1812–1870) inspirierte der Ort. Clovelly ist heute in Privatbesitz, weshalb für einen Besuch Eintrittsgeld erhoben wird.

Clovelly. Tgl. 9–18.30 Uhr, Eintritt 6,75 £, A 39, Abzweigung Higher Clovelly, Tel. 012 37/43 17 81, www.clovelly.co.uk

1862 den Alhambra-Korridor in Anlehnung an einen gotischen Kreuzgang.

Rund um Hartland Abbey gibt es traumhafte Wanderwege: Sie führen vom Herrenhaus zur Küste, vorbei an grünen Landschaften mit wunderschönen Ausblicken. Die etwas abgelegene Blackpool Mill, eine Hütte aus dem 15. Jahrhundert, kann zum Übernachten gemietet werden.

Appledore

Der kleine Ort (2000 Einwohner) fünf Kilometer nördlich von Bideford ist einer der wenigen Norddevons, der sich nicht primär über den Tourismus finanziert: Appledore ist Heimat einer der inzwischen selten gewordenen Werften Englands, den Appledore Shipbuilders, die heute zur Babcock International Group gehören. Der Ort ist unbedingt einen Besuch wert, da er sich an der Mündung des River Torridge den Charme eines Fischerdorfs bewahrt hat. Schmale weiße Häuser säumen den Kai und die wenigen engen Gassen. Eines der ältesten Bauwerke beherbergt die Docton Court Gallery, ein kleines Geschäft mit Kunsthandwerk.

Westward Ho!

Der einzige Ort Europas mit einem Ausrufezeichen im Namen ist eine künstlich geschaffene Badewelt: Westward Ho! ist angelehnt an den gleichnamigen und sehr erfolgreichen Roman von Charles Kingsley (1819–1875). Investoren erahnten das Potenzial dieser Werbung und schufen eine perfekte Ferienwelt an einem der schönsten Strände. Der Royal North Devon Golf Club in Westward Ho! rühmt sich, über den ältesten Golfplatz des Landes zu verfügen. Ansonsten gibt es nicht viel zu sehen in dem Ort – doch er bietet sich an, um mal die Füße hochzulegen.

Infos und Adressen

SEHENSWÜRDIGKEITEN

Hartland Abbey. Apr.–Sept. So–Do 14–16.30 Uhr (Garten ab 11.30 Uhr), Eintritt 11 £, Hartland, Bideford, Tel. 012 37/44 14 96, www.hartlandabbey.com

Hartland Quay Museum. Apr.–Okt. 11–16 Uhr, Eintritt 1 £, Hartland, Bideford, Tel. 012 37/44 12 18, www.hartlandquayhotel.co.uk/shipwreck-museum

ESSEN UND TRINKEN

Barkers Restaurant. Kleines Restaurant mit englischer Küche, nachmittags werden ausgewählte Teesorten serviert. So–Fr 11.30–14.30, Mi–Sa auch 18–23 Uhr, 16 High Street, Tel. 012 37/47 68 13, www.barkersrestaurantbideford.co.uk

Johns of Appledore. Wunderbares kleines Delikatessgeschäft mit einem Café. Tgl. 8–19 Uhr, 7 The Quay, Appledore, Tel. 012 37/42 58 70, www.johnsofinstow.co.uk

The Thatched Inn. Landgasthof außerhalb von Bideford. Tgl. 11.30–23 Uhr, Abbotsham, Tel. 012 37/47 13 21, www.thethatchedinn.com

ÜBERNACHTEN

Hartland Quay Hotel. Einfaches Hotel nahe dem Meer. Hartland, Bideford, Tel. 012 37/44 12 18, www.hartlandquayhotel.co.uk

Seagate Hotel. Ein Pub mit sehr hübschen, modernisierten Zimmern. The Quay, Appledore, Tel. 012 37/47 25 89, www.theseagate.co.uk

Yeldon House Hotel. Idyllisches Hotel außerhalb von Bideford. Durrant Lane, Northam, Tel. 012 37/47 44 00, www.yeoldonhousehotel.co.uk

EINKAUFEN

Pannier Market. Die Markthalle von Bideford beinhaltet auch Kunst- und Geschenkeläden. Mo–Sa 8–15 Uhr (im Winter bis 14 Uhr), Market Place, Tel. 012 37/47 87 77

INFORMATION

Bideford Tourist Information Centre. Okt.–Juni Mo–Sa 10–16 Uhr, So 11–16 Uhr, Juli–Sept. Mo–Fr 10–17 Uhr, Sa 10–16 Uhr, So 11–16 Uhr, Burton Art Gallery, Kingsley Road, Bidford, Tel. 012 37/47 76 76, www.northdevon.com/Bideford

Sir Hugh Stucley, Besitzer der Hartland Abbey, engagiert sich für Kunst. Hier eine Installation.

Mitte: Das Bild am River Taw ist stark von den Gezeiten abhängig. **Unten:** Abschnitte des Tarka Trail führen am River Taw entlang.

48 Barnstaple

Der Hafen am Taw-Fluss

Einst war Barnstaple ein wichtiger Hafen für die Wollindustrie Devons – doch dann wurden die Schiffe zu groß, um den Fluss Taw hinein an die Kais zu fahren. Die Stadt sattelte um und entwickelte sich zu einer belebten Marktstadt. Beliebt sind aber längst auch die Strände am Bristol Channel, die Barnstaple zu einem Ferienziel für viele Engländer gemacht haben. Der Ort ist außerdem Ausgangspunkt für Radwanderungen.

Schon im 9. Jahrhundert wurden Barnstaple (30 000 Einwohner) Gemeinderechte zugestanden – als erster Gemeinde Englands. Vor allem im Mittelalter blühte der Ort auf: Über den Fluss Taw wurde ein lebendiger Handel betrieben mit Irland, dem Rest Europas sowie den neuen Kolonien. Schiffe brachten Wein, Tabak und Gewürze an diesen wichtigen Hafen Südenglands, im Gegenzug nahmen sie Wolle und Töpferware mit.

Im englischen Bürgerkrieg (1642–1649) war die Stadt hart umkämpft und wechselte mehrfach zwischen den gegnerischen Parteien. Und bis heute ist man sehr stolz darauf, auch am Kampf gegen die spanische Armada im 16. Jahrhundert beteiligt gewesen zu sein. Ein bisschen dieser Geschichte wird deutlich, wenn man durch die Straßen der Stadt mit ihren mittelalterlichen Häusern spaziert.

Pannier Market

Die alte Markthalle von Barnstaple war Vorbild für viele ähnliche Märkte in ganz Devon. 1855 wurde

Quer durch Barnstaple

Die Strecke führt einmal durch Barnstaples Innenstadt bis zum Fluss.

A High Street – Barnstaples Fußgängerzone ist vollgepackt mit Geschäften und ideal für einen Einkaufsbummel. Hier beginnt der Weg einmal quer durch das Innenstadtgebiet.

B Pannier Market – Die alte Markthalle der Stadt ist ein beliebtes Ziel für Einheimische und Touristen. Wie in alten Zeiten wechselt das Angebot der Händler fast täglich. In der Butcher's Row waren früher die Metzger ansässig. Heute befinden sich in den Räumen unterschiedliche Geschäfte.

C Cream Tea Café – Dieses Café bietet sich für eine Stärkung an. Es gibt – wie es der Name bereits verrät – exzellenten Cream Tea mit Scones, Marmelade und Clotted Cream.

D St Anne's Chapel – Die frühere Kapelle ist heute ein Gemeindezentrum. Bereits im 16. Jahrhundert diente sie nicht mehr als Gotteshaus, sondern für einige Zeit als Grundschule.

E Town Council – Hier ganz in der Nähe des River Taw sitzt die Verwaltung von Barnstaple.

F Albert Clock & Museum – Der alte Uhrturm ist eine Erinnerung an den früheren Ehemann Queen Victorias – im ganzen Land wurden ihm zu Ehren solche und ähnliche Monumente erbaut. Daneben gibt ein Museum Aufschluss über die Vergangenheit Barnstaples. Hier ist auch die Touristeninformation untergebracht. Die Strecke führt weiter direkt am River Taw entlang.

G Anne's Walk & Heritage Centre – Das Gebäude mit seinem Kolonnadenvorbau und der Statue Königin Annes war Treffpunkt der Händler. Dahinter befindet sich im alten Badehaus ein Museum. Zurück zum Ausgangspunkt geht es durch die Cross Street auf der anderen Straßenseite.

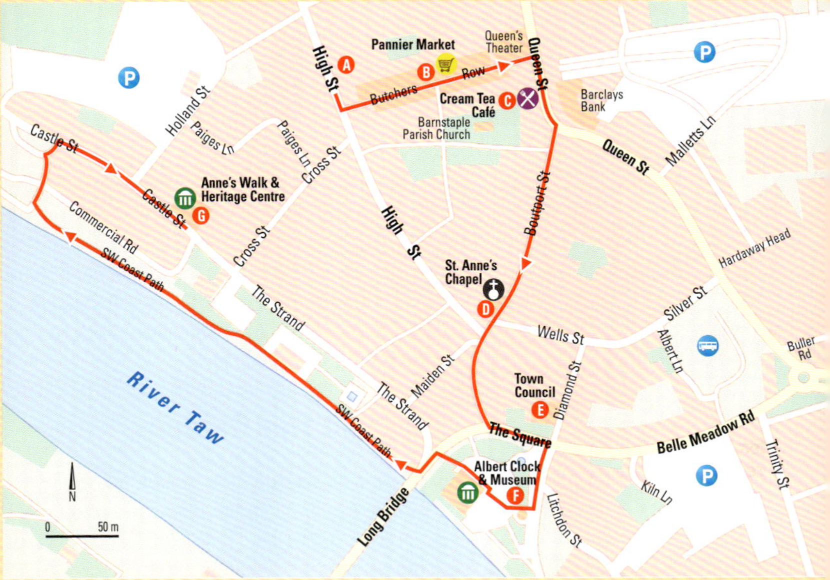

AUTORENTIPP!

IMMER DER 27 NACH

Der Tarka Trail ist einer der längsten autofreien Fuß- und Radwege Englands und Teil des Devon-Coast-to-Coast-Radewegs. Die Strecke führt über 50 Kilometer durch nahezu unberührte Landschaft von Braunton über Barnstaple, Bideford und Great Torrington nach Meeth, teilweise auf dem früheren Gleisbett einer stillgelegten Eisenbahnstrecke, teilweise an Flüssen entlang. Der Trail ist im nördlichen Teil vergleichsweise flach, also auch für Ungeübte zu bewältigen. Ausgeschildert ist er mit blauen Radschildern und der Ziffer 27. Namensgeber der Strecke ist der Roman »Tarka der Otter« von Henry Williamson (1895–1977), und noch heute sind nahe Great Torrington Otter anzufinden. Fahrräder vermietet unter anderem Tarka Trail Cycle Hire am alten Bahnhof von Barnstaple.

Tarka Trail. www.devon.gov.uk/tarkatrail, www.tarkabikes.co.uk

sie eröffnet, und schnell kamen die Händler in Scharen, um in Körben (daher die Bezeichnung »Pannier«) ihre Waren anzubieten. Der Erfolg hielt an – und hält es bis heute. Das führte dazu, dass sich offenbar nie jemand genötigt sah, die Halle einer Sanierung zu unterziehen. Daher wirkt der Backsteinbau mit seiner aufwendigen Dachkonstruktion wie ein Relikt aus vergangenen Zeiten.

Albert Clock & Museum

Der Uhrturm am River Taw ist eines der Wahrzeichen von Barnstaple. 1862 erbaut erinnert er an den verstorbenen Mann Königin Viktorias, Albert von Sachsen-Coburg und Gotha (1819–1861). Richard Davie Gould, der unter anderem auch den Pannier Market baute, entwarf die Albert Clock. Der schlanke Bau aus hellem Stein ist von einem hübschen Dach gekrönt und wurde erst vor wenigen Jahren grundlegend saniert. Direkt daneben gibt das Museum of Barnstaple and North Devon Einblick in die Geschichte der Region.

Anne's Walk & Heritage Centre

Das aufwendig verzierte, helle Kolonnadengebäude Queen Anne's Walk aus dem Jahr 1708 war ein Treffpunkt der Händler von Barnstaple. Gekrönt ist es mit einer Statue der namensgebenden Königin Anne. Das Gebäude dahinter war früher einmal ein Badehaus. Heute beinhaltet es das Heritage Centre, ein Museum.

Marwood Hill Gardens

Der große Park sechs Kilometer nördlich von Barnstaple ist vor allem bei schönem Wetter einen Besuch wert. Zahlreiche, teils exotische Pflanzen wachsen hier.

Infos und Adressen

SEHENSWÜRDIGKEITEN

Barnstaple Heritage Centre. Apr.–Okt. Di–Sa 9.30–16.30 Uhr, Nov.–März Di–Fr 9.30–16 Uhr, Sa 10–15.30 Uhr, Eintritt 3,50 £, The Strand, Tel. 012 71/37 30 03

Marwood Hill Gardens. März–Okt. 10–17 Uhr, Eintritt 6 £, Marwood, Tel. 012 71/34 25 28, www.marwoodhillgarden.co.uk/new-site

Museum of Barnstaple and North Devon. Nov.–März Mo–Sa 10–16 Uhr, Apr.–Okt. Mo–Sa 10–17 Uhr, Eintritt frei, The Square, Tel. 012 71/34 67 47, www.barnstaplemuseum.org.uk

ESSEN UND TRINKEN

Claytons Glasshouse. Trendige Bar und Restaurant im Zentrum, von Fisch bis Fleisch. Mo–Mi 12–23.30 Uhr, Do 12–0.30 Uhr, Fr/Sa 11–2.30 Uhr, So 12–17 Uhr, 2 Cross Street, Tel. 012 71/32 33 11, www.claytonsbarnstaple.co.uk

Cream Tea Café. Hausgemachte Scnones und mehr. Di–Sa 10–17 Uhr, Church Lane, Tel. 012 71/32 57 27, www.thecreamteacafe.co.uk

ÜBERNACHTEN

The Imperial Hotel. Eines der besten Häuser am Platze. Das Hotel verfügt über einen Spabereich und bietet die Möglichkeit, größere Feiern auszurichten. Familien willkommen! Taw Vale Parade, Tel. 012 71/34 58 61, www.brend-imperial.co.uk.

The Old Vicarage. Bed & Breakfast in einem viktorianischen Haus etwas abseits vom Zentrum. Barbican Terrace, Tel. 012 71/32 85 04, www.oldvicaragebarnstaple.co.uk

EINKAUFEN

Pannier Market. Die Markthalle von Barnstaple. Mo–Sa 9–16 Uhr, Butchers Row, Tel. 012 71/37 90 84, www.barnstaplepanniermarket.co.uk

INFORMATION

Barnstaple Tourist Information. Mo–Sa 10–17 Uhr, The Square, Tel. 012 71/37 50 00, www.staynorthdevon.co.uk

Braunton Tourist Information Centre. Mo–Fr 10–15 Uhr, Sa 10–13 Uhr, The Bakehouse Centre, Caen Street, Braunton, Tel. 012 71/81 64 00, www.brauntontic.co.uk

Gartenlust: Einer von drei Seen im Marwood Hill Gardens

49 Ilfracombe

Das viktorianische Seebad

Im 19. Jahrhundert hatte sich der alte Hafenort zu einem Seebad gemausert. Und dieser Umstand macht auch heute noch den Reiz von Ilfracombe aus. Nirgends im Südwesten Englands ist das viktorianische Badeflair so präsent wie hier. Erwarten Sie keinen übertriebenen Luxus; dafür echte britische Lebensart vergangener Tage.

Erst vor wenigen Jahren machte Ilfracombe (12 000 Einwohner) international Schlagzeilen: Der Künstler Damien Hirst stellte am Hafen seine 20 Meter hohe Bronzestatue »Verity« (Wahrheit) auf. Sie zeigt eine schwangere Frau mit erhobenem Schwert, aus deren linker Hälfte die Innereien hervorgucken. Das sorgte für massive Kritik, ist die Statue doch so ziemlich das erste, was Besucher sehen, die mit dem Schiff in den Hafen einfahren. Warum ausgerechnet in Ilfracombe? Hirst stammt aus Südwestengland und ist in Ilfracombe auch an einem Restaurant beteiligt, dem »The Quay« am Hafen.

Exponiert, pittoresk, schrullig: Ilfracombes Hafen am Abend

Der Hafen

Ilfracombe ist seit dem 12. Jahrhundert ein Hafenort – und auch wenn heute überwiegend Ausflugsboote sowie der Linienverkehr zur Insel Lundy anlegen, laufen jeden Tag die Fischer aus, um im Bristol Channel auf Fang zu gehen. Die zahlreichen Segelboote machen den Hafen zu einer beschaulichen Kulisse. Ein besonderes Fotomotiv ist er jedoch wegen Lantern Hill, einem grün bewachsenen Felsen, der Ilfracombe überragt. Auf ihm steht St. Nicholas Chapel aus dem Jahr 1321.

Ursprünglich war die Kapelle ein Ziel durchziehender Pilger sowie Rückzugsort der Hafenarbeiter. Im Mittelalter wurde sie als Leuchtturm umfunktioniert, um Schiffen den Weg in den Hafen zu weisen. Damit ist St. Nicholas Chapel streng genommen auch einer der ältesten Leuchttürme im Land.

Tunnels Beaches

Bergarbeiter aus Wales haben im 19. Jahrhundert vier Tunnel in die Felsen vor Ilfracombe gehauen, um einen kaum zugänglichen Strand zu erschließen: Tunnels Beaches ist wesentlich dafür ausschlaggebend, dass Ilfracombe lange Zeit eines der beliebtesten Seebäder war. Und noch heute ist der Besuch des Strandes ein ungewöhnliches Erlebnis. Zwar ist nur eines der ursrpünglich drei angelegten Meerwasserschwimmbecken erhalten, doch ist es vor allem dann eindrucksvoll, wenn es nach der Flut wieder frisch gefüllt ist. Auch das alte Badehaus im Georgianischen Stil ist sehenswert, wo sich an der Runnacleave Road der Zugang zu den Tunneln befindet.

Ilfracombe Museum

Das Museum von Ilfracombe ist wegen seiner schönen Lage einen Besuch wert. Untergebracht in der früheren Wäscherei eines Hotels nahe dem Landmark Theatre kann man bei schönem Wetter auch wunderbar im Garten spazieren gehen. In seiner Sammlung zeigt das Ilfracombe Museum primär maritime Ausstellungsstücke wie Modellschiffe, aber auch Schmetterlinge und Militäruniformen, die mit der Gegend in Verbindung gebracht werden.

Beeindruckend ist die Architektur des Landmark Theatre, einer der jüngsten Bauten in Ilfracombe:

AUTORENTIPP!

DAS GEISTERHAUS

Dem alten Landhaus Chambercombe Manor aus dem 11. Jahrhundert wird nachgesagt, ein Geisterhaus zu sein. Ein Handwerker soll hier die Leiche einer Frau auf einem Bett gesehen haben, die aber nie gefunden wurde. An einzelnen Tagen gibt es Geisterführungen durch das Gebäude, das ansonsten in den Sommermonaten auch für Besucher geöffnet ist, die nicht an den Spuk glauben: Das hübsche, helle Landhaus ist stilvoll eingerichtet und besitzt einen typisch englischem Garten. Wer sich richtig gruseln will, kann übrigens im Frühjahr auch übernachten: Chambercombe Manor bietet zwischen Januar und März einzelne Zimmer mit Frühstück an.

Chambercombe Manor. Apr.–Okt. Mo–Fr 11–15.30 Uhr, So 12–15 Uhr, Juli/Aug. auch So 12–15.30 Uhr, Eintritt 5 £, Chambercombe Lane, Tel. 012 71/86 26 24, www.chambercombemanor.org.uk

Atemberaubende Aussicht über die Küste bei Ilfracombe

Oben: 50 000 britische Pfund wechselten beim letzten Verkauf von Watermouth Castle und seinen knapp 243 000 qm Grund im Jahr 1977 den Besitzer.
Unten: Berryharbor hinter Blumenpracht

In dem aus zwei riesigen Zylindern bestehenden Gebäude werden neben Theateraufführungen auch Filme gezeigt. Im unteren Bereich – Pavillon genannt – ist die »Rendezvous Café Bar« ein guter Anlaufpunkt für Snacks und einen Kaffee zwischendurch. Das Landmark Theatre hat das alte Pavilion Theatre ersetzt, das in den Achtzigerjahren abgebrannt war.

Watermouth Castle

Das etwas andere Schloss: Fünf Kilometer östlich von Ilfracombe liegt malerisch an der Küste zum Bristol Channel das Watermouth Castle. Das Gebäude wurde erst im 19. Jahrhundert gebaut und ist streng genommen gar kein Schloss, sondern ein Herrenhaus. Was inzwischen aber ohnehin nicht mehr von Belang ist, denn es wurde vor Jahren schon zu einem Themenpark umfunktioniert: Im Schloss sind die Räume zwar noch mit Einrichtungsgegenständen aus der viktorianischen Ära ausgestattet, doch wurde überall viel Wert darauf gelegt, dass sich auch Kinder unterhalten fühlen, etwa mit einer alten Modelleisenbahn und Spielzeug vergangener Tage. Außen gibt es mehrere Themenbereiche – vom Zwergenland bis zum Irrgarten; vor allem aber gibt es einen eindrucksvollen Ausblick auf den Bristol Channel.

Infos und Adressen

SEHENSWÜRDIGKEITEN

Ilfracombe Museum. Apr.–Okt. tgl. 10–17 Uhr, Nov.–März Di–Fr 10–13 Uhr, Eintritt 3 £, Wilder Road, Tel. 012 71/86 35 41, www.ilfracombemuseum.co.uk

St. Nicholas Chapel. Apr.–Okt. tgl. 10–16 Uhr, Mai–Sept. bis 18 Uhr, Eintritt frei, Lantern Hill am Hafen

Tunnels Beaches. Vier Tunnel führen zu einem Privatstrand, der keine Wünsche offen lässt. www.tunnelsbeaches.co.uk

Watermouth Castle. Apr.–Okt. tgl. 10.30–15 Uhr (in den Ferien teilweise länger), Eintritt 12,50 £, Berrynarbor, Tel. 012 71/86 74 74, www.watermouthcastle.com

ESSEN UND TRINKEN

Hele Corn Mill and Tea Room. Nettes Café in einer alten Wassermühle. Apr.–Okt. Fr–So 11–17 Uhr, Corn Mill Close, Hele, Tel. 012 71/86 31 85, www.helecornmill.com

Gemütlich: Das Olde Globe Pub in Berryharbor

Kunst im Ilfracrombe Museum

The Quay. Moderne europäische Küche in schickem Ambiente. Tgl. 10–23 Uhr, 11 The Quay, Tel. 012 71/86 80 90, www.11thequay.co.uk

Ye Olde Globe Inn. Uriger Pub nahe Ilfracombe mit eher deftiger Karte – von Steak bis Burger. Apr.–Sept. tgl. 9–23 Uhr, Berrynarbor, Tel. 012 71/88 24 65, www.yeoldeglobe.co.uk

ÜBERNACHTEN

The Hampton's Hotel. Kleines Hotel in einer alten Villa mit individuell eingerichteten Zimmern. Excelsior Villas, Torrs Park, Tel. 012 71/86 42 46, www.thehamptonshotel.com

The Royal Britannia. Geschichtsträchtiges Hotel direkt am Hafen. Broad Street, Tel. 01 271/86 29 39, www.royal-britannia.co.uk

INFORMATION

Tourist Information Centre. Mo–Fr 9.30–16.30 Uhr, Sa 10.30–16.30 Uhr, Apr.–Okt. auch So 10.30–16.30 Uhr, Landmark Theatre, The Seafront, Tel. 012 71/86 30 01, www.visitilfracombe.co.uk

Mitte: Hafen von Lundy
Unten: Papageientaucher: Sandaale und Heringe stehen auf der Speisekarte ganz oben.

50 Lundy Island

Die Insel der Auszeit

Lundy Island im Bristol Channel ist eines der unbekanntesten Ausflugsziele Großbritanniens – und das ganz zu Unrecht: Die Insel bietet eine der schönsten Küstenlandschaften Südenglands und ist perfekt für Wanderungen. Reisende kommen aber meist noch wegen eines anderen Umstands: Sie bietet Ruhe. Weder Internet noch Telefon sind auf der Insel zuverlässig nutzbar. Das richtige Ziel für eine Auszeit.

Es ist zugegebenermaßen etwas umständlich, auf Lundy Island zu gelangen: Eine Fähre, die »MS Oldenburg«, fährt vom Frühjahr bis zum Herbst mehrmals wöchentlich zwischen Norddevon und der Insel. Im Winter bleibt nur der Helikopter, und auch der fliegt nur zweimal wöchentlich. Bei schlechtem Wetter kann es vorkommen, dass beide Verkehrsmittel an Land bleiben.

Wer nach Lundy kommt, ist also zwangsläufig auf der Suche nach ein bisschen Abgeschiedenheit und Ruhe. Und die findet er wohl besser als an jedem anderen Ort Südenglands. Die grasbewachsenen Felsen, die eindrucksvolle, raue Küstenformation im Westen und die etwas flachere im Osten bilden eine einzigartige Landschaft. Einzigartig ist auch die Vegetation. Man findet die Lundy-Orchidee mit ihren kleinen Blüten und den Lundy-Kohl. Eines gibt es erst seit einigen Jahren wieder: Papageientaucher, die Namenspatrone der Insel: »Lund« bedeutet im normannischen Papageientaucher, »ey« steht für Insel. Nagetiere hatten die putzigen Vögel mit ihrem auffälligen bunten Schnabel vertrieben.

Lundy ist nur gut vier Quadratkilometer groß. Und gerade einmal gut 20 Menschen leben auf der Insel, die traditionell in Privatbesitz war: Sie ging im Laufe der Jahrhunderte durch mehre Hände. 1924 erwarb sie Martin Coles Harman (1885–1954), der sich umgehend zum »König von Lundy« ernannte, eigene Münzen und Briefmarken prägte und sich prompt vom britischen Steuersystem lossagte. Seine Familie behielt die Insel bis 1969, als sie schließlich von der englischen Denkmalschutzinitiative National Trust erworben wurde. Die verpachtete sie weiter an den Landmark Trust, der heute in den alten Gebäuden Zimmer an Touristen vermietet und damit den Erhalt des Dorflebens auf Lundy sichert.

Das Dorf

Wer über Nacht bleibt, wird an dem Dorf nicht vorbeikommen, bietet es doch die einzige Gelegenheit für Einkäufe. »Dorf« ist trotzdem übertrieben – ein paar Häuser bilden den Kern des bewohnten Bereichs von Lundy Island. Ein Shop, der Pub »Marisco Tavern« – viel mehr gibt es nicht. Die »Marisco Tavern« erinnert an ein dunkles Kapitel der Insel: Von ihr aus ging ab dem 12. Jahrhundert die Marisco-Familie bei den Schiffen im Bristol Channel auf Beutefang aus Protest Gegen die Politik Heinrichs II., der sie von der Insel weisen wollte.

Einen Blick wert sind das Milcombe House in Georgianischem Stil und in wunderschöner Küstenlage und St. Helena's Church aus viktorianischer Zeit. Etwas außerhalb, südwestlich des Dorfs, gilt es aufzupassen: Devil's Limekiln ist ein beliebtes, wenngleich gefährliches Ausflugsziel. Denn es handelt sich um eine Seehöhle, deren Dach eingestürzt ist. Rund 90 Meter geht es an der Stelle in die Tiefe.

AUTORENTIPP!

LUNDY-LÄMMER

Sie sind auf der Insel geboren und ernähren sich ausschließlich von Muttermilch und dem, was auf Lundy Island wächst. Die Lundy-Lämmer gelten unter Fleischessern als Delikatesse, unter anderem weil sie auf so natürliche Weise ohne jegliche Wachstumsbeschleuniger in absolut unberührter Natur aufwachsen. Das Fleisch der Lämmer wird primär auf Lundy selbst vermarktet – im Shop verkauft und als Gericht in der »Marisco Tavern« serviert. Über das Büro der Insel in Bideford kann man es aber auch in vorgefertigten Paketen nach Hause bestellen. Sinnvoll ist die Lieferung indes nur für Adressen im Vereinigten Königreich, denn bis nach Deutschland kann das Fleisch nicht ausreichend gekühlt werden.

Lundy Shore Office. Apr.–Okt. Mo–Fr 9–17 Uhr, Sa 9–13 Uhr, The Quay, Bideford, Tel. 012 37/47 00 74, www.lundyfarm.co.uk

Oben: Marisco Castle: Meeresblick soweit das Auge reicht. Das ist kein Verkaufsargument für Lundy, **Unten:** … denn den hat man hier überall. Wenn man nicht im Nebel steht.

Old Lighthouse

Geschäftsleute aus Bristol ließen 1820 den Leuchtturm bauen, weil in dem gefährlichen Gewässer des Bristol Channel zahlreiche Schiffe sanken – und mit ihnen die Waren. Er wurde auf Beacon Hill errichtet, dem höchsten Punkt Lundys. Als Baustoff wählte man ebenso wie für das Wohnhaus gleich daneben Granit von der Insel. Leider bedachte man nicht, dass Beacon Hill mehrfach im Jahr im Nebel versinkt und das Leuchtfeuer somit nicht zu sehen war. Inzwischen gibt es zwei weitere, tiefer gelegene Leuchttürme. Old Lighthouse dient nun als Unterkunft für Besucher.

Marisco Castle

Im Südosten Lundys, ganz in der Nähe des Hafens, steht mit Marisco Castle eine Burg aus dem 13. Jahrhundert, in der Besucher übernachten können. Drei Wohnungen hat der Landmark Trust hier herrichten lassen. Der Name der Burg irritiert übrigens: Marisco Castle war nie das Zuhause der gleichnamigen Piratenfamilie. König Heinrich III. (1207–1272) war es, der im Jahr 1243 die Burg nach der Hinrichtung William de Mariscos bauen ließ, um auf Lundy und im Bristol Channel wieder Ruhe einkehren zu lassen. Marisco Castle ist das älteste Gebäude auf Lundy und wurde bereits im 19. Jahrhundert restauriert.

Infos und Adressen

ANREISE

Fähre. Die »MS Oldenburg« verkehrt je nach Gezeitenlage entweder zwischen Ilfracombe B oder Bideford C nach Lundy Island A. Fahrtzeit knapp zwei Stunden. Wichtig: Es gibt eine Gewichtsbeschränkung von 20 Kilogramm für das Gepäck. Apr.–Okt. etwa alle zwei Tage morgens ab Devon, nachmittags Rückfahrt ab Lundy, Tagesausflug 35 £, www.lundyisland.co.uk

Helikopter. Im Winter ist Lundy Island montags und freitags ab Hartland Point per Helikopter zu erreichen. Gepäckbeschränkung zehn Kilogramm. Hin- und Rückflug 105 £, www.lundyisland.co.uk

ESSEN UND TRINKEN

Marisco Tavern. Lamm von der Insel. Unterschiedliche Öffnungszeiten je nach Jahreszeit, High Street, Tel. 012 37/43 18 31

ÜBERNACHTEN

Landmark Trust. Alle Unterkünfte auf Lundy Island, vom Leuchtturm bis zum Schloss, werden vom Landmark Trust vermietet. Nur nach Vorabbuchung im Internet! www.landmarktrust.org.uk

EINKAUFEN

The Shop. Der einzige Laden der Insel mit notwendigen Lebensmitteln und einigen lokalen Produkten sowie einer Reihe kleiner Souvenirs. Unterschiedliche Öffnungszeiten je nach Jahreszeit, High Street.

AKTIVITÄTEN

Lundy Boat Trips. Private Bootstouren rund um die Insel. Holdridge Cross Workshops, North Molton, Tel. 015 98/74 01 98, www.boattripstolundy.co.uk

INFORMATION

Lundy Shore Office. Apr.–Okt. Mo–Fr 9–17 Uhr, Sa 9–13 Uhr, Quay, Bideford, Tel. 012 71/86 36 36, www.lundyisland.co.uk

Die MS Oldenburg verbindet Lundy mit Ilfracombe.

Tea on the Gree

REISEINFOS

Vorangehende Doppelseite: Tee bekommt man im Cathedral Close in Exeter nicht nur zur Teatime.
Oben: Verschnaufpause am River Taw
Unten: Der Inhalt dieses Gesprächs bei Tavistocks Pannier-Markt bleibt ein Bankgeheimnis.

Anreise – mit dem Flugzeug

Ab Deutschland gibt nur wenige Direktverbindungen in den Südwesten Englands –Zwischenstopps sind beispielsweise Manchester und Birmingham.

Newquay ist einer der südwestlichsten Airports Großbritanniens. Hier gibt es im Sommer Direktverbindungen nach Deutschland (meist Düsseldorf), außerdem Flüge in zahlreiche britische Städte. Newquay bietet auch die meisten Flugverbindungen auf die Isles of Scilly. Die Buslinie 556 bringt Fluggäste einmal stündlich in die Innenstadt Newquays (sonntags weniger Fahrten).

Exeter Airport ist der zentrale Flughafen für Devon und eine der Basen der britischen Regionalfluglinie FlyBe. Es gibt derzeit nur je eine Direktverbindung von Deutschland, Österreich und der Schweiz nach Exeter – ab Düsseldorf, Salzburg und Genf. Umsteigeverbindungen führen über Nordengland. Mit der Buslinie 56 ist der Bahnhof St. David's in Exeter innerhalb einer Viertelstunde zu erreichen.

Bristol liegt zwar weder in Devon noch in Cornwall, ist aber gut mit dem Südwesten Englands verbunden. Ab Deutschland, Österreich und der Schweiz gibt es mehrere Direktverbindungen (unter anderem ab Berlin, Frankfurt, Salzburg und Zürich). Der Airport Flyer Express Bus fährt alle zehn Minuten zum Bahnhof Temple Meads in Bristol (rund 30 Minuten Fahrtzeit). Von hier bestehen zahlreiche Zugverbindungen nach Devon und Cornwall.

London ist für viele England-Reisende die erste Anlaufstelle – von den Flughäfen der Stadt bestehen jedoch keine direkten Flug- oder Zugverbindungen nach Devon und Cornwall. Man muss erst in die Innenstadt fahren, am besten zum Bahnhof Paddington. Von hier verkehrt einmal stündlich ein Zug auf den historischen Gleisen der Great Western Railway über Exeter bis nach Penzance.

Anreise – mit dem Auto

Die kürzesten Verbindungen in den Südwesten Englands führen aus Deutschland via Calais oder Dünkirchen nach Dover. Zwischen diesen Häfen verkehren Fährlinien (DFDS, P&O, MyFerryLink), sodass mindestens alls 30 Minuten ein Schiff den Hafen verlässt. Die Überfahrt dauert rund 1,5 Stunden ab Calais bzw. 2 Stunden ab Dünkirchen. Schneller geht es mit dem Zug: Zwischen Calais und Folkestone verkehrt rund alle 20 Minuten der Le-Shuttle-Zug durch den Eurotunnel. Die Fahrt dauert um die 25 Minuten. Preislich gilt so gut wie immer die Regel: je schneller, desto teurer – der Zug ist teurer als die Fähre.

Für Reisende aus Österreich und der Schweiz können auch die Fährverbindungen zwischen Roscoff und Plymouth (Brittany Ferries) sowie zwischen Cherbourg und Portsmouth bzw. Poole (Brittany Ferries, Condor Ferries) interessant sein.

Diplomatische Vertretungen

Botschaft der Bundesrepublik Deutschland, 23 Belgrave Square, London SW1X 8PZ, Tel. (020) 78 24 13 00, Fax (020) 78 24 14 49, www.london.diplo.de

Feiertage

Feiertage sind in Großbritannien relativ. Es gibt sie – auch in vergleichbarer Anzahl wie in Deutschland –, allerdings sind an solchen Tagen in größeren Städten fast alle Geschäfte geöffnet,

Oben: In Okehamptons Bahnhof gibt es noch Service wie in der guten alten Zeit.
Unten: Militärparade auf Exeters Cathedral Green

Oben: Hoffentlich reden die drei sich nicht fest: Cathedral Green, Exeter
Unten: Auf Märkten erfährt man viel über das Leben im Süden Englands.

wenn vielleicht auch nicht so lange wie an Wochentagen. Nur Banken haben geschlossen, deswegen auch der britische Ausdruck »bank holiday« für Feiertag.

1. Januar: Neujahr (New Year's Day)
Karfreitag (Good Friday)
Ostermontag (Easter)
23. April: Nationalfeiertag (St. George's Day)
Erster Montag im Mai: Maifeiertag
Letzter Montag im Mai: Spring Bank Holiday
Letzter Montag im August: Summer Bank Holiday
25. Dezember: Weihnachten (Christmas)
26. Dezember: Weihnachten (Boxing Day)

Feste und Veranstaltungen

Mitte Februar: Animated Exeter – zwei Wochen verwandeln Filme und Künstler Exeters Straßen in eine Art Installation.
Anfang März: Vibraphonic – Musikfest in Exeter, von Raggae bis Pop
Ende März: Isles Of Scilly Folk Festival – Musikfest auf den Scilly-Inseln, gleichzeitig findet hier ein Wanderfestival statt.
Ende April: Porthleven Food Festival – Essen und Trinken aus der Umgebung
Anfang Mai: Brixham Pirate & Shanty Festival – Familienfestival
1. Mai: Obby Oss – Straßenfest in Padstow
Mitte Mai: Daphne du Maurier Festival of Arts and Literature – Kunst- und Literaturfestival in Fowey
3. Wochenende bis Ende Mai: Devon County Show – Bauernausstellung in Exeter
Ende Mai: Exmouth Festival – Musik- und Kunstfest
Ende Mai: Run to the Sun – Surf-Musik-Festival in Newquay
Mitte Juni: Teignmouth Folk Festival – drei Tage lang Livemusik

Mitte Juni: Royal Cornwall Show – Landwirtschafts- und Blumenfest in Wadebridge
Ende Juni: Polperro Festival – Kunst- und Kulturfest
Anfang Juli: Way with Words – Literaturfestival in Dartington
Ende Juli: Torbay Carnival – ein buntes Fest an der englischen Riviera
Ende Juli: Port of Plymouth Regatta – großes Segelfest
Ende Juli: Port Eliot Festival – Literaturfest
Anfang August: Relentless Boardmasters – Surffestival in Newquay
Erstes Augustwochenende: Appledore and Instow Regatta – Segelwettbewerb
Mitte August: Fowey Regatta – Segelfestival
Ende August: Bude Jazz Festival – Jazzfest
2. Dienstag im September: Widecombe Fair – Landwirtschaftsshow
Anfang September: World Belly Boarding Festival – Surfer treffen sich mit ihren Belly Boards in Chapel Porth bei St. Agnes.
Mitte September: Agatha Christie Festival – Torquay feiert die große Krimiautorin mit zahlreichen Veranstaltungen. Das Festival zieht eine Menge Krimifans aus dem In- und Ausland an.
Ende September: South Devon Walking Festival – viele geführte Wanderungen
Ende September: Cornwall Food and Drink Festival – Kulinarisches Fest in Truro
Anfang Oktober: The Two Moors Festival – Klassikfestival in Exmoor und Dartmoor
Mitte Oktober: Falmouth Oyster Festival – ein Essfestival rund um die Auster
5. November: Tar Barrel Night – bei diesem jahrhundertealten Brauch rollen Männer in Ottery St. Mary's brennene Fässer mit viel Getöse die Hauptstraße hinab.
Ende November: Herring Festival – Fischfest in Clovelly

Oben: Alles andere als eine Minibar: Hotelbars haben in England eine lange Tradition.
Unten: Sommer ist unbestritten die beliebteste Reisezeit in Cornwall.

Oben: Im Bistro von Sharphams Vinery bei Totnes hat man gut lachen.
Unten: Selbst Herbsttristesse hat ihren Reiz. Hier im Dartmoor

Geld/Währung

In Großbritannien gilt das Britische Pfund – mit Euro kommt man bestenfalls in den Kaufhäusern großer Städte weiter. Das einfachste ist, Geld mit der EC-Karte am Geldautomaten zu ziehen. Aber Achtung: Nur wenige deutsche Banken ermöglichen dies gebührenfrei (zum Beispiel die Deutsche Bank für bestimmte Kontengruppen an Automaten von Barclays, die DKB-Bank mit ihrer Visa-Karte an allen Visa-Automaten).

Fast überall werden EC- und Kreditkarten akzeptiert – doch auch hier verlangen die meisten Kreditinstitute Gebühren, da bei der Abrechnung immer noch von Pfund zu Euro umgerechnet wird. Wer Bargeld tauschen will, findet an Flughäfen und in großen Kaufhäusern Wechselstuben, die zum Teil gute Kurse haben.
1 Pfund Sterling (£) entspricht 100 Pence (p)
Münzen: 1 p, 2 p, 5 p, 10 p, 20 p, 50 p, 1 £, 2 £
Scheine: 5 £, 10 £, 20 £, 50 £
Achtung: Es gibt in Großbritannien einige Banken, die unterschiedliche Banknoten ausgeben. Neben der Bank of England sind dies schottische und nordirische Kreditinstitute. Theoretisch kann man überall mit allen Banknoten bezahlen – jedoch gibt es in kleineren Orten manchmal Schwierigkeiten, wenn der Kassierer etwa einen schottischen Schein noch nie zuvor gesehen hat.

Gesundheit

Der National Health Service (NHS) ist nationale Gesundheitsbehörde des Vereinigten Königreichs. EU-Bürger werden im Notfall kostenlos in den Krankenhäusern oder Gesundheitszentren behandelt. Es empfiehlt sich dennoch eine Auslandsreisekrankenversicherung – für den Fall einer größeren Operation.

Klassische Apotheken sind in Großbritannien unüblich. Einfache Medikamente gibt es stattdessen in größeren Supermärkten frei verkäuflich, andere in den Filialen der Drogeriemarktkette Boots.

Herrenhäuser und Schlösser

Was wäre England ohne seine historisch bedeutsamen Bauten und prähistorischen Hinterlassenschaften? Das ganze Land ist gesät damit, vieles liegt versteckt abseits der Landstraße und ist in Deutschland weitaus weniger bekannt als Windsor Castle oder Stonehenge.

Vor allem zwei Organisationen kümmern sich um den Erhalt von geschichtsträchtigen Gebäuden und Orten: Der Denkmalschutzfonds National Trust sowie die britische Denkmalschutzbehörde English Heritage. Beide Namen sollten sich Touristen merken, denn beide haben es verstanden, auch unbekannte Herrenhäuser – samt Café, Garten und interessanten Führungen – in den Fokus zu rücken. Das Prinzip ist oftmals: Die Besitzer, die sich den Unterhalt der großen Anwesen nicht mehr leisten können, vermachen dem National Trust Grund und Boden – und erhalten dafür ein Wohnrecht auf Lebenszeit.

Halten Sie auf Straßenschildern Ausschau nach dem stilisierten Burgmauer-Symbol von English Heritage und dem Zweig-Logo vom National Trust, die in ganz England die Bauten der beiden Organisationen ankündigen. Für einen längeren Urlaub bietet sich bei beiden Organisationen eine Jahresmitgliedschaft an, die es zum ermäßigten Preis auch für Paare und Familien gibt. Außerdem ist es möglich, über Visit Britain schon in Deutschland Wochenpässe einer der beiden Organisationen für Sehenswürdigkeiten kaufen. Damit ist für den gewählten Zeitraum der Eintritt frei.

Oben: Totnes Castle im Abendlicht
Mitte: Mit Seifen von Odds&Suds machen Badezeremonien Spaß.
Unten: Quadratisch, praktisch gut – auch der Heckenbeschnitt im Dartmoor Nationalpark.

www.visitbritainshop.de
www.nationaltrust.org.uk
www.english-heritage.org.uk

Internet und Telefon

In Devon und Cornwall findet man fast überall Cafés, Hotels und Restaurants mit WLAN (Wi-Fi), häufig ist das Internet gratis. Es gibt mehrere große WLAN-Netze, die an öffentlichen Orten sehr präsent sind: Neben British Telecon auch The Cloud, ein Netz, das man nach Anmeldung kostenlos nutzen kann. Coffeeshop- und Pubketten werben meist mit Gratis-Internet.

Im ganzen Land sind die Mobilfunknetze von T-Mobile, Vodafone, Orange, O2 und Three verbreitet, häufig unter Unteranbietern wie Virgin Mobile, Tesco Mobile oder Mobile by Sainsburys. Fast alle bieten günstige Prepaidkarten an, die auch Touristen ohne komplizierte Anmeldung nutzen können. Bei einem längeren Aufenthalt mag es sich rechnen, etwa für ein Smartphone oder einen Tablet-PC eine solche Karte zu kaufen. Alle Mobilfunkanbieter haben spezielle Datenpakete, mit denen man etwa für 5 Pfund den ganzen Monat kostenlos über UMTS surfen kann.

www.visitdevon.co.uk
www.visitcornwall.com
www.visitengland.com/de
www.visitbritain.com

Klima/Reisezeit

Frühjahr bis Herbst ist die beste Reisezeit. Dann liegen die Durchschnittstemperaturen bei 10 bis 15 Grad, im Sommer auch oft bei 20 bis 25 Grad. Wegen der Nähe zum Golfstrom herrscht in Devon und Cornwall ein mildes Klima. Auch die Winter

Oben: Viele Besucher des Dartmoors nennen diese Steine magisch.
Mitte: Vorsicht, wer dieses Telefon benutzt!
Unten: Die White-Lady Falls der Lydford Gorge sind das ganze Jahr über zu besuchen. Andere POIs beenden die Saison im Oktober.

sind in der Regel nicht allzu kalt, die Temperaturen fallen so gut wie nie unter null Grad und sind entsprechend selten von Schnee begleitet - aber durchaus von Regen. Typisch sind kurze, aber häufige Schauer – selten Dauerregen. Achtung vor den britischen Schulferien im August: Dann ist der Südwesen Englands sehr voll und die Hotels entsprechend teuer.

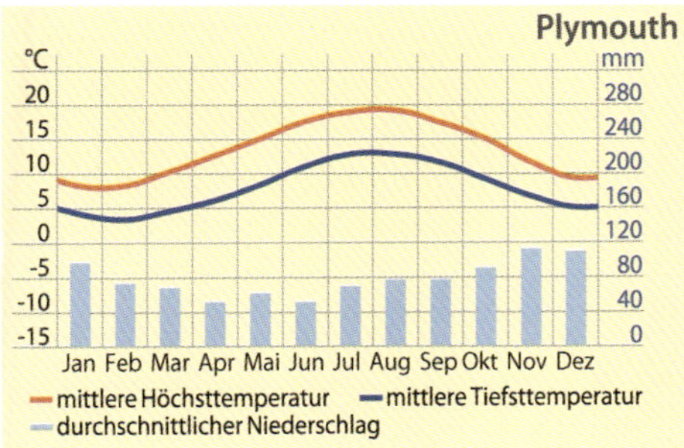

Maßeinheiten

Trotz Harmonisierungsbestrebungen der Europäischen Union gelten im britischen Alltag noch immer andere Maßeinheiten als im weitaus größten Rest Europas:

1 Inch = 1 Zoll = 25,4 mm
1 Foot = 12 Zoll = 0,3048 m
1 Yard = 3 Fuß = 36 Inch = 0,914 m
1 Meile = 1,609 km
1 Pint = 0,568 l
1 Ounce (oz) = 28,35 g
1 Pound (lb) = 16 oz = 453,6 g

Notruf

Polizei, Rettungsdienst und Feuerwehr sind in Großbritannien über die europäische Notrufnummer 112 zu erreichen.

Oben: Im Dartmoor tragen Schafe Modefarben.
Unten: »Say cheese!«, weil es Mozzarella in diesem Laden in Tavistock nicht gibt.

Oben: Treten in Port Isaac die Fisherman Friends auf, ist der Hafen voll.
Mitte: Maler in Totnes
Unten: Rhododendren im House Garden bei Yelverton

Öffnungszeiten

Größere Supermärkte haben in Großbritannien werktags meist von 7 bis 22 Uhr auf, Einzelhändler in den Innenstädten von 10 bis 17 oder 18 Uhr. Am Donnerstag schließen die Läden meist um 20 Uhr. In Ballungszentren gibt es 24-Stunden-Supermärkte. Auch sonntags haben in größeren Städten und in den Einkaufszentren viele Geschäfte geöffnet (meist 11 bis 16 Uhr). Banken und Behörden halten sich an mit Deutschland vergleichbare Öffnungszeiten: montags bis freitags, 9 bis 17 Uhr, manche auch am Samstagvormittag.

Trinkgeld

Wie in den meisten Ländern gibt man auch in Großbritannien im Restaurant rund 10 Prozent des Rechnungsbetrags als Trinkgeld. Im Taxi reicht meist ein Aufrunden auf den nächsten Pfund-Betrag – bei größeren Beträgen können es pauschal ein, zwei Pfund sein. Der Page in teuren Hotels freut sich über ein kleines Trinkgeld für einen Kaffee oder ein Bier. Im Pub ist kein Trinkgeld üblich, wenn man sich sein Getränk am Tresen holt.

Verkehrsverbindungen vor Ort

Bahn: Die britischen Bahnen sind besser als ihr Ruf – wenn auch die Gleise einiger Strecken noch immer dringend sanierungsbedürftig sind. Ab London gibt es schnelle Verbindungen nach Devon und Cornwall – nach Exeter dauert die Fahrt beispielsweise nur etwas über zwei Stunden, man ist schneller als mit dem Auto. Wichtig: Es gibt zwei Strecken dieser Verbindung. Die deutliche schnellere ist die Direktverbindung ab Paddington Station via Taunton, die langsamere die ab Waterloo Station.

Bus: Die Überlandbusse von National Express fahren alle größeren Orte Großbritanniens an, in Devon und Cornwall unter anderem Newquay, Plymouth und Exeter. Es gibt beispielsweise eine Direktverbindung vom Flughafen Heathrow via Exeter nach Plymouth. Busse sind in der Regel günstiger als die Bahn – dafür dauert die Fahrt auf vielen Strecken länger. Megabus ist der größte Konkurrent von National Express und wirbt mit günstigeren Preisen.

Devon und Cornwall ist mit einem regionalen Busnetz überzogen – allerdings fahren die Busse oft nur ein paarmal am Tag und sonntags gar nicht.

Mietwagen: Alle großen Autovermietungsfirmen sind auch in den größeren Orten Südwestenglands vertreten. Wie immer in dieser Branche gibt es große Unterschiede bei Preis und Leistung. Oft ist es im Verhältnis günstiger, einen Wagen über einen längeren Zeitraum zu mieten als nur für einen Tag. Mitunter rechnet es sich sogar, ein Auto gleich am Londoner Flughafen zu buchen und nicht erst vor Ort in Cornwall oder Devon.

Achtung: Viele Mietwagenfirmen haben ihre Filialen in einem Gewerbegebiet etwas außerhalb. Man sollte schon bei der Buchung auf die Anschrift achten.

Taxi: Die Tarife sind vergleichbar mit denen in Deutschland.

Zeit

In Großbritannien gilt Greenwich Mean Time (GMT), d.h. es ist dort immer eine Stunde früher als in Deutschland. Sommer- und Winterzeit sind entsprechend der deutschen Handhabung.

Oben: Vergessene Telefonzelle im Dartmoor
Mitte: Weinprobe bei Sharphams Vinery
Unten: Im Hafen von Coverack

Cornwall und Devon für Kinder und Jugendliche

BEWEGEN

Haldon Forrest Park. Großes Waldstück, das sich ideal zum Mountainbiken anbietet – für jede Altersstufe. Es sind unterschiedliche Schwierigkeitsstufen ausgeschildert. Tgl. 8.30 Uhr bis zum Einbruch der Dunkelheit, Eintritt frei (nur Parkgebühren), Abzweigung Exeter Racecourse der A 38, Exeter (Devon), Tel. 013 92/83 42 51, www.forestry.gov.uk/haldonforestpark

»Wild, wild Horses« auch im Dartmoor

Springfields Pony Centre. Ponyhof in der Nähe von Newquay, auf dem geritten werden kann. St. Columb Major, Newquay (Cornwall), Tel. 016 37/88 12 24, www.springfieldsponycentre.co.uk

Surfen. Cornwall ist eine beliebte Surfgegend. Das Devon Windsurf and Canoe Centre bietet spezielle Kurse für Kinder an. 9 Riviera Terrace, Dawlish (Devon), Tel. 07 97/105 15 09, www.devonwindsurf.co.uk

FESTIVALS

Children's Week. Ein jährliches Festival mit Aktivitäten für Kinder, das sich immer Ende August über eine ganze Woche zieht. Paignton Green, Paignton (Devon), www.childrensweek.co.uk

Dartmoor Folk Festival. Großes Musikfest mit speziellem Teil für Kinder. Jedes Jahr Anfang August, South Zeal (Devon), www.dartmoorfolkfestival.org.uk

MUSEEN

Coldharbour Mill. Eine der wenigen noch existierenden Wollfabriken in Devon. In auch auf Kinder ausgerichteten Touren erfährt man einiges über die Herstellung. Mo–Fr 10–16 Uhr, Eintritt 7 £, Kinder 4 £, Uffculme, Cullompton (Devon), Tel. 018 84/84 09 60, www.coldharbourmill.org.uk

Dingles Fairground Heritage. Ein Museum, das sich ausschließlich alten Fahrgeschäften von Jahrmärkten widmet. Mi–Mo 10–17 Uhr, Milford, Lifton (Devon), Tel. 015 66/78 34 25, www.fairground-heritage.org.uk

House of Marbles. Murmelmuseum, das auch über eine Abteilung alter Spiele verfügt. Mo–Sa 9–17 Uhr, So 10–17 Uhr, Eintritt frei, The Old Pottery, Bovey Tracey (Devon), Tel. 016 26/83 52 85, www.houseofmarbles.com

Porthcurno Telegraph Museum. Am früheren Anschluss eines Überseekabels blickt das Museum anschaulich auf die Geschichte der Kommunikation – mit besonderen Aktivitäten für Kinder. Apr.–Okt. tgl. 10–17 Uhr, Eintritt 8.50 £, Kinder 5 £, Eastern House, Porthcurno, Penzance (Cornwall), Tel. 017 36/81 09 66, www.porthcurno.org.uk

TIERE

Bee World. Eine ganze Farm voller Bienen – Besucher können hier viele Aktivitäten rund um die Insekten und ihren Honig Erleben, ohne gestochen zu werden. Apr.–Aug. tgl. 9–18 Uhr, Sept./Okt. tgl. 9–17 Uhr, Eintritt 5,95 £, Quince Honey Farm, North Road, South Molton (Devon), Tel. 017 69/57 24 01, www.quincehoney.co.uk

Cornish Seal Sanctuary. Das Robbenzentrum von Cornwall führt ganz nah an diese Tiere heran, außerdem gibt es Pinguine und Otter. Tgl. geöffnet ab 10 Uhr bis zum Einbruch der Dunkelheit, Eintritt 10 £, Kinder 5 £, Gweel bei Helston (Cornwall), Tel. 013 26/22 13 61, www.sealsanctuary.co.uk

National Marine Aquarium. Großes Aquarium am Hafen von Plymouth. Tgl. 10–18 Uhr (im Winter bis 17 Uhr), Eintritt 13,75 £, Kinder 9,75 £, Rope Walk, Coxside, Plymouth (Devon), Tel. 08 44/893 79 38, www.national-aquarium.co.uk

Paradise Park. Tierpark mit vielen Papageien. Tgl. 10–18 Uhr (im Winter bis 16 Uhr), Eintritt 13,99 £, Kinder 10.99 £, Hayle (Cornwall), Tel. 017 36/71 10 20, www.paradisepark.org.uk

Wild Futures Monkey Sanctuary. Park mit Affen. Apr.–Okt. tgl. 11–16.30 Uhr, Eintritt 8 £, Kinder 5 £, Murrayton House, St. Martins, Looe (Cornwall), Tel. 08 44/272 12 71, www.monkeysanctuary.org

SPASS

Dairyland Farm World. Freizeitpark auf dem Bauernhof. Apr.–Okt. tgl. 10–17 Uhr, Eintritt 10.50 £, Kinder 8 £, A 3058, Newquay (Cornwall), Tel. 018 72/51 03 49, www.dairylandfarmworld.com

Devon Railway Centre. Kleiner Park rund um die Eisenbahn – mit einer Ministrecke sowie einer großen Modelleisenbahn, mit Spieleangeboten und Minigolf. Apr.–Sept. Tgl. 10.30–17 Uhr, Eintritt 7,80 £, Kinder 6,40 £, Bickleigh, Tiverton (Devon), Tel. 018 84/85 56 71, www.devonrailwaycentre.co.uk

Flambards. Freizeitpark mit Fahrgeschäften und einer künstlichen viktorianischen Kleinstadt. Apr.–Okt. tgl. 10–17 Uhr, Eintritt 17,95 £, Kinder 12,50 £, Clodgey Lane, Helston (Cornwall), Tel. 013 26/57 34 04, www.flambards.co.uk

ESSEN

Blue Tomato Café. In dem kleinen Ort Rock an der Nordküste Cornwalls findet sich dieses Strandcafé mit einer besonderen Mission: hervorragende Gerichte auch für Kinder anzubieten. Tgl. 9–17 Uhr, Ferry Point, Rock (Cornwall), Tel. 012 08/86 38 41, www.bluetomatocafe.co.uk

Fun Kitchen. Eine sehr unkonventionelle Kochschule mit Angeboten für Kinder wie Erwachsene (nach Voranmeldung). Quarry Lane, Exeter (Devon), Tel. 08 45/539 0 53, www.funkitchen.co.uk

Kotakai. Fischlastiges Bistro in Porthleven, das nicht nur über einen großen Kinderbereich verfügt, sondern für sie auch spezielle Angebote zu speziellen Uhrzeiten hat – etwa ein Gratisessen für ein Kind am Nachmittag bis 18.30 Uhr. Mo–So 12–14 Uhr, Mo–Sa auch 17.50–21 Uhr, Harbour, Porthleven (Cornwall), Tel. 013 26/57 44 11, www.kotakai.co.uk

Clapper Bridge im Dartmoor

Kleiner Sprachführer

ALLGEMEINES

guten Morgen/Tag good morning/afternoon
gute Nacht good night
hallo hello
auf Wiedersehen goodbye
Tschüss! Bye-bye!
Wie geht es Ihnen/dir? How are you?
gut very well
ja yes
nein no
bitte please
danke thank you
gern geschehen You are welcome
wie bitte? Pardon?
Entschuldigung excuse me
Ich verstehe nicht. I don't understand.
Ich heiße ... My name is ... / I am ...
Ich spreche kein Englisch. I don't speak English.
Sprechen Sie ...? Do you speak ...?
Wie viel Uhr ist es? What time is it?

UNTERWEGS

links left
rechts right
geradeaus straight on
in der Nähe near by
weit weg far away
Gibt es in der Nähe ...? Is there a ... near by?
Entschuldigung, wo ist ...? Excuse me, where can I find ...?
geöffnet open
geschlossen closed
Touristeninformation tourist information centre
Bahnhof station
Flughafen airport
Mietwagen rental car
Zug train
Fahrkarte ticket
Kreisel Roundabout
Ampel traffic light
Autobahn motorway
Bushaltestelle bus stop
Tankstelle filling station / petrol station
Parkhaus/Parkplatz car park
Museum museum
Kirche church
Kathedrale cathedral
Hilfe! Help!
Achtung! Attention!
Polizei police
Arzt doctor

ESSEN UND TRINKEN

Haben Sie einen Tisch für ... Personen? Do you have a table for ... people?
Kann ich bitte für 20 Uhr einen Tisch für ... Personen reservieren? Could I reserve a table for ... for 8 p.m., please?
Ist dieser Tisch besetzt? Is this table occupied?
Herr Ober! Excuse me!
Die Speisekarte, bitte! Could I see the menu, please?
Ich bin Vegetarier. I am vegetarian.
Ich möchte gern ... I'll have ..., please.
Guten Appetit! Enjoy (your meal)
Die Rechnung bitte! Could I get the bill, please?
Der Rest ist für Sie. Keep the change.
Tagemenü dish of the day
Frühstück breakfast
Mittagessen lunch
Abendessen dinner
Vorspeise starter
Hauptspeise main (course)
Nachtisch desert
Beilage side order
Weinkarte wine menu
das Glas the glas
ein Glas Bier a pint of beer
Flasche bottle
Tasse cup
Messer knife
Gabel fork
Löffel spoon
Teller plate
Mineralwasser mit/ohne Kohlensäure sparkling/still mineral water

Tee tea
Kaffee coffee
Milchkaffee Latte
Bier beer
Wein wine
Essig vinegar
Salz salt
Zucker sugar
Pfeffer pepper
Fisch fish
Lamm lamb
Rind beef
Schwein pork
Hühnchen chicken
Lachs salmon
Kabeljau cod
Seeteufel monkfish
Hummer lobster
Garnelen prawns
Meeresfrüchte seafood
Schinken ham
Würstchen sausages
Käse cheese
Obst fruit
Kuchen cake
Salat salad
Spinat spinach
Spargel asparagus
Möhren carrots
Erbsen peas
Blumenkohl cauliflower
Kartoffeln potatoes
Reis rice
Nudeln pasta
heiß hot
kalt cold

ÜBERNACHTEN

Hotel hotel
Pension guest house/B&B
Jugendherberge youth hostel
Ich habe ein Zimmer reserviert. I have reserved a room.
Haben Sie ein freies Zimmer? Have you got any vacanies?
Ich suche ein Zimmer für ... Personen. I am looking for a room for ... people.
Einzelzimmer single room
Doppelzimmer double room **(mit Doppelbett)** / twin room **(mit zwei Einzelbetten)**
mit Bad en suite
mit Frühstück B&B (Bed and Breakfast)
Halbpension half board
für eine Nacht for one night
für eine Woche for one week
Gepäck luggage
anmelden check in
abmelden check out

EINKAUFEN

Geschäft shop
Supermarkt supermarket
Einkaufszentrum shopping mall/centre
Fußgängerzone pedestrian zone
Haupteinkaufsstraße high street
Bäckerei bakery
Apotheke pharmacy
Markt market
Ich hätte gern ... I would like to buy ...
Wie viel kostet das? How much is this?
teuer expensive
günstig cheap
Größe size
Rabatt discount
Schlussverkauf sale
bezahlen pay
Geld money
Keditkarte credit card
Geldautomat cash machine/ATM
Umtausch (ex)change
Umkleidekabine changing room
Erstattung refund

ZAHLEN

0 zero
1 one
2 two
3 three
4 four
5 five
6 six
7 seven
8 eight
9 nine
10 ten
11 eleven
12 twelve
100 (one) hundred
1000 (one) thousand
¼ a quarter
½ half

IMPRESSUM

Verantwortlich: Ulrich Jahn, Marianne Rösler
Redaktion: Dr. Barbara Münch-Kienast
Korrektorat: SAW Communications, Kristin Freter
Layout: graphitecture book & edition
Umschlaggestaltung: Ulrike Huber
Repro: Repro Ludwig, Zell am See
Kartografie: Kartographie Huber, Heike Block
Herstellung: Bettina Schippel
Printed in Slovenia by Korotan, Ljubljana

★★★★★

Sind Sie mit diesem Titel zufrieden? Dann würden wir uns über Ihre Weiterempfehlung freuen.

Erzählen Sie es im Freundeskreis, berichten Sie Ihrem Buchhändler, oder bewerten Sie bei Onlinekauf.

Und wenn Sie Kritik, Korrekturen Aktualisierungen haben, freuen wir uns über Ihre Nachricht an
Bruckmann Verlag,
Postfach 40 02 09,
D-80702 München
oder per E-Mail an
lektorat@verlagshaus.de.

Unser komplettes Programm finden Sie unter

www.bruckmann.de

Alle Angaben dieses Werkes wurden von den Autoren sorgfältig recherchiert und auf den neuesten Stand gebracht sowie vom Verlag geprüft. Für die Richtigkeit der Angaben kann jedoch keine Haftung übernommen werden.

Bildnachweis:
Alle Bilder des Innenteils und des Umschlags stammen von Franz Marc Frei, außer: Shutterstock: 7u., 266o., 268u. (Diana Mower); 52u., 160, 231, 252o. (David Hughes); 67 (Joop Snijder Photography); 73o., 130o., 180o., 253 (ian woolcock); 109o., 111o. (Samot); 136u. (Andrew Longden); 164u. (jeff gynane); 164o. (Gordon Bell); 178o. (kolo5); 178u. (jennyt); 179 (Pecold); 180u. (Kevin Penhallow); 190u. (Capture Light); 211 (Dieter Hawlan); 212o. (Samot); 212u. (Martin Fowler); 232u. (David Wingate); 236u. (Philip Bird LRPS CPAGB); 243, 267 (DavidYoung); 250o., 254o.,u., 257 (Peter Turner Photography); 250u. (davidelliottphotos); 252u. (ASC Photography); 255 (Philip Bird LRPS CPAGB); 263 (Tony Brindley); 266u. (Targn Pleiades); mauritius images/ Alamy: 233, 248, 261 und 264o.; Ingolf Pompe / LOOK-foto: 232o.; 247o.: Martin Stubbings; 247u.: Riverside Cottage Lynmouth; Wikimedia Commons: 249 (Glamhag), 268o. (Nilfanion), 269 (Miles Wolstenholme).

Umschlag:
Vorderseite:
Oben: Rhododendron (picture alliance / R. Goldmann)
Mitte links: Elisabethianer auf The Hoe (Sammy Minkoff)
Mitte rechts: The Ship Inn in Porlock (Sammy Minkoff)
Unten: Tintagel
Rückseite:
Links: Hafen, Porthleven
Rechts: Glendurgan Garden in Falmouth

Die Deutsche Nationalbibliothek verzeichnet diese Publikation in der Deutschen Nationalbibliografie; detaillierte bibliografische Daten sind im Internet über http://dnb.d-nb.de abrufbar.

ISBN 978-3-7654-8242-7